趣说幼童

朱家雄 —— 著

华东师范大学出版社
·上海·

图书在版编目（CIP）数据

趣说幼童／朱家雄著．—上海：华东师范大学出版社，2023
 ISBN 978－7－5760－4286－3

Ⅰ.①趣… Ⅱ.①朱… Ⅲ.①学前教育－教案（教育） Ⅳ.①G612

中国国家版本馆 CIP 数据核字（2023）第 225848 号

趣说幼童

著　者	朱家雄
责任编辑	余思洋
责任校对	时东明
装帧设计	俞　越

出版发行　华东师范大学出版社
社　　址　上海市中山北路 3663 号　邮编 200062
网　　址　www.ecnupress.com.cn
电　　话　021－60821666　行政传真 021－62572105
客服电话　021－62865537　门市（邮购）电话 021－62869887
地　　址　上海市中山北路 3663 号华东师范大学校内先锋路口
网　　店　http://hdsdcbs.tmall.com

印 刷 者	浙江临安曙光印务有限公司
开　　本	787 毫米×1092 毫米　1/16
印　　张	25.25
字　　数	380 千字
版　　次	2023 年 12 月第 1 版
印　　次	2023 年 12 月第 1 次
书　　号	ISBN 978－7－5760－4286－3
定　　价	75.00 元

出版人　王　焰

（如发现本版图书有印订质量问题，请寄回本社客服中心调换或电话 021－62865537 联系）

自 序

近期赋闲在家,萌发了写书的动机。除了应出版社要求,修订一些学术类的书外,我接连写了《俗话幼儿园课程》和《漫谈幼儿家庭教育》两本通俗读物。之后,总觉得还少了一本关于幼儿教育对象——幼童的书,于是写下了这本《趣说幼童》,使这三本书成为了一个系列。

相较于前两本书,《趣说幼童》是一本最不容易写成的书了,因为世界上没有人真正懂得幼童,"无常"是真实幼童世界的常态。

幼童世界虽然也有稳定性、规律性,但是更多充满了复杂性、不确定性、易变性和模糊性。

有人认为,幼童的信息(例如幼童的认知、情绪、人格和行为等)是可以被观察、测量和收集的,是可以被量化和统计的。但是,即使是这样,这些也只是"显性知识",只占有关幼童全部信息中少得可怜的一部分,只是"冰山一角"而已。

其实,幼童世界里隐藏了大量的"缄默知识",它们像隐藏在水面下的那部分冰山,是无法言说的和非理性思维的。有了它们,才构成了鲜活的幼童世界。有了它们,对幼童的认识和对他们的教育才会有创新的涌现,才会有新的需求被创造出来。

可以说,研究幼童所谓"真实的存在""真实的需求"这类话题看似有理,其实大多只是"伪命题",因为幼童并非按标准被生产出来的人,人们只能在解读"缄默知识"中尽力去猜度、去推测、去构想"水面下的冰山",尽力去贴近幼童的本真。

好在这本书以《趣说幼童》为题，可以放开去运用各种富有童趣的材料，从多种立场、多种角度去解读、诠释和演绎真实的幼童。

大约十年前，我在一所大学里做过一个关于如何做观察、纪录的报告，其核心就是"儿童是一本读不懂的书，即使读不懂，还是要去读"。这里的"读"，不是尽力去"读懂"、去"鉴真"，而是去"解读"。所谓"解读"，就是努力去探究关于幼童的知识（显性知识和缄默知识，特别是缄默知识），去诠释和演绎幼童，并赋予有价值的意义，用"大白话"说，就是去讲好幼童的故事。道理很简单，因为幼童是"无常"的，也因为我们都是成人，我们已经回不到美好的幼童时代了，因此我们只能这样做。

解读、诠释和演绎幼童，并赋予有价值的意义，讲好幼童的故事，许多学科、许多学者都在尝试着这样去做。由于立场、视角不同，各种学科、各个学者选择以不同的内容和方式讲述不同的故事，赋予不同的意义。正是因为各种学科、各个学者对幼童的不同解读、诠释和演绎，才有可能使人们在探究幼童的道路上更"贴近"幼童。

在这本《趣说幼童》中，主要涉及幼童的学科和内容包括：

哲学：幼童是谁、从哪里来、到哪里去。

教育学：为谁培养幼童、如何培养、培养得怎么样。

心理学：幼童的特征和发展规律、如何去认识幼童。

文化学：文化价值、文化传承、儒化与涵化。

社会学：社会系统、社会行为、人际互动。

人类学：原始人类、文化相对性、文化影响力。

考古学：人类起源、历史遗迹、传承与变迁。

生物学：结构与功能、遗传与变异、适者生存。

医学：身体与心理、正常与异常、预防与治疗。

美学：审美的价值、创作的源泉、表达与表现。

……

在撰写这本书的过程中，我始终在混沌与清晰、思辨与实证、感性与理性之间游荡，在现在与过去、哲理与现实、科学与幻想之间徘徊，各种学科的理论、各种实践的经验以及各种技术手段支撑着我去做这件自己想要做成的事情。如果我没有经历过人生那么多的成功与失败，没有学习过那么多且杂的学科理论，没有接触过那么多幼儿教育机构及自己周遭的幼童，那是写不出这本书来的。

因为幼童天真无邪，富有童趣，也因为"水面下的冰山"隐藏着许多鲜为人知的"秘密"，所以《趣说幼童》必然会以欣赏、赞美的语言，甚至会以近乎浪漫的态度去解读、诠释和演绎幼童。但是，这并不代表我是"幼童崇拜者"，作为教育者，我认识到"依据幼童的特征，按照既定方向去培养幼童"才是自己的基本定位。

如同《俗话幼儿园课程》和《漫谈幼儿家庭教育》两本通俗读物一样，《趣说幼童》也以通俗、有趣和有用作为写作的追求。为了通俗，让读者能一看就懂，这本书阐述的内容都很具体，尽量少用学术性的话语；为了有趣，让读者愿意去看，这本书选择的材料都较为经典、生动、形象和好玩；为了有用，让读者能学以致用，这本书的背后全都是不浅的道理和学问，可以被举一反三地运用。

要做到"雅俗共赏"是很困难的，比我去撰写一本纯学术著作更为困难一些。这是我在完成这本书时所获得的体会。

朱家雄

2023 年 8 月

目 录

1 写在前面的话

1 儿时的回忆

引言 /2
整体与部分 /5
序列 /8
两座不同的大厦 /10
物体守恒 /13
一斤等于几两 /15
餐桌上养成的习惯 /17
我是谁 /19

21 童言无忌

引言 /22
我的嘴巴 /25
风真的在那里 /28
管子 /32
声音的大小 /36
牛奶从哪里来 /39
文明行为标志 /43
铜块重，还是棉花重 /46
餐桌上的对话 /48
画家与孙女的对话 /50
一个男童的发问 /52
皇帝的新装 /54

57 幼童游戏与玩具

引言 /58

玩水、玩沙 /61

击壤、投壶和套圈 /63

斗草 /66

骑竹马 /68

玩球 /71

跳绳 /74

滑滑梯 /76

荡秋千 /79

七巧板 /82

近千年前，幼童玩什么玩具 /85

87 哲学与幼童

引言 /88

幼童与哲学家（一） /91

幼童与哲学家（二） /94

一场父子间的对话 /96

约翰的问题 /98

日常思维与哲学思维 /100

没头没尾的故事 /102

《森林大熊》 /104

《爱丽丝梦游仙境》 /107

庄周梦蝶 /110

哲学追问与科学探究 /112

115 理论对幼童的解读

引言 /116

▌理论简介‖弗洛伊德 /119

  蚂蚁、钟表和面包 /121

  兀鹫与洞穴 /123

  猫 /125

  内心的真实表达 /127

  情绪问题与障碍 /131

▌理论简介‖格塞尔 /134

  涂鸦 /135

  图形的结合和集合 /138

  曼陀罗 /141

  小太阳 /145

  蝌蚪人 /148

  动物、植物 /154

  共同的"表征符号" /157

  避免图形的重叠 /160

  动态的表现 /163

  多视点构图 /168

透视画 /171

▌理论简介‖皮亚杰 /174

  斜坡 /176

  平衡架 /180

  床下取鞋 /184

  数字"8"从哪里来 /188

  图形独自的界线 /191

  水平—垂直参照系统 /193

  X光式透视画 /199

  乌龟结婚 /202

▌理论简介‖维果茨基 /206

  鸡妈妈与小鸡 /208

  鸡蛋的沉与浮 /212

▌理论简介‖马拉古兹 /218

  海是海浪妈妈生的，那么我呢 /220

  能让影子消失吗 /224

  商店购物 /227

  合适的手 /232

数字必须得数 /237　　　你住在地球上，那里怎么样 /267

小水坑 /243　　　小猫是怎样诞生的 /270

▌理论简介‖马斯洛 /253　　　传真机 /273

"悬崖"上的幼童 /254　　　▌理论简介‖文化人类学 /276

谁来当老师 /258　　　故事大王 /277

▌理论简介‖儿童朴素理论 /263　　　美国幼童 vs. 危地马拉幼童 /282

菜死了 /264　　　玩具熊争夺大战 /288

295　原始思维与幼童学习

引言 /296　　　"0"看似简单，却难以掌握 /314

早期的人类文字 /299　　　原始人类的音乐与幼童的音乐 /317

汉字的发展 /304　　　原始人类的岩画与幼童的绘画 /321

数和数字从何而来 /308　　　原始人类的科学与幼童的科学 /325

331　文学、艺术作品与幼童

引言 /332

《快乐的人》 /335

《小王子》 /338

《地板下的小人》 /343

《罐头里的小孩》 /348

古诗与幼童 /351

池塘里的鱼儿 /357

《两个月亮》 /360

齐白石与幼童 /363

丰子恺与幼童 /367

毕加索与幼童 /372

米罗与幼童 /376

克利与幼童 /381

384　主要参考文献

写在前面的话

在《庄子·外篇·秋水》中，有一则关于"鱼是否快乐"的辩论，讲述的是战国时期我国的庄子与惠子两位思想家在濠梁之上的对话。

庄子与惠子游于濠梁之上。庄子曰："鯈鱼出游从容，是鱼之乐也。"惠子曰："子非鱼，安知鱼之乐？"庄子曰："子非我，安知我不知鱼之乐？"惠子曰："我非子，固不知子矣；子固非鱼也，子之不知鱼之乐，全矣！"庄子曰："请循其本。子曰'汝安知鱼乐'云者，既已知吾知之而问我。我知之濠上也。"

用白话文讲，这段话说的是：有一天，庄子与惠子在濠水的一座桥上散步。庄子看着水里的鱼儿说："鱼儿在水里自由穿梭，悠然自得，这是鱼儿的快乐啊！"惠子说："你不是鱼，你怎么知道鱼儿的快乐呢？"庄子说："你不是我，你怎么知道我不知道鱼儿的快乐呢？"惠子说："我不是你，本来就不知道你；你也本来就不是鱼儿，所以你不知道鱼儿的快乐，这是完全可以断定的。"庄子说："请回到我们最初的话题。你说'你怎么知道鱼儿的快乐'，就是已经知道我知道鱼儿的快乐而问我的，而我是在濠水的桥上知道的。"

如若将鱼儿比作幼童，有些人观察幼童在一旁游戏，他们能不能知道这些幼童是否快乐呢？

站在惠子一边的人，会说"不知道"；站在庄子一边的人，会说"知道"。

究竟是"知道"，还是"不知道"，其实谁都说不明白，这是个争论了几千年都没有辩明白的哲学问题。

庄子和惠子的辩论,从科学性与客观性来看,是惠子占了上风;从巧辩智辩上看,是庄子占了上风。

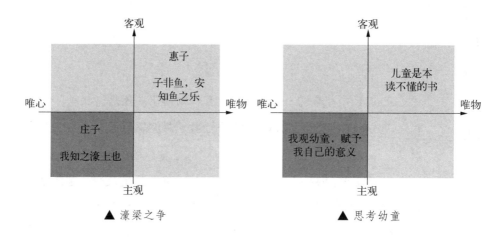

▲ 濠梁之争　　　　　　　　　　▲ 思考幼童

其实,两者的辩论不存在谁对谁错、谁赢谁输的问题,他们只是从各自不同的立场,采用不同的方式进行了辩论,发表了自己的观点和想法。

具体地说,惠子从客观唯物论的立场出发阐述了自己的观点:"我不是你,本来就不知道你;你也本来就不是鱼儿,所以你不知道鱼儿的快乐,这是完全可以断定的。"惠子的论述很现实,层层递进,具有严密的逻辑性。而庄子则从主观唯心论的立场出发,论述了自己的观点,"我见青山多妩媚,料青山见我应如是",人若用心去感受自然界的万物,心与自然则会相通,人若自由快乐,便觉得鱼也是快乐的,仿佛自己就是鱼,鱼就是自己,会达到"物我合一"的境界,即近代学者王国维所谓的"以我观物,故物皆著我之色彩"。庄子的论述很浪漫、很洒脱,富有想象,追求诗意。

如同"濠梁之争"一般,对幼童的认识也涉及是否能够真正懂得他们的问题。从客观唯物论的立场出发,得出的结论是:"你不是幼童,儿童是一本读不懂的书。"从主观唯心论的立场出发,得出的结论是:"你若用心去感受幼童,你就是儿童,儿童就是你,你的感受就是儿童的感受,你对儿童的认识就是儿童的认识。"

幼童是一个很特殊的群体，他们与成人之间的交流和沟通存在诸多问题与障碍，而对幼童的教育又需要建立在尽可能多地认识他们的基础之上。于是，面对幼童，教育者应该采用哪种立场去思考他们、认识他们，就会成为让人左右为难的问题。同样，这个问题也必然会成为我撰写《趣说幼童》这本书时遇到的难题。

我是基于这样的立场和视角撰写这本难以下笔的书的：

（1）懂得我非幼童，不轻易地去断言"要读懂儿童这本书"。

（2）敬畏幼童，尊重幼童，欣赏幼童，心中自有幼童，以"我"观幼童，赋予幼童"我自己"的意义，讲述关于幼童的"故事"，尽力达成"童我合一"的境界。

（3）明确以上两种不同的立场，摒弃混淆两者、似是而非的一系列观念和做法，例如："观察、纪录要客观和真实，要看到什么就纪录什么"，"要通过仔细的观察、纪录去认识儿童"，"要弄清楚儿童的兴趣、需要在哪里，并根据他们的兴趣、需要去计划、实施教育"。这些想法和做法，都是站在一种立场上，想去实现另一种立场的价值，这是不可取的。

（4）有时要站在两种立场之间，在现实与浪漫之间"游弋"，你中有我，我中有你，兼容并蓄。

现实地说，我相信"儿童是一本读不懂的书"，就如惠子一般，"子非鱼，安知鱼之乐"，相信对幼童的观察、思考有益于认识幼童，有助于"贴近"幼童，但是不可能真正读懂幼童内心深层次的东西。

浪漫地说，我不会因为读不懂幼童就放弃对他们的研究，所谓的"贴近"幼童，更应该是心的"贴近"，就如庄子一般，"我知之濠上也"，努力追求"自己就是幼童"，"幼童就是自己"，通过解读，赋予幼童有教育价值的意义，尽力去达成"童我合一"。

儿时的回忆

引言

最真实的有关幼童的研究，莫过于自己在幼童时代亲身经历和体验的事情，可惜的是，很多人对六七岁以前所发生事情的记忆基本为空白。在我的记忆中，六七岁以前曾发生在自己身上的事情也是所剩无几的。

自己亲身的经历固然可信，但是有可能只是发生在个体身上的个别事件，并不一定具有普遍性。为了证实曾发生在自己身上的事情是否在其他幼童身上也会发生，它们是否具有普遍性，还需要去做些同类的研究加以证实，或者去寻找权威人士所做过的研究中是否有类似的情况发生。

我回忆了在自己身上曾经发生过的事情，虽然不多，虽然时光已过去了很久，但却依然记忆犹新。重温这些往事，不仅能证实幼童及其发展的某些特征，也能给我带来因自己的童年"无知却又有趣"而忍俊不禁的感觉。

以下是一组"儿时的回忆"的文章，大多写的是在我童年时曾经发生的事情，不用去质疑其真实性，也不用从第三者的立场去解读幼童的特征。

整体与部分

人们对自己童年所发生事情的经验和体验是最为真实的，虽然能清楚记住的在童年所发生的事情不多，但仅存的记忆却能为了解幼童如何认识世界提供最有说服力的证据。

我记得自己在4岁的时候，曾在邻家长辈的带领下与他家的一位5岁幼童一起去上海动物园玩。我们在湖边上驻足观赏天鹅，邻家幼童的爸爸告诉他，在湖里游的是天鹅，不一会儿，他的爸爸又告诉他，这是一种很大的鸟。当时，我十分疑惑，不明白那究竟是天鹅还是鸟，言下之意，既然它们是天鹅，怎么可能又是鸟呢？

过了两三年，我才明白湖里的天鹅既是天鹅，又是鸟。上了学后，又真正明白有很多种类的鸟，麻雀是鸟，鹦鹉是鸟，喜鹊是鸟，天鹅也是鸟。

幼童在认识事物的整体与构成整体的各个部分之间的相互关系时有一个发展过程。年龄较小的幼童往往先认识组成某事物的各个部分，随着年龄的增长，才逐步认识事物的整体，包括既能认识各个部分，又能同时认识整体，并懂得整体与部分之间的关系。

美国心理学家埃尔金德等人曾做过一个有关整体与部分的识图研究[1]，他们给不同年龄的儿童看一些图，这些图具有一个共同的特征，那就是：从局部看，是一种图形；从整体看，又是另一种图形。他们发现，71%的4岁幼童只看到图中的个别部分，如图中的"两只长颈鹿"或"两根萝卜"，只有11%的4岁幼童既看到图中的个别部分，又看到了整体，如画了长颈鹿的图也是一个爱心，画

---

[1] Elkind, D, Koegler R R, Go E. Studies in perceptual development: II. part-whole perception [J]. Child development, 1964, 35 (01): 81—90.

了萝卜的图也是一架飞机;而在9岁的儿童中,则有79%的儿童能作出后一种回答。

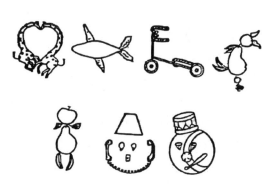

▲ 有关整体与部分的识图研究

这个研究说明,小年龄的幼童还不懂得同一幅图可以同时被赋予不同的意义。换言之,他们不能认识整体与部分之间的关系,也不能将整体与部分有机地统一起来。

例如,向幼童提问:"什么东西能使汽车开动?"同一个幼童往往在一天里可以有好几种不同的回答:轮子、发动机、汽油、方向盘等。很显然,这些东西都与汽车的开动有联系,然而,幼童尚不能将这些局部的东西与整体(汽车)之间的关系理顺,这些回答之间缺乏内在的联系,这使得这些回答没有逻辑性。

同样的现象在幼童绘画时也常能见到。例如,一个6岁的幼童在参观了一个展览会后回到家里,画了一张关于展览会的画。[1]

▲ 一个6岁幼童画的关于展览会的画

该幼童在描述这幅画的时候说:"画中左边的标牌上写的是'入口',右边的标牌上写的是'禁止宠物'。"接着,该幼童又用手指着画中左边的那块标牌说:"上面写的是蔬菜的名称,而不是花和草。"用手指着右边的那块标牌说:"上面写的是饼干和汽水。"十分钟以后,问该幼童:"我忘了标牌上写了些什么,你能不能再告诉我一下?"该幼童说:"左边的标牌写的是'入

---

[1] 朱家雄. 儿童绘画心理与绘画指导[M]. 上海:上海教育出版社,1991.

口',右边的标牌写的是'出口'。"由此可见,幼童在绘画中所关心的主要是画中某局部东西的意义,而对整幅画的完整的意义并不理会,因而对他们来说,即使局部的意义发生了变化,也并不是自相矛盾的事。如果向这个幼童继续发问,让他叙述他是如何参观展览会的,做了些什么事,看到了一些什么,那个幼童会回答:"我在展览会上拿了一顶帽子。我碰到了林林。我的哥哥在去展览会前,回到家里给我送了东西。我在那里乘了小火车。"幼童对他自己的画所作的解释是零零碎碎的,各部分之间缺乏内在的逻辑联系。随着认知水平的提高,幼童才逐步掌握了画中部分和整幅画之间的关系,画面不再由各种毫无联系的事物填满每一个角落,而是每个部分都与整体之间有机地统一起来了。

序 列

自己童年"犯过的错",虽然在记忆中已经有些模糊了,但在回想时还是会忍俊不禁。其体验是真实的,反映的是无需解读的童年所发生过的事情。

我模糊地记得自己在上幼儿园小班的时候,在一次游戏活动中,老师给了男童甲 6 个棋子,给了男童乙 4 个棋子,又让我从一个盒子里拿出若干个棋子来,数量要比男童甲少,比男童乙多。我从盒子里拿了 3 个棋子出来,交给老师,老师对我说拿得不对,让我再好好地思考一下应该拿几个。我觉得 3 个棋子比 6 个棋子少,没有错。后来才知道,我只跟男童甲比较了多少,而没有去与男童乙比较多少。

我曾做过这样一个实验:在纸上有 7 个排成一排的杯子,从左到右,在第一个杯子里画了许多"冰淇淋",让杯子看上去被装满了,在最后一个杯子的杯底只画了一点吃剩的"冰淇淋"。实验要求幼童画出吃"冰淇淋"时从满满的一杯到差不多吃完这样一个过程。这是绘画中的序列化任务。

▲ 绘画中的序列化任务

在完成绘画中的序列化任务时,年幼的幼童倾向于在一定的时间内只与邻近的一个杯子作比较,而忽略了与画面上其他杯子的比较,只顾及一头,而不理会另一头,因而不能循序渐进地画出次序来。随着年龄的增长,幼童才逐渐地开始能对相邻的两个杯子同时进行比较，认识到他所画的杯子里的冰淇淋既要比左边杯子中的少，又要比右边杯子中的多，只有这样，才能顺利地完成由多到少有序列地排列的任务。

我曾让幼儿园大班和中班的幼童按序列化的要求绘画，发现63.9%的大班幼童（6岁左右）已经能够正确地完成这个任务，而只有6.5%的中班幼童（5岁左右）能完成同一任务。

其实，完成数量的序列化过程依赖于幼童心智的成熟。例如，能够准确点数六块积木，对于幼童而言，相对比较容易，在他们会唱数，会一一对应（不漏数、不重复数），并懂得"类包含"（3包含2，4包含3等）后就可以了。

▲ 准确点数相对比较容易

但是，让幼童懂得第一、第二、第三……就较为困难了，需要幼童把数量放置在抽象的关系中去思考，去"左右、前后"地思考。具体地说，所谓的第一、第二等并没有实物与之对应，而只有放置在关系中才有意义，这种关系是幼童在头脑中自己创造的。例如，下图中所谓的第二，是在从左到右的关系中才存在的，而同一块积木，在从右到左的关系中，就成为了第五。幼小的儿童不明白为什么同一块积木既是第二，又是第五。

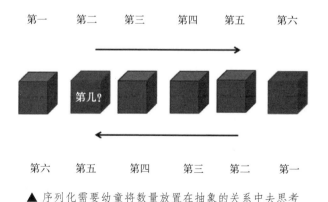

▲ 序列化需要幼童将数量放置在抽象的关系中去思考

两座不同的大厦

自小到大，有一件事情在我脑海中的印象特别深刻，在我的记忆中始终没有消失，而且在往后的生活中遇到类似的事情时，这件事情总会在头脑中再次浮现。

我记得自己小时候曾跟随长辈路过上海展览中心。那时，上海展览中心（时称"中苏友好大厦"，是由苏联专家帮助设计的）正在建造，并即将完工，大厦顶上金色的塔已经高高竖起，塔顶上还有颗五角星。

我记得，先前自己看到大厦顶上的塔顶部安装有一颗五角星，后来跟着长辈走到另一条马路上，也看到了大厦，但塔顶上却没有五角星，只有一根"标杆"。儿时的我认定的是：有两座大厦，一座是塔顶上有五角星的大厦，另一座是塔顶上没有五角星的大厦。

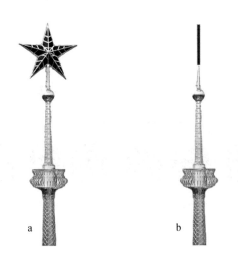

▲ 儿时的我认定，a 和 b 是两座不同的大厦

随着年龄的增长，我才认识到原来只有一座大厦，我认为的所谓不同的大厦只是从两个不同的视角看到的同一座大厦，一个视角是从延安中路上看到的，另一个视角是从铜仁路上看到的（两条路互相垂直）。在还为幼童的我的认知里，"它们"不是同一座大厦。

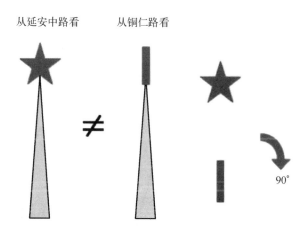

▲ 在儿时的我的认知里，"它们"不是同一座大厦

后来，为了研究幼童的这种认知特点，我曾在幼童中做过一个实验：给幼童隔着幕布看一个圈形实物的影子（将光打在该实物上，隔着幕布能看到其影子），让幼童正视下图中的a，问幼童："这是什么？"他们回答道："这是一个玩具救生圈。""这是一个面包圈。"然后，我旋转了该圈形实物，旋转了30度以后（下图中的b），幼童不再坚持原来所说的东西了。后又旋转了60度（下图中的c），他们又开始说了："这是一块橡皮。""这是一把尺。"

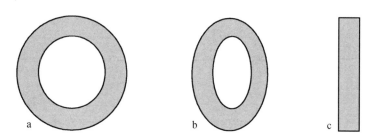

▲ 圈形实物从a位置转到b位置，再到c位置，幼童认为呈现的是不同的东西

幼童完全不顾这个圈形实物始终没有离开过他们的视线，还是认为他们前后看到的是不同的东西。

让一些年龄较小的幼童去看画有几根圆木棍的图，或去看画了几个咖啡杯的图，他们不会认同他们看到的是一根圆木棍的等同物，或是一个咖啡杯的等同物。随着年龄的增长，他们才会逐渐认识到他们看到的圆木棍图中的几根木棍，或咖啡杯图中的几个咖啡杯，代表的都是同一根圆木棍，或是同一个咖啡杯。

幼童能够认识到物体可以从一种状态转变为另一种状态，并认识到物体还能恢复到原来的状态，说明他们的认知水平提高了。

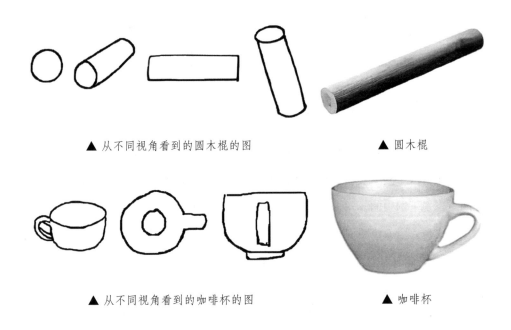

▲ 从不同视角看到的圆木棍的图　　　　▲ 圆木棍

▲ 从不同视角看到的咖啡杯的图　　　　▲ 咖啡杯

物体守恒

儿时，有件事情让我记忆深刻，因为我曾为此大哭大闹过一场，还被狠狠地训斥了一番。无需任何旁人去作解读，我知道真的只是由自己"无知"所导致的。

一次，一位长辈给我与表兄两人分发糖果，他给我们看，桌子上一共有10颗糖果，然后一分为二，每堆5颗。他把两堆糖果放到两个大小不一的纸袋里，给我们俩每人一个纸袋。我们都想要拿大的那个纸袋，结果我因为拿到了那个小纸袋，委屈地哭闹了起来，因为感到自己分到的糖果比别人少。那位长辈不明白我为什么哭闹，一再说两个人分到的糖果是一样多的，但是我依然不信。那位长辈要求表兄将他的纸袋与我交换，表兄也坚决不同意，因为表兄同样认为他拿到的糖比我多。那时，我们俩都4岁。

其实，这样的现象在幼童中是普遍存在的，也就是说，不到一定的发展阶段，幼童是没有守恒概念的。换言之，幼童只有建立了守恒概念，其认知能力才不再因为事物的非本质特征（如形状、方向、位置等）的改变而改变，才能透过现象看清本质，把握本质的不变性。

例如，给幼童呈现两排数量一样的糖果，前后排列一致，让他们回答两排糖果的数量是否一样多。幼童的回答都会是正确的。但是如果把其中一排糖果的间距扩大或缩小，改变其外观形态，幼童的回答就会是不一样多。皮亚杰在他的研究中发现，小于7岁的幼童对于这类问题的回答往往是错误的。

皮亚杰认为，儿童的守恒概念出现于从六七岁到十一二岁的具体运算阶段（对我国儿童的研究表明会略早些）。例如，两支同等长度的铅笔无论如何放置，它们的长度始终是相等的，这就是守恒概念。对于守恒概念，儿童是通过可逆推理、两维互补和恒等性推理等思维形式获得的。另外，研究的结果表明，儿童获得不同形式守恒的年龄是不一样的，最早掌握的是数量守恒（六、七岁），接着是物质守恒和长度守恒（七、八岁），随后是面积守恒和重量守恒（九、十岁），最后是体积守恒（十二岁）。

一斤等于几两

儿时的糗事很难忘记,有件在幼儿园中发生的事情,即使到了小学,甚至到了中学,依然让我"耿耿于怀"。

夏日的一个午后,教室里正在上计算课,我忍不住打了个盹,被王老师(迄今依然记得她姓王)看到了,她让我起身回答她正在讲解的问题:"一斤等于几两?"因为当时没有在听老师的讲解,我自作聪明地回答:"十两。"王老师提起了手中的秤,有点严肃地说:"记住了!一斤不是十两,是十六两!"

从此以后,"一斤等于十六两"便"先入为主",深深地印刻在我的脑子里了。

在我上小学时,那时一斤还是等于十六两,直到有一天,当我被告知一斤应该等于十两后,顿时蒙了,是自己当初就没有错,而是王老师错了,还是另有原因呢?但是,语文课本中的成语"半斤八两"似乎又证明王老师是对的。

在上中学时,逐渐习惯了运用十进制的斤两,我便不再质疑了。直到有一天在香港买东西,我发现那里的秤不仅是十六两制的,而且一斤的分量不是500克,而是604.79克,我又"犯晕"了。

以后,见识多了,才慢慢懂得"一斤等于多少两",并不是说"一斤必须等于多少两",那只是一件由权威确定、由大家遵从的事情。据说,秦始皇统一六国之后,负责制定度量衡标准的是丞相李斯,他的依据是秦始皇下的批文"天下公平"这四个字共十六笔,所以将一斤定为十六两。又有一说,十六两制由北斗七星、南斗六星外加福星、禄星、寿星组成,意在告诫人们做人要诚实守信、不欺不瞒,短一两无福、少二两少禄、缺三两折寿。

十六两制沿用了几千年,但是各个朝代每一斤的分量都不尽相同,例如,秦、西汉时，一斤等于258.24克；明清时，一斤等于596.82克。直至1929年，推行计量改革，将一斤改为500克。

十六两制一直沿用至1959年，当时，全国推广国际公制，国务院发布《关于统一我国计量制度的命令》，称"市制原定十六两为一斤，因为折算麻烦，应当一律改为十两为一斤"。1984年，市制计量单位已废止。

以后，我也慢慢懂得很多事情就如同斤两一样，只是人为的规定，或者是约定俗成，这些事情与科学规律是不完全相同的。夏令制时间、纪念日日期、会议进程等都属于这一类。

餐桌上养成的习惯

童年的往事中，有一件事情是刻骨铭心的，被牢牢地印刻在我的脑中，不由自主地会表现在我的日常生活之中，那就是在餐桌上被家里立下的"规矩"，所养成的习惯。

2岁左右，自从开始独立吃饭的那个时候起，我就被告知吃饭时应该怎样，不可以怎样，而且一家几口人围坐一起，每个人都必须这样：

- 用餐前，家人各就各位（长者先，幼者后），全家人坐定后方可动筷。
- 吃饭时，人要坐正坐稳，不许抖动腿。
- 端碗、拿筷姿势要正确，大拇指在碗边缘，其余四个手指放在碗底，右手握筷子时上下位置要恰当。
- 吃饭时，餐食在口中时不许说话。
- 吃饭时，嘴巴不可大开大合，喝汤时不能发出大的声响。
- 不许用筷子翻拣盘中食物。
- 不许将筷子竖插在米饭上。
- 不许用筷子指人，不许用筷子敲击饭碗。
- 用餐过程中随时保持餐桌的整洁。
- 必须将碗内食物吃完，不许剩余一粒米饭。

……

记得没有任何人曾对我讲过为什么要这样做的道理，我也从来没有去思考过这样的"规矩"究竟是合理还是不合理，但它们自然成为了习惯，在以后的数年时间里，不这样做自己会感到很难受，看到别人不这样做，自己也会感到不舒服。

自小到大，一家人围坐在餐桌旁吃饭，每个人的神态、表情、坐姿、动作和目光等，都让我终生难以忘怀，嵌入脑海中的是"阴阳调和""群体意识""礼仪仁爱""孝悌忠信""长幼有序""尊老爱幼""推己及人""重义轻利""节俭守信"等中华文化的元素，它们被铭刻在心，挥之不去。

我是谁

记得我在童年、少年时期曾多次面对家里的镜子，看着镜子里的镜像发问："我是谁？"我迄今还能清晰地记得清楚的照镜子的时间大概是 6 岁，至于 6 岁以前自己在照镜子时发生了一些什么，已经完全记不清楚了。

早年的西方哲学提出了被称为哲学终极的三个问题："我是谁？""我从哪里来？""我要到哪里去？"这三个问题使无数人陷入了思考和迷茫，至今也无法得出明确的结论。哲学家们认为，只有想要知道这三个问题的答案的生物，才是永不满足的生物，而人就是这样的生物。人注定会给自己的一生没完没了地制造烦恼，因为所有的知识都来源于人对自身的研究。

随着年龄的增长，每个人都在人生的不同阶段试图探究和解决这三个问题，却很难完全找到这些形而上问题的答案，只是不同年龄、不同经历的人，会在不同层面上进行探究，会得出不同的结论而已。

每个幼童都是哲学家，会不断向自己和别人询问："我是谁？""我从哪里来？""我要到哪里去？"

从书本上可以看到，幼童从懵懂时期开始，就已经在探究了。例如，自出生后，他们就开始被烦恼包围住：饥饿时嗷嗷待哺，寒冷时哇哇求暖，便溺时因求舒适而哭闹，离开父母时感到紧张，受不公平对待时感到委屈，与伙伴们争吵时感到伤心……。面对这三个问题，幼童虽然不会想得那么深，那么广，那么容易"自寻烦恼"，但是毕竟还是回避不了这些问题，因为这些问题都围绕着"我"而产生和展开，而幼童对"我"的认识有个逐渐发展的过程。

人，从来都没有看见过自己的脸。人可以努力看到自己的鼻尖，甚至还可以看到自己翘起的嘴唇、吐出的舌头，但是无法超出这些，无法离开自己而看到自己的脸。人知道自己的脸,是从镜子里看到的,但这不是人自己,只是自己的一个镜像。

出生 6 个月左右的婴儿,会把镜子里自己的镜像当作自己的游戏伙伴,会对着镜像拍打、欢笑。1 岁左右,婴儿开始发现镜子里人的动作和自己总是一样的,才朦朦胧胧地感到镜子里的镜像可能就是自己。

婴儿通过感受自己的身体,第一次发现了"我",开始区分"内在"和"外在"、"自我"和"非我"。在 1—3 岁时,"我"这个概念开始模模糊糊地出现,刚会说话的幼童通过"我"这个词进一步地区分了"自我"和"非我"。

到了三四岁,幼童从知道自己是"谁"开始,就需要应对新的挑战,他们迷迷糊糊地想要知道自己与其周遭一切之间的关系,特别是到了五六岁,最让他们着迷的事情之一,就是想知道自己是从哪里来的。

我迄今依然记得的事情,是自己在 6 岁时面对家里一面大镜子时的情景:"我毫不怀疑镜子里的我就是我自己。我很清楚自己长得什么样,也很清楚我自己与我看到的别人有什么不一样。我似乎朦朦胧胧地开始能分辨别人表扬和批评我的理由(当然这是浅表层次的)。我有点相信自己是从石头缝里蹦出来的,因为我喜欢孙悟空的故事,我认为孙悟空就是从石头缝里蹦出来的,但是又觉得石头缝里蹦不出自己来……"

以后,随着年龄的增长,我多次地看着镜子,想到的已经全然不是这些东西了。具体地说,对"我是谁""我从哪里来""我要到哪里去"这类问题的思考,越来越多地从"我自己"转移到"我与人类的历史和未来""我与文化"等立场上,从不同的视角去思考和探索这三个问题了。

童言无忌

引言

幼童是天真无邪的，所说的话是没有忌讳的，不会顾及是对是错，也不会在乎别人爱不爱听。如若以开放的心态让幼童讲述他们对世界的认识、对周遭人或事的感受，他们所说的都是内心的"真话"，是"老实话"，尽管有些话是可笑的，是幼稚的，甚至是不吉之言，但都无需见怪。

在我国的旧俗中，过新年时家中的厅堂里多会张贴"童言无忌"这四个字，以此求得吉祥。

在当下，"童言无忌"为的是"重温童真""寻找童趣"。人道是"童言无忌情趣多"，反言之，如果幼童讲的话都是"老成的""无误的"，那么人世间就会缺少许多情趣。当人们历尽了沧桑，自然会去感叹"如果现在的自己仍像幼童一般'童言无忌'，那么这个世界会是另外一种模样"。

在当下，"童言无忌"也为的是更深刻地理解幼童。所谓的"童言"，是成长中幼童的特征；所谓的"无忌"，是成人对幼童的态度，是成人对"童言"的欣赏、认同，至少是成人对"童言"的理解、容忍。当人们想欣赏一株美艳的鲜花时，他们一定不会去埋怨、批评它还为幼苗时的稚嫩和不成熟，而是会热情地期待它的成长和绽放。

以下是一组"童言无忌"的文章，可以让人感受其中的趣味，体会幼童经历的人生初程。

我的嘴巴

几个幼童在随意地绘画。一个幼童画了一个人的头像，嘴巴像是颗红心，还有伸向口外的舌头，他向伙伴们说，今天是妈妈的生日，他在和妈妈说心里话，祝妈妈生日快乐。他的话引发了其他幼童也去画自己嘴巴的动机。

我祝妈妈生日快乐。

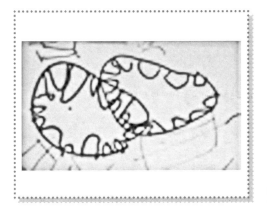

我和妈妈在说悄悄话。

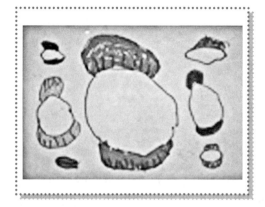

大家都在说话,只有我一个人没有说话(左下角紧闭的嘴,表示他不开心)。

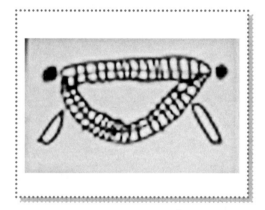

大笑的嘴。

尖叫的嘴(舌头是猩红色的,有点吓人)。

吃东西的嘴（不同牙齿有不同功能，以日常工具作比喻）。

另一张吃东西的嘴（不同牙齿有不同功能，以日常工具作比喻，同时嘴巴里有一桌子菜，表示正在吃一桌丰盛的菜肴）。

（由上海市静安区芷江中路幼儿园供稿）

作者的话

第一，幼童知道他们自己的嘴是干什么的：说话、吃东西、表达情绪情感……。

第二，幼童用自己的"美术语言"表达、表现自己认为的嘴的功能，他们完全不顾别人怎么想、怎么看待自己的画，却让人感受到他们丰富的想象力，他们所表达、表现的嘴妙趣横生。

风真的在那里

几个幼童在讨论"风在哪里"的问题。他们听到过关于风的故事,感觉到风就在自己的身边,但是却没有一个人看到过风。一个幼童说了一句"心里话":"我们看不见风,但是它真的在那里。"他的话引发了大家都想去找一找"风到底在哪里"的动机,于是他们通过自己的画,画出了自己找来的风。

两只手一直拍会有许多风。

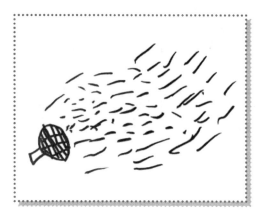

我找来一把大扇子,可以扇出许多风。

用力甩两只大杯子,里面的风就出来了。

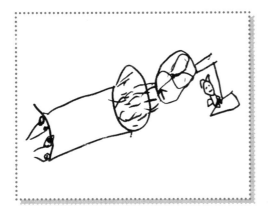

一个小电风扇,装上电池,将开关一按,风就来了。

鸟的翅膀一上一下,就会有风出来。

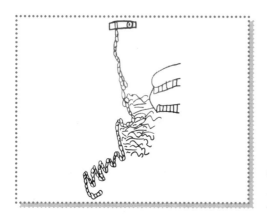

嘴巴用力吹出许多风后，一串回形针就动了。

飞机上的螺旋桨转动起来，就有风出来了。

有时候，风会从我屁股里出来。

（由上海市静安区芷江中路幼儿园供稿）

作者的话

第一,"我们看不见风,但是它真的在那里",这是幼童心里想说的一句真话。

第二,虽然看不见风,但幼童还是用自己的办法找到了风,还通过绘画画了出来,并不考虑成人怎么想。

管 子

马路扩建工程中的污水管引起了幼童的兴趣,他们讨论开了:

"我站在这里,能看见管子那头的东西。"

"自来水就是从管子里流出来的。"

"管子里会有什么?"

……

在一旁的老师问:"你们还在什么地方见过管子?"

幼童开始查找,找到了许多管子,更多的问题伴随而来:

"我用吸管喝牛奶,好奇怪,牛奶就会被吸上来。"

"管子是如何发出清脆的声音的?"

"隧道也是管子吗?"

"人体内也有管子吗?"

问题越来越多,幼童将他们的发现都画在了纸上:

我生病的时候,医生给我接氧气用的就是管子,妈妈说管子里有氧气,可是,我什么也看不见。

地下面有下水道,下水道里面都是老鼠。

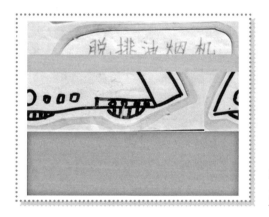

脱排油烟机有管子,管子里有菜的味道。

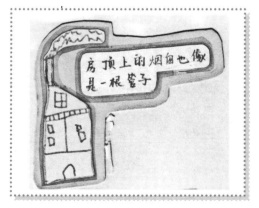

房顶上的烟囱也像一根管子,会出来许多烟。

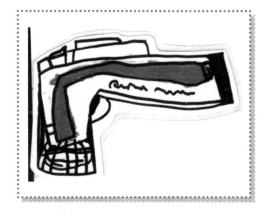

玩具枪里也有管子,管子里装着子弹。

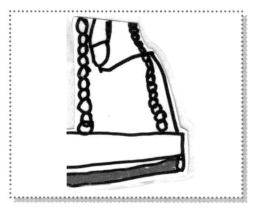

日光灯的灯管是管子,为什么它会亮?

煤气管会通到什么地方去呢?它里面的煤气从哪里来?如果管子都在地下,管子会不会打架?

注:图片上的文字是由成人书写的,后文同。

(由上海市静安区芷江中路幼儿园供稿)

作者的话

第一，管子是幼童的日常生活中常见、常用的东西，只是他们平时没有将各种各样的管子归纳成为"管子"这个概念。一旦让幼童去探索他们所见、所闻的管子，他们的头脑中会生成各种与管子有关联的图像。

第二，幼童的想象力是十分丰富的，思维方式是独特的、流畅的和发散的，常常会超出成人的想象。

声音的大小

声音的传播是个科学问题。

幼童不可能懂得声音传播的科学道理,但是这不影响他们去探究。

幼童甲看到挂着的两个风铃,一个是绿色的,另一个是银色的,他在探究是什么原因导致一个风铃发出的声音响,另一个风铃发出的声音轻。

观察与纪录(看想看的内容)

幼童甲:

绿色风铃发出的声音很好听,因为绿色的管子是空心的。空心的,声音就能传出去了。

银色风铃是实心的,声音轻,因为实心的把声音都堵住了,声音传不出去了。

▲ 幼童甲画的绿色风铃

解读、赋予意义

幼童甲看到挂着的两个风铃。一个风铃是绿色的,它发出的声音响,而且声音很好听;另一个风铃是银色的,它发出的声音轻,声音好像被堵住了。他比较了两个风铃,发现它们发出的声音不一样不是因为颜色不同,而是因为绿色风铃的管子是空心的,银色风铃的管子是实心的。

幼童在比较中发现管子发出的声音与管子为空心或实心有关,这不一定是成人的思维方式。

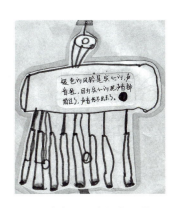

▲ 幼童甲画的银色风铃

（由上海市静安区芷江中路幼儿园供稿）

幼童乙探究的是喇叭发出的声音，幼童丙参与了幼童乙的探究，他们探究的是喇叭发出的声音与管子之间的关系。

| 观察与纪录（看想看的内容） | 解读、赋予意义 |

幼童乙：

这个喇叭发出的声音响，因为它的管子粗。

这个喇叭发出的声音很轻，因为它的管子最细。

幼童丙：

我的喇叭发出的声音最响，因为它有3根管子。

幼童乙探究的是喇叭发出的声音。他发现喇叭的管子粗，发出的声音就响；喇叭的管子细，发出的声音就轻。

幼童丙参与了幼童乙的探究，他的发现是：管子多，发出的声音就响。

幼童大胆地说出了自己的想法，没有顾忌成人是怎么去想同样的问题的。

▲ 幼童乙画的管子粗的喇叭

▲ 幼童乙画的管子细的喇叭

▲ 幼童丙画的有3根管子的喇叭

(由上海市静安区芷江中路幼儿园供稿)

作者的话

　　幼童将事物放在比较中去思考，比较它们之间的相同与不同，有益于幼童获得物理经验（风铃、喇叭的物理性质及其发声原理，如风铃、喇叭的颜色、构成等）与逻辑数理经验（如风铃、喇叭发出的声音与管子之间的关系等），从而有益于在此基础上通过抽象，建构物理知识和逻辑数理知识。

　　影响风铃和喇叭发出的声音的因素很复杂。幼童根据探究得出结论，结论是否正确并不重要，重要的是幼童能将事物放在比较中去思考。

牛奶从哪里来

一个 6 岁的幼童曾听爷爷讲过,牛奶是从牛身上挤出来的,并要经过消毒才能喝,他曾看见过马路上来来往往运货的卡车,他也曾多次到过超市去买牛奶等食品,他还有许多其他的生活经验。

一天,他在纸上画下了他所认为的牛奶从哪里来的过程:

给牛喂草,把牛养肥。

挤出牛奶。

再多挤一点牛奶。

牛奶好重,累得人直喘粗气。

把牛奶送上卡车,运到工厂里。

给牛奶消毒。

再把牛奶装到盒子里去。

把牛奶运到超市。

超市里的人把牛奶放到了货架上。

（由上海市长宁实验幼儿园供稿）

作者的话

第一，这个幼童虽然没有完整地看到过生产牛奶的整个过程，但是他根据自己已有的经验，通过想象，将"牛奶从哪里来"的过程表达得十分清晰。

第二，在生产牛奶的整个过程中，这个幼童唯独不理解的过程就是消毒，他不清楚消毒过程需要做什么。为了表达牛奶的消毒过程是不可缺少的，也许他运用了自己的方式：盯着牛奶，不让有害的东西逃过眼睛，防止它们进入牛奶中。

文明行为标志

几个幼童被指派做城市秩序的"维护员",他们需要设计一些"文明行为标志"。每个幼童根据自己的"岗位"画了两幅画,左边一幅画表示的是想要阻止什么样的不文明行为,右边一幅画表示的是让人们一看就明白的"文明行为标志"。

下面是四个幼童分别画的画:

这是"不能打开超市内东西的包装盒"的标志,如果谁不遵守,就要被罚款10元。

这是我设计的"不能乱丢东西"的标志,"不"字就是提醒人们不能乱丢垃圾。

这是"打手机不能干扰别人"的标志。

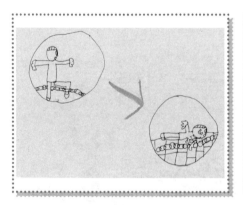
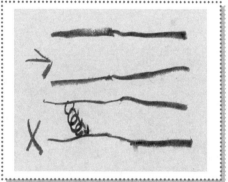

有人在装有链条的那条路上跨着走,结果摔跤了。没有装链条的路是可以走的,另一条路装有链条,是不能走的。我用这个标志提醒路人。

(由上海市长宁实验幼儿园供稿)

作者的话

这四个幼童是同龄人,他们用自己的画表现"文明行为标志"。"标志"是用图像或文字表征某个意义,比较简单、直观,让人一目了然。

让幼童运用图像或文字来概括某一具体事物或事件,需要抽象思维。幼童的思维是以直接形象思维为主的,但是也开始有了抽象思维的萌芽。从每个幼童的两幅画对比中可以看出,相比较具体的事件,表示"文明行为标志"的那幅画越简单,越让人一看就明白,幼童的抽象思维能力就越强。

幼童在画"文明行为标志"时,没有"条条框框"的约束,按照他们自己能够把握的符号,在不同的水平上表达着自己的所思所想。

铜块重，还是棉花重

一个成人拿来了一大团棉花和一小块铜，他问身边的几个三四岁的幼童："棉花重还是铜重？"

幼童几乎异口同声地回答："棉花重。"（解读：也许他们的生活经验告诉他们，这里的棉花比铜大得多，大的东西重。）

成人将一大团棉花和一小块铜同时放在水里，又问："棉花重还是铜重？"

幼童有点迟疑地回答："铜重。"（解读：也许他们的生活经验告诉他们，重的东西会沉到水里，轻的东西会浮在水面上。）

成人将这块铜从水里捞了出来，用锤子将它敲敲扁，再折成小船状，这只由铜做成的"小船"便浮在了水面上。

成人继续问："棉花重还是铜重？"

幼童的回答五花八门。

有人答："棉花重。"

有人答："铜重。"

也有人答："棉花和铜一样重。"

还有一个人这样回答："铜被你打过了，它变轻了。"

作者的话

第一，大小、轻重、沉浮等都是关于"关系"的概念，它们比较抽象，不是事物本身的属性，而是只有将两个及以上的事物放在一定的关系中去比较才有意义。

第二，物体的大小和轻重之间没有必然的联系，具体地说，大的物体不一定重，小的物体不一定轻。因此，幼童对这种关系概念的掌握比较困难。

第三，物体的沉浮则更为复杂，与物体所浸入的液体及物体排开液体的体积有关。这些内容是学生在今后的物理学习中会习得的，在幼儿阶段不可能懂得。

第四，对幼童而言，他们看到了什么，就会怎么说，不会太多去顾忌成人所谓的前后逻辑关系，也不会太多去思考事物内在的因果关系，所以去问"为什么"这类问题是没有意义的。

餐桌上的对话

妈妈与她的一双儿女——童童（6岁）和珍珍（4岁）在餐桌边一块吃饭。下面是他们之间的一段对话。

妈妈："上次吃饭的时候，奶奶问，菜好吃吗？你怎么可以说一般呢？"

童童："我哪敢说实话呀！"

妈妈："为什么不敢说实话？"

童童："如果说好吃，奶奶就天天给我做一样的菜呀。"

妈妈："我说呢，奶奶的厨艺这么好，烧的菜怎么会不好吃呢？这哪像你爸爸，今天早上说给我们做牛肉面，我都没吃出牛肉来。"

童童："照你这么说，老婆饼里能吃出老婆来吗？"

珍珍："就是，娃娃菜里能吃出娃娃来吗？"

妈妈（自言自语）："哎，我好像体验了一次被人"追"的感觉。"

童童："那还不简单，你去超市买东西不给钱就行啦。"

作者的话

这段亲子间的对话，始终让妈妈处于尴尬的状态，有一种被人追着问，却又无法辩解的感觉。产生这种感觉的原因是对话没有"交点"，对话双方所想、所说的都不是一回事。

6岁的童童，所想、所说的都有自己的"逻辑"，他之所以将"牛肉面没有牛肉"与"老婆饼没有老婆"、"被人'追'"与"买东西不给钱"联系在一起,是因为将原本只有抽象意义的说法与具有实际意义的事情相关联了。

作为妹妹,4岁的珍珍最能理解哥哥的话,以"娃娃菜里能吃出娃娃来吗"这样的话,学着童童"回应"妈妈。

如果妈妈对两个幼童的对话采取"无忌"的态度,她就会发出"会心一笑"。

画家与孙女的对话

曾经有这样一段爷爷和孙女之间的对话。①

其中,爷爷是一位著名画家,他的孙女6岁,也很喜爱画画。

孙女画了一棵树。

画家说:"孙女,你画的树不对。"

孙女说:"怎么不对呢?"

画家说:"树枝不对。"

孙女说:"树枝怎么不对呢?"

画家说:"树枝怎么能比树干还粗呢?"

孙女说:"树枝怎么不能比树干粗呢?"

画家说:"那就不是树了。"

孙女说:"不是树,你怎么说它是树呢?"

画家一愣,突然无话可说。

孙女又画了一只小兔子和一匹马,类似的对话又一次发生了。

后来,孙女画了一只老母鸡。老母鸡下了一个蛋,那个蛋比老母鸡还大。

画家说:"你画的那个蛋不对。"

孙女说:"怎么不对啦?"

她拿着那幅画去参加国际儿童画展,结果得了一等奖。

---

① [美] 威廉·贝纳德. 哈佛家训[M]. 张玉,译. 北京:中国妇女出版社,2007.

作者的话

祖孙之间的关系是轻松的，6岁孙女的"童言"在权威爷爷那里是"无忌"的，在这些对话中，爷爷居于"下风"。

孙女的"童言"之所以有趣，是因为她有不同于爷爷的"逻辑"，而爷爷对孙女"童言"的"无忌"，让孙女在对话中"得逞"，最终还得了大奖。

对于孙女而言，大奖的价值不在于大奖本身，而在于能激发其在"无忌"的幼童时代发挥无限的想象力。

一个男童的发问

一个 5 岁的男童,跟爸爸妈妈在一起,他们之间不经意间发生了一场对话。

爸爸:"老虎是什么动物?"

儿子:"你告诉过我,老虎是哺乳动物,因为它小时候是吃奶长大的。"

妈妈:"那它长大了吃什么呢?"

儿子:"你告诉过我,它长大了吃肉,所以是食肉动物。"

妈妈:"是的。"

儿子突然有所领悟:"噢,我知道了,老虎小时候是哺乳动物,长大后就变成食肉动物了。"

还没有等到爸爸妈妈继续发问,儿子就提出了这样的问题:"那么人是什么动物呢?"

爸爸妈妈都大笑了起来,他们自己也不清楚应该怎么回答儿子了。

作 者 的 话

男童把爸爸妈妈问蒙了。

首先,爸爸妈妈需要回答:"人是不是动物?"这是一个目前仍各有说法、没有达成共识的问题。

其次,爸爸妈妈需要回答:"若人是动物,在小时候吃奶,长大了吃肉,也吃蔬菜,还吃更多的东西,那么人该归在哪一类动物中?"

幼童可以没有忌讳地发表言论,面对幼童的"童言",成人可以"无忌",但是成人对幼童的回答却不可以"以误对误",而是应根据幼童可以认识和理解的水平给出回答。

对于幼童的这类发问，可以有数个所谓的"正确的答案"，但是，也许最好的回答是不要给出简单的结论，而是留下空间，让幼童在成长的过程中自己去解答。

皇帝的新装

如果要在民间传说、故事或轶事中寻找一个既幽默而又深刻阐释了"童言无忌"的事例，那么广为流传的由安徒生创作的《皇帝的新装》便是当之无愧的经典。以下是《皇帝的新装》的故事梗概。

以前有个皇帝，喜欢穿得漂亮，并爱炫耀自己的新衣服。一天，他的王国里来了两个骗子，自称能织出人间最美的布，并能制作出神奇的衣服：这件衣服只有聪明人才能看到，而愚人看不见。骗子的话打动了皇帝，他给了骗子许多钱，让他们马上缝织。

骗子装作忙碌地工作着，夜以继日地制作衣服。被派去视察的官员都看不见这件衣服，但在骗子的花言巧语下，为了掩盖自己的"愚昧"，都说自己能看见这件衣服，连国王自己也是如此。

骗子称衣服做好了，大家都建议皇帝穿着这件衣服去参加游行大典，皇帝同意了。游行前，皇帝把身上所有的衣服都脱了下来，两个骗子装模作样一件一件地把他们缝好的新衣服交给皇帝，让皇帝穿上。

皇帝在大街上游行，站在街上的人都说："皇上的新衣服真是漂亮！这件衣服真适合他的身材！"谁也不愿意让人知道自己什么都看不见，因为这样就会显得自己太愚蠢。在这之前，皇帝所有的衣服都没有获得过这样的称赞。

"可是他什么衣服也没穿呀！"一个幼童叫了出来。

"天哪，你听这个天真的声音！"他的爸爸说。于是，大家私下里低声地传播这句幼童喊出来的话。

"他并没穿什么衣服！有个孩子说他没穿衣服呀！"

"他确实是没穿什么衣服呀!"最后所有的人都这么说。

皇帝有点儿发抖,因为他觉得大家所讲的话似乎是真的。不过他心里却这样想:"我必须把这游行大典举行完毕。"因此,他摆出一副更骄傲的神气,他的官员跟在他后面走,手中依然托着并不存在的后裙。

也许安徒生写《皇帝的新装》的原意,更多的是为了揭露皇帝的荒淫无度、昏庸无知,鞭挞大小官吏的阿谀奉承、溜须拍马,而不是为了褒扬那个幼童坚持真理、无私无畏。但是,恰恰是因为那个幼童的不谙世故,让他毫无忌讳地大声喊出了那句谁都不敢说的真话,使这篇童话一下子进入了高潮,这句"可是他什么衣服也没穿呀"的无忌童言成为了这篇童话的点睛之笔。

— 幼童游戏与玩具 —

引言

游戏是幼童自己的"工作",玩具是幼童工作时所使用的"工具"。

一个经典的游戏,不是由哪个聪明的人凭想象设计出来的,而是经由时间的磨砺慢慢演化而成的,是由一代又一代的幼童经过选择和生成的过程而形成的。

所谓幼童自己的"工作",那就是幼童发自内心自己愿意做的,是不带有功利目的的,是幼童可以按照自己的方式去做的,是能够给他们带来快乐的。

所谓幼童自己的"工具",那就是玩具的意义是幼童自己赋予的,而不是由他人指定的。最原始的物品,如水、沙子、石块、泥巴、树枝、干草、绳子等,是幼童最容易接触、最容易运用和最容易赋予意义的东西,这才最有可能成为他们游戏的"工具"。

下面,本书阐述了一些传统游戏为何深受古今中外幼童的喜爱,并成为伴随他们成长的经典活动。

玩水、玩沙

水和沙是幼童最好的玩具，这句话一点也不过分。

原始人类在其生存、发展中接触最多的就是水和沙土，他们在沙土里种植植物，用水浇灌植物；他们用自己发明的工具挖掘坑洞，将水和沙土混合在一起，糊墙铺地，制作用具……。

每个来到人世间不久的幼童，都如同早期的原始人类一样，最钟情做的事情就是去接触水和沙，就是用自己的"工具"——水和沙，做自己的"工作"。自古迄今，都是如此。

幼童喜欢玩水是不分季节的，只要允许他玩，他就会忙得不亦乐乎，常常把衣服鞋子搞得湿漉漉的，也满不在乎。尤其是夏天，让幼童在水池或浴缸里戏水，飞溅的水花打在他的身上，会让他格外兴奋。

幼童玩沙子的兴趣不在玩水之下，在一堆沙子边上，幼童可以津津有味地玩上老半天，即使袖口、裤管和鞋里满是沙子也满不在乎。

水和沙取之方便，用之不竭。在世界上，恐怕难以找出什么东西比水和沙更为方便就能取得，也难以找出什么东西会比水和沙对幼童来说更具吸引力了。

水和沙都是流动的，没有固定的形状。幼童用双手捧起水或沙，水或沙会从指缝中流出去；但是如果将水和沙子掺和在一起，幼童则可以随意地塑造出各种造型。因为水和沙的变化多端，在玩水、玩沙的过程中，幼童可以根据自己的意愿赋予水和沙以无穷的意义，给幼童带来无限的想象和创造。

在玩水、玩沙时，幼童会玩出各种"花样"来，玩的办法多种多样。

洗澡时是幼童玩水的好时机。幼童把毛巾浸在水中，突然取出，往自己身上滴水、淋水、甩水；用双手绞动毛巾，往水盆里拧水、挤水、控水；把毛巾丢在一边，用手去摸水、划水、拍水、撩水、抓水、捧水；把手和脚浸泡在水里，然后使劲甩手蹬脚，溅得满地都是水……

在水盆、水缸、水池边上，幼童会将大小、形状各异的勺、瓶、罐、壶、桶等器具都当作玩具，特别是将水当作不可替代的玩具，乐此不疲地用这些器具去舀水、盛水、倒水、泼水、浇水，还用自己的嘴、鼻去吸水、吹水、闻水、尝水……

幼童手中一旦有了一支喷水枪，或者拿着一根能接在水龙头上的橡皮管，一定会尽情地享受喷水、冲水、浇水、淋水的刺激给他带来的快乐，他会尝试用自己的办法去控制水流的缓急程度，他也会体验其喷水所产生的结果……

在厨房的水槽、浴室的浴缸或者水桶、面盆等容器里装满水，在它们的边上放一些纸杯子、小木块、小石块、树叶、铁皮、泡沫塑料、方糖、面粉团等，幼童会将这些物品一样一样地往水里放。他会看到纸杯子像小船一样地浮在水面上，随着手的划动，纸杯子会在水里飘来飘去；他会看到如果将泡沫塑料、树叶、小木块等东西按到水底，只要一松手，它们又都浮了上来；他也会看到铁片、石块等总是沉到水底；方糖沉到了水底，但是不用多久就不见了；面粉团也沉到了水底，过一会儿，它变小了……

幼童喜欢停留在沙地里，用脚去踩松软的沙子，在上面留下一个个深陷的脚印；他用力地去蹬跳，把松软的沙子压得严严实实；在沙滩、沙坑上，幼童会用小铲子、小木棒甚或用自己的手去打洞、挖坑、堆垒沙丘，会用铁皮或塑料的小碗、小碟和小盘子玩"炒菜""盛饭""过家家"的游戏……

幼童会在沙子上洒上些水，把湿的沙子装入一个个不同形状的小盒子里，用手把沙按实，然后把小盒子倒过来，做成圆形的、方形的、三角形的、梯形的"点心"；用湿的沙子建造一座自己想象中的幼童乐园……

击壤、投壶和套圈

击壤是一项投击土块的投掷游戏，相传帝尧时代就已出现，距今已有四千多年历史了。

击壤源于原始时期人类的生产与生活，在那时的狩猎活动中，人类要会用土块、石块、木棒投击猎物；在原始部落的战争中，投击是重要作战技能。后来，狩猎或作战的工具得到了改进，因为有了弹弓和弓箭，就不再依靠土块、石块、木棒来掷击野兽或敌人了，这种投击形式便演变成了一种游戏。

王充在《论衡·艺增篇》中说道："有年五十击壤于路者，观者曰：'大哉，尧德乎！'击壤者曰：'吾日出而作，日入而息，凿井而饮，耕田而食，尧何等力！'"说的是，远古帝尧时代有个老者在路上玩击壤游戏，来了个旁观者说："真好哇！如果没有尧的恩德，哪有这般闲情来击壤呢？"老者对此不以为然，他说："太阳出来我起床劳动，太阳落山我回家休息，打井有水喝，种地有粮吃，闲暇时玩玩击壤，与尧有什么关系呢？"这就是有目的的击壤演变为无目的的游戏的深层原因。

投壶（投箭入壶）可能是从击壤发展而来的，是一种从先秦延续至清末的汉族传统礼仪和宴饮游戏，在春秋战国时期较为盛行。游戏时，设特制之壶，宾主依次投箭其中，中多者为胜，负者饮。这种有目的的礼仪活动与古代的射礼在形态、意趣、方法、规则等方面有诸多相似之处，可见投壶虽然看似是游戏，而其背后反映的却是古人的尚礼精神。

投壶几经演变，流传了两千多年，从最初的礼仪活动演变为娱乐性的游戏，包括儿童游戏，其活动目的、方式和规则、使用材料等都有变化，成为了没有目的的游戏。

而今，类似击壤、投壶这一类的投射类游戏还有很多，例如斗鸡、抛砖、套圈、扔沙包、抓子儿、玩弹弓、射箭等，击壤所用土块变成了沙包、砖块和厚纸片等，而投壶所用壶和箭则变成了到处能找到的罐子与石子、小物件与套圈、目标物与沙包、石子和弹弓等。

如果说，从击壤、投壶到套圈、扔沙包、抓子儿、玩弹弓等这些投射类游戏有何改变的话，那么最大的变化就是活动从有明确的功利性目的到无目的游戏的演变，从以成人为主的活动到以儿童为主的游戏的转变。

应该说，幼童常玩的套圈游戏起源于古代的投壶游戏，不同之处在于投壶是把箭投掷到箭壶中，而套圈则是把圆圈套到固定的目标上，但是两者都有竞争因素，参与者都有游戏体验，对手眼协调性和动作的准确性都有很高的要求。古人的投壶原是上层士大夫的优雅游戏，有许多礼仪规范，明清以后越来越向民间转化，成为老百姓逢年过节的娱乐，越来越有人间烟火气，套圈就是投壶的一种变形。

套圈的目标套物（俗称"彩头"）很多，常见的主要有各种各样的幼童玩具，这些"彩头"本身并不值钱，其最大价值体现在"彩头"被套时给幼童带来的欢快。

套圈游戏可以设定规则，但更多的时候并无规则。一些竹圈或塑料圈、几个小物件，就可以是游戏的全部材料了。一群幼童做套圈的游戏，互相商议，"讨价还价"，互相比试，争个高下。可以发挥一下想象，从个体的、集体的和社会的方面，由不同年龄的、不同发展水平的和不同爱好的幼童自由发挥，自主选择，他们究竟能够演绎出多少意义？回答是毋庸置疑：无数种。

例如，套圈所用的力量与自己离目标物的距离之间有什么关系？套圈时圆圈的角度与命中目标之间存在什么关系？套圈的材料与自己的动作之间有何关联？目标物的大小与圆圈之间存在什么关联？在与别人比试时，什么规则对自己最为有利？如何与比试对象商量或谈妥游戏规则？……

套圈、扔沙包、抓子儿、玩弹弓等这些投射类游戏，它们之所以对幼童有价值，是因为它们所用的材料都具有"原始性""多功能性"，是因为这些游戏能让每个幼童对这些材料赋予不同的意义，幼童真正去用"自己的工具"做"自己的工作"，能够自主、自由、自发地获取各种经验。

斗 草

自古至今,"斗草"是最为常见的游戏之一,幼童乐此不疲地玩"斗草"游戏。两根不用设计、不用加工、不用制作、随处可见的草就是幼童"自己的工具",就是他们真正的玩具。

据说斗草是端午节的传统习俗,最早有文献记载的是在南北朝时期,每年端午节前后,人们会把艾蒿插在门上,斗草用的可能就是艾蒿。

也有人认为,斗草与中医学有关,在斗草的"文斗"中有一个规矩,即找出各种奇花异草并说出名字,谁说出来的名字多,谁就可以获胜,《年华记丽》曾记载:"端午结庐蓄药,斗百草,缠五丝。"斗百草就是将各种草药进行分类,在此过程中产生了"斗草"。

久而久之,斗草演变成了一种游戏,成了一种比赛,甚至成了被普遍认可的一种习俗。《荆楚岁时记》记载五月五日,"有斗百草之戏"。

斗草有悠久的历史。唐朝的画作中多有斗草的场景,白居易曾写道:"弄尘或斗草,尽日乐嬉嬉。"

到了宋朝,斗草游戏更为盛行,诗人范成大《春日田园杂兴》记载:"青枝满地花狼藉,知是儿孙斗草来。"柳永在《木兰花慢·拆桐花烂漫》中写道:"盈盈。斗草踏青。人艳冶、递逢迎。"晏殊在《破阵子·春景》中也写道:"元是今朝斗草赢。"可见,斗草游戏已传遍了大街小巷,深受人们喜爱。

到了明清时期,大量的书画作品都记载了幼童的斗草游戏,例如《群婴斗草图》形象地展示了十几个小孩在一起拔草斗草的场景;在小说《红楼梦》里,也可以看到林黛玉带着几个姐妹玩斗草的场景,她们蹲在地上,两个人手持蒿草,不停地拉扯,谁的草先断了便是输的一方。

而今，在端午节，人们都忙着赛龙舟吃粽子了，已经很少看见斗草了。在逐渐远离大自然的年代里，现代人与斗草的距离渐渐地远了。

如果将由成人设计、加工和制作好的，并由成人提供的玩具与斗草中微不足道的小草比较一下，看似前者更有价值，但是如若懂得玩具是幼童自己的"工具"，玩具的意义是幼童自己赋予的，而不是成人指定的，那么可以毫无争议地说，后者才更有价值。

一个由成人设计、加工和制作好的玩具，在成人眼里有预定的目的，即通过幼童的玩，能达成什么预先设定的功能。然而，由于成人根本无法知晓不同的幼童内心需要的是什么，也无法明白每个幼童会赋予玩具什么意义，因此，要让这样的玩具成为幼童自己的"工具"，可能性是很小的。

两根小草放在一起，由两个幼童互相拉扯，如果发挥一下想象，从个体的、集体的和社会的不同视角看，由不同年龄的、不同发展水平的和不同爱好的幼童去赋予意义，究竟能够演绎出多少意义来？回答是斩钉截铁的：无数种。

例如，拉扯一根粗的和一根细的草，哪一根容易断？拉扯一根草和几根同样的草，谁更容易断？一根干枯的和一根青韧的草，哪一根容易断？两根同样的草，在不同方向上拉扯，会有什么不同？两根同样的草，拉扯时的速度与断裂之间存在什么关系？两个人在有胜负的游戏中如何处理关系？……

斗草游戏之所以对幼童有价值，是因为草具有"原始性""多功能性"，是因为斗草这个游戏能让幼童真正去用"自己的工具"做"自己的工作"，能够自主、自由、自发地获取各种经验。

骑竹马

骑竹马是一种古老的幼童游戏。玩骑竹马游戏时,将一根竹竿"骑"在两胯之间,一手握住竿头,竿尾游弋于地,奔跑起来如骑马之状。有时,竹竿的一端装有马头模型,另一端装有轮子。

有关骑竹马,早在《郭伋传》和《世说新语·品藻》中就都有记载。前者写道:"始至行部,到西河美稷,有童儿数百,各骑竹马,道次迎拜。"后者提及桓公对诸人曰:"少时与渊源共骑竹马。"

作为幼童游戏,骑竹马在唐朝已经极为普遍,白居易的《喜入新年自咏(时年七十一)》中写道:"大历年中骑竹马,几人得见会昌春。"杜甫的《清明二首》中有:"绣羽衔花他自得,红颜骑竹我无缘。"李白的《长干行二首》更是绝世佳作,其中有流传千古的佳句:"妾发初覆额,折花门前剧。郎骑竹马来,绕床弄青梅。"仅此寥寥数语,就将男女儿童在一起活泼嬉戏的情景描述得惟妙惟肖。

骑竹马的游戏简单易玩,以竹、木、秫为之,皆无不可,幼童手持刀、枪、剑、棒之类,威风凛凛,颇有将军气概,广为男童喜爱。民间流传骑竹马预示着幼童长大以后会走上富贵路之说,因此长辈总是动员男童去骑竹马,古人也常以骑竹马作为童年的象征,如杜牧的《杜秋娘诗》云:"渐抛竹马剧,稍出舞鸡奇。"

在敦煌壁画中,有一幅幼童骑竹马的图,可以看到该图真实地描绘了在当时幼童中依然流传的骑竹马的情景。这幅画描绘的是晚唐时期一群贵族供养人礼佛的情景,在供养人行列中,有一位贵妇人的下侧画了一个身穿红色花袍、内着襕裤、足蹬平头履的小顽童,一条弯弯的竹竿放在胯下;其左手握"竹马",右手拿着一根带竹叶的竹梢,作为赶马之鞭。该幼童抬头向上,调皮地仰望妇人。

自古至今,这类描绘幼童"骑竹马"的画作并不罕见。可以说,从汉唐以来,幼童骑竹马的游戏几乎没有改变,将一根简单的竹竿放在胯下的骑竹马游戏,即使现已经少见,却依然能够被看到。

从成人的视角来看,幼童骑竹马游戏的减少甚至消失是可以理解和接受的,因为人们已经不再将马作为主要的交通工具了,许多幼童甚至都没有亲自接触过马,只是在电影、电视剧和书本中看见过马,在故事里听到过马,而且连"竹马"也都不易寻觅到了。骑竹马游戏似乎已经成了一种历史的记忆。

但是,对于幼童而言,现代化的交通工具对其影响不大,玩竹马的意义也许只是他们自己想做自己的事情,其究竟有何意义,只有他们自己心里才明白。

在成人眼里,幼童骑竹马,骑的是一匹假的马,要当作真马来骑,骑得越像就越好。但也许在幼童眼里,这不一定是马,他们这样做,只是他们想要这样做,他们需要这样做,而不是为了想要做成什么。不同的幼儿,在玩骑竹马时,会给"竹马"赋予他们自己的意义,使"竹竿"或"木棒"等物品真正成为他们自己的"工具"。

一根竹竿或木棒,由幼童放置于胯下或扛在肩上,或者一群幼童握着一些竹竿或木棒,互相嬉戏,互相击打,如果发挥一下想象,从个体的、集体的和社会的不同视角看,由不同年龄的、不同发展水平的和不同爱好的幼童自由发挥,自主选择,他们究竟能够演绎出多少意义?回答是无需质疑的:无数种。

例如,竹竿或木棒可用于做什么?长的竹竿与短的竹竿有何不同?竹竿与木棒有何相同和不同?将竹竿或木棒拿在手中或放在两胯之间有什么感觉?拿着竹竿或骑着竹竿,哪个跑得快,哪个更让人有好玩的感觉?……

骑竹马游戏之所以对幼童有价值,是因为"竹竿"具有"原始性""多功能性",是因为骑竹马这个游戏能让幼童真正去用"自己的工具"做"自己的工作",能够自主、自由、自发地获取各种经验。

如果说,骑竹马的游戏是为了期待幼童长大后会走富贵之路,或者通过骑竹马让幼童学到一些什么知识技能，那么这是成人赋予的意义。对于幼童而言，骑竹马只是一种表面形式，竹竿只是象征物，其内涵是每个幼童赋予其的不同意义。

玩　球

"蹴鞠"，是指古人用脚蹴、蹋、踢球的活动，类似当下的足球。早在战国时期，我国民间就流行娱乐性的蹴鞠游戏，从汉朝起又成为兵家练兵之法，宋朝曾出现过蹴鞠组织与蹴鞠艺人，清朝还流行冰上蹴鞠。清朝中叶以后，由于西方足球的传入，传统的蹴鞠才被欧洲的足球所取代。

古人蹴鞠所踢的球，是用皮缝合而成的，里面塞满羽毛一类的填充物，因此古人将它称为"毬"。最初，毬由两张皮缝合，后改为六片、八片皮，到了宋朝，球壳一般由十片或十二片皮缝合。后来，球里的羽毛填充物被动物的膀胱替代，膀胱可以吹气，使实心球成为了充气球，不仅使球的重量减轻，还使球有了弹性。球因为没有了羽毛，"毬"字也改成了"球"字，回归了球的原意，即人类最初发明的球是用低质的玉石做成的。

蹴鞠所用的"鞠"，可上溯到石球。我国丁村文化遗址出土了十万年前的石球，许家窑文化遗址则出土了大量四万年前的石球。最早的年代，石球是原始人的狩猎工具，到了原始社会后期，才出现了用脚踢的石球。

在考古时，不同史前文化遗址中分别发现了许多陶球，有实心的陶球，也有空心的陶响球。例如，大溪遗址出土了迄今在我国发现的最早的空心陶响球，反映的是公元前 4400 年—公元前 3300 年的新石器时代的史前文明。该空心陶响球十分精美，直径 5.4 厘米，用泥质红陶制成，上下左右六方各有等距离圆形小孔相对称，小孔间由篦点纹构成菱形图案花纹，陶响球中空，内存有砂砾制作的砂粒，摇动时会发出声响。

可以说，陶响球是人类玩具中最古老的人工制作的玩具之一，至少已有五千年的历史了。陶响球的尺寸和设计适合幼童玩耍，可以滚动、踢动和摇动，还会发出"沙沙"的响声。

幼童玩陶响球与"玩毬"毕竟相隔了数千年，同样是玩球，蕴含的意义不尽相同。

成人对蹴鞠的狂热之情，会带动幼童"玩毬"的兴趣。蹴鞠流传了两千三百多年，出现了"球不离足，足不离球，华庭观赏，万人瞻仰"的情景，也增强幼童对"玩毬"的动机，在北宋的画作中，就有幼童蹴鞠的场景，那时使用的枕头上也画有幼童蹴鞠的图像。

当"玩毬"演变成为了"玩球"，也许是因为球被充了气，对幼童具有了更大的吸引力，使幼童有了更多的方法去玩球，这样，幼童玩球与竞技、训练等功利目的之间的距离就越来越远了。

对于幼童而言，球是最为贴近他们认知的。球是圆的，圆是一种最不分化的形状，它看似简单，却十分神奇。原始人类最早从太阳、阴历十五的月亮来认识圆；一万八千年前，山顶洞人曾在兽牙、砾石和石珠上钻孔，孔就是圆的；在制作陶器时，许多陶器都是圆的。婴儿刚出生时，双眼不能聚焦，看到的光影是模糊的圆，以后，最先看清的是妈妈的乳房和脸，都是圆的；幼童最早在涂鸦中所生成的图形之一也是圆形。

对于幼童而言，球是最具多样性和发散性的玩具之一。对于当代的幼童来说，球已不同于古时的陶响球和毬了。现在的球有不同的大小、材质、性质、玩法，皮球、塑料球、木球、金属球、纸球、气球、肥皂泡都是球。

对于幼童而言，球是最容易与之互动的。幼童的各种动作，包括拍、接、踢、踩、推、滚、按、抛、掷、甩、吹等，都会让其在与不同的球互动的过程中产生不同的体验，获取不同的经验和知识。如若几个幼童一起与球互动，他们就会以球作为媒介，涉及人与人之间、人与球之间的各种关系，能使幼童获取社会交往的各种经验和技能。

只要去看看描述幼童玩球时情景的一些句子，就能体会到玩球对于幼童的意义：

- 他把球往空中一扔，等球落到离地面半米多高时，才抬起脚去踢球，但连球也没有碰到。

- 他一看到五颜六色的海洋球，就迫不及待地跳进了池里。突然，我们找不到他了，就在我们心急如焚时，他从海洋球里一蹿而出，还扮着鬼脸说："我躺在里面了。"
- 他双手捧着气球，眼睛瞪得滚圆，腮帮子一会儿鼓起来，像扣上去半个皮球，一会儿瘪下去，像塌下去的深坑。
- 皮球忽左、忽右、忽上、忽下，在他身前身后蹦来跳去，他时而转向这边，时而转向那边，紧紧地跟着球，眼睛始终随着皮球而转动。
- 欢呼声，赞美声，源于他们的脚下；汗水，眼泪，在他们脚下蒸发。
- 他为了躲避横飞的雪球，笑着平卧在雪里，接着又打了个滚儿，身上披就了一件"雪衣"。

跳 绳

跳绳是一种十分普通的游戏，全世界各地都能见到。跳绳有着源远流长的历史，可能源于原始的农事、狩猎或军事活动。据说，在大约四万年以前，就有人将跳跃动作与藤蔓或柔软的竹子结合在一起了，之后跳绳逐渐成为了一种具有娱乐性的活动形式。

我国明朝曾有人运用"跳马索"和"跳百索"来描述跳绳。所谓的"跳马索"就是在古代战争的军事训练中使用"绊马索"对"绊马"和"避绊"所做的训练，让人跨越绳子而过，以后才通过逐步演变，成为了各种各样的跳绳活动。在我国，最早有关跳绳的记载是汉朝画像石上的跳绳图，证明在汉朝以前我国就已经有了跳绳。

跳绳简单又有趣，所以很久以前就成为了幼童喜爱的一种游戏。我国的历史文献中多有相关的记载：

《北齐书·本纪·卷八》记载："游童戏者好以两手持绳，拂地而却上跳，且唱曰'高末'，高末之言，盖高氏运祚之末也。"北齐皇帝姓高，"高末"说的是北齐将会消亡。这段原本为巫师、方士以谶术所作的预言而记载的事，却给后人留下了儿童跳绳游戏的最早的文字记载。

在宣化辽墓中，张匡正墓里发现的《幼童跳绳图》表现的是三个幼童的跳绳游戏，左右两个幼童弓身屈腿，用力摇摆一根长绳，中间一个幼童屈膝张臂，轻快跳跃，画面栩栩如生。

《帝京景物略》一书有对幼童跳绳的记载："二童子引索略地，如白光轮，一童子跳光中，曰跳白索。"这段话的意思是，两个幼童摇绳配合得很熟练，把长绳摇甩得像一轮白色光轮，在中间跳绳的幼童就好像是在光轮中跳跃。

《太平鼓（松凤阁诗钞）》中记录了当时幼童跳绳的情景："太平鼓，声咚咚，白光如轮舞索童。一童舞索一童唱，一童跳入光轮中。"那时的幼童在过年时一边跳百索，一边敲着"太平鼓"，一边唱着歌谣，为新年增添了节日气氛。

在古人对幼童跳绳的各种描述中，已经可以大概地了解幼童在玩跳绳游戏时的状况：有单人游戏的，有多人游戏的；有闷头跳绳的，有边跳边唱的；有绳索摇动得缓慢的，有绳索甩动得像白色光轮一般快速的……

即使当今有了更多的娱乐器械和游戏，但是在全世界范围内，跳绳这一如此简单易行的游戏却始终在幼童游戏中占有一席之地。

一根不起眼的绳索，在幼童眼里居然如此神奇，能玩出那么多种的玩法，这确实让人叹为观止。其实，对于幼童而言，更为重要的是在跳绳中自己能够尽兴，能够自由发挥，能够放飞自我，能玩出自己想要的"花样"来。

滑滑梯

滑梯是游乐场和幼儿教育机构中最常见、最常用的大型游戏器械,滑滑梯是幼童最喜爱的游戏之一。

几级阶梯、一个小平台、一条坡道,组合起来就是一座滑梯。滑梯看似简单,但它的发明和使用年代各有说法。

早在我国北宋年间,就有记录幼童滑滑梯的绘画作品,比一般认为的滑梯发明年份还要早上千年。

也有人将发明和推广滑梯的功劳归在英国人查尔斯·维克斯蒂德身上。维克斯蒂德是个商人,1922年,他开办了英国历史上第一个商业游乐园,并以自己的名字命名了它,在游乐园里,他配置一些游乐设施,其中包括了他自称的由自己发明的滑梯。

维克斯蒂德曾给男童和女童分别设立了单独的滑道,给男童用的滑梯坡度陡峭,能给予男童较大的挑战,给女童用的滑梯坡度则较为平缓,能让女童"得体"地滑动。后来,维克斯蒂德改进了滑梯的设计,使滑梯每分钟能容纳多个儿童下滑。后来,维克斯蒂德又着手改进了滑梯的设计,将滑梯材质替换成更为光滑的金属,滑滑梯的速度随之提升,也在坡道两侧安装了防护栏,并在末端拉长距离使之变得平坦,让幼童可以放慢速度安全着地。而今,人们在游乐场所看见的滑梯基本都是这种设计的延续。

但也有资料表明,在国外,滑梯的发明至少要比维克斯蒂德发明的早20年。

最早出现在印刷品上的滑梯可以证明有一位被人称为"理查德叔叔"的游乐场看门人在1902年4月到1903年8月间设计并建造了全世界第一座滑梯。滑梯的滑道由一块光滑的长木板组成，上端距离地面 3 米多高，滑梯的顶部有一个平台，可以通过梯子到达。幼童爬上梯子，坐在光滑而且倾斜的木板上，以或快或慢的速度滑到底部，在下滑时，他们可以抓住沿途竖立的滑轨以防意外发生。

1903 年 5 月 16 日，纽约科尼岛的月神公园开园，里面有一座被称为"凯利滑梯"的竹制滑梯，有报道中称："男孩们以每秒三个人的速度从滑梯上滑下。尽管它还不至于像玻璃般光滑，但估计也相距不远了。"

早年的滑梯与当今的滑梯，基本上大同小异。

而今，滑梯已经遍布于全世界的儿童游乐场和幼儿教育机构中，滑滑梯已经成为了全世界许多幼童在做的游戏，它给幼童带来了挑战，也带来了快乐。在一个活动中心里，以滑梯为中心，配上跷跷板、绳梯、爬竿、秋千、沙坑等，就会成为一个幼童乐园。

应该看到的是，幼童之所以快乐，是因为游戏，而这些游戏设施只是他们游戏的工具而已。

《深圳晚报》上曾登载过一篇题为《上去下来的游戏》的小文章，描述了该文作者目睹的一个男孩玩滑梯的全过程：

一开始，他飞快地登梯，又飞快地滑下来，几乎不假思索。

再次上去，他先朝四周看看，再从侧面朝下看看，拍着栏杆瞭望一会儿，才滑下来。

重新登顶，他倒是再没有兴趣逗留，但滑下来时，他用手与屁股控制着，不让身体按自然速度下滑。他控制得很出色，快慢自如。

最后一次，他是从滑道爬上去的，虽然光溜溜的，有点难爬，但他克服了，并返身攀着陡峭的阶梯下来，看去有点危险。

……

寥寥数笔，文章的作者就既简洁明了，又恰如其分地描述了一个三四岁孩子玩滑梯的状态和水平。这就是幼童真正的游戏！当然，该文作者在描述时只是浓缩了这4个滑梯水平的发展过程,这个过程不是在几个月中就能完成的。

从这段描述的话中,人们可以领会到以下几点:

(1) 幼童在玩滑梯时,有强烈的动机驱使,自我十分满足。

(2) 在玩滑梯过程中,幼童是自主的、自由的和主动的。

(3) 幼童在玩滑梯过程中不经意地获取着各种经验。

(4) 在成人看来,只是在玩滑梯,似乎没有成长意义,但对幼童而言,这是幼童自己真正的工作,幼童赋予滑梯以自己的意义。

荡秋千

荡秋千的起源，可追溯到几十万年前，那时，原始人类为了谋生，要上树采摘野果子或去野外猎取野兽，在攀援和跨越的过程中，他们需要抓住藤本植物，依靠藤条的摇荡摆动而登上树冠或越过沟涧，这就是秋千的雏形。古代的秋千多以树枝为架，将藤本植物或兽皮编织成绳索，拴在两棵大树上当成秋千，以后渐渐演变为两根绳索加一块脚踏板式的秋千。

秋千由原始人类的谋生手段逐渐成为了军事训练项目和娱乐活动。

春秋时期在我国北方就有秋千了，《艺文类聚》中有对春秋时期"北方山戎，寒食日用秋千为戏"的记载。相传齐桓公在北征山戎族时，将秋千引进了中原，那时叫作"千秋"，因为这个名字为皇室忌讳，就改称为了"秋千"。此后，荡秋千主要成为了宫中、闺中女子的游戏或传统节日广场狂欢的活动。汉武帝时宫中盛行荡秋千；唐朝宫廷则把荡秋千称为"半仙戏"，如《开元天宝遗事》中所说："天宝，宫中至寒食节，竞竖秋千，令宫嫔辈戏笑以为宴乐。帝呼为半仙之戏。都中士民因而呼之。"在唐宋以后，荡秋千逐渐成为了民众在广场中的节日狂欢项目。

在古代，荡秋千是女子喜欢的一项活动，也是幼童钟爱的一种游戏，其原因之一就是荡秋千能给人带来刺激和快乐，给人以如仙如幻的感觉，这就是为什么古人说荡秋千是"半仙戏"。

古代流传至今的描述荡秋千的诗词中，当属李清照的《点绛唇·蹴罢秋千》最有意境："蹴罢秋千，起来慵整纤纤手。露浓花瘦，薄汗轻衣透。见客入来，袜刬金钗溜。和羞走，倚门回首，却把青梅嗅。"

这首词是李清照早年作品，写尽少女荡完秋千后的神态，虽然她没有细写荡秋千的过程，却让人能想象出少女在荡秋千时罗衣轻扬，像燕子一样在空中飞来飞去的情景，这才导致她在荡完秋千以后双手有些发麻，出现了懒得稍微再活动一下的状态。

当今，设立在游乐场所或幼儿教育机构的秋千，与古时幼童用以游戏的秋千在形式上几乎没有什么不同，尽管多少会被赋予一些不同的时代意义，但是在本质上是大同小异的。

幼童无法用语言（口头语言和书面语言）清晰地表达他们在荡秋千时心里的感受，但一些已脱离幼童期的学生会通过作文来比较真实地表达他们在不久前的幼童时代荡秋千时"如仙一般"的心理，这还是很有可信之处的：

"我像风一样地跳上了秋千，左看看，右看看，哇！旁边的人荡得好高。我必须要超过你，我心里想。然后我的腿一伸一缩，越荡越高，耳边都有风在唱歌了。这时，我眯上了眼，不再想和旁边的人比谁荡得高了。我仿佛变成了一只鸟，一只自由的鸟，在空中很快地飞来飞去，旁边的风儿都忍不住在我身边赞美我了。我突然停了下来，望着天空打了个招呼，也向花儿青草们问了个好，我望着它们笑了，甜甜地笑了。我想：这会不会就是鸟的天堂啊？"

"在我四五岁的记忆大花园里，似乎一切事物都在荡着'秋千'，而这'秋千'也是我唯一的依靠。每次与爸爸妈妈上街，我总是主动要求站在他们俩的中间，拉着他们大大的手，让他们走在前面，我在后面把两只脚抬起。爸爸妈妈就紧紧地握住我的手，我前后摆动着身子，仿佛在荡着'秋千'。"

"坐在秋千上，什么也不想，一上一下，一上一下……脑海里浮现出儿时的情形，像一只只白色的蝴蝶，在我的眼前飞舞着……坐上了秋千，我仿佛坐上了一只月亮船，在天空中遨游……闭上了眼睛，我的心在忽上忽下，有一种飞翔的感觉。哪怕是在小时候的木椅上，儿时的吊床，到今日这真正的秋千，每一次，都在飞翔。看看周围，一阵阵风吹过，一只只鸟儿飞过，我，坐上这月亮船游荡。也许，荡秋千已经不适合 12 岁的我了，可是，我依然是那么固执地爱着秋千，爱着秋千……"

"最开始我一个人荡着，可是我没有想到的是，后面我的一个朋友找上了这儿。朋友一来，这里瞬间就热闹了起来，因为我的这一位朋友可是一个话痨，一说起话来就没完没了的。她一来，看到是我的时候，立马就走到了秋千后，等到我要落地的时候，抬起手一推。只一下，我就又荡起了老高。'你轻点，太高了！'冷不丁地，我被朋友推起老高，好在我将绳子握得紧。朋友听了我的这句话后，第二下用力就轻了很多，我坐在秋千上荡着，开心地笑了。接下来，朋友坐上了秋千，而我则在她的身后推着她。朋友是一个大胆的人，不管我推得有多高，她都不害怕，她将绳子握得紧紧的，笑起来的声音比我还要大。虽然这里被我当作自己的秘密基地，可是当朋友进来了后，我才深刻地体会到两份欢乐始终都比一份欢乐要让自己更欢乐。"

……

只要细细体会古人和现代幼童在荡秋千时的心理，就可以知道为什么荡秋千游戏会传承那么多年，就能够领会为什么荡秋千游戏对于幼童来说那么重要。

七巧板

七巧板由我国古代人发明,其历史至少可追溯到公元前一个世纪,到了明朝基本定型,明清时在民间得以广泛流传,清朝嘉庆年间有"养拙居士"在综理拼玩实践的基础上写成一书发行后,其形制就成了定式。

据说在宋朝,有个叫黄伯思的人发明了由7张小桌子组成的"宴几",可以根据吃饭人数的不同,将桌子拼成不同的形状,例如3人吃饭可以拼成三角形,4人吃饭就是正方形,6人就是六边形。后来,有人根据"宴几"的理念,把它缩小改变成由7块板组成的拼图,才演变成后来的七巧板。

陆以湉在《冷庐杂识》中写道:"近又有《七巧图》,其式五,其数七,其变化之式多至千余。体物肖形,随手变幻,盖游戏之具,足以排闷破寂,故世俗皆喜为之。"这段话高度概括了传统的七巧板的特征:由一块正方形、五块等腰直角三角形(两块小型三角形、一块中型三角形和两块大型三角形)、一块平行四边形组成,可拼成人物、动物、房屋、字词等图形,变幻无穷,深得民间老百姓喜爱。

18世纪,七巧板流传到了国外,被西人称为"唐图",即"来自中国的拼图"。许多西方名人都曾是七巧板的爱好者,将它作为休闲消遣的一种游戏。

七巧板在民间之所以能广泛流行,其原因是结构简单、操作简便、无师自通、老少皆宜和变幻无穷。一个刚能用自己的手摆弄物件的幼童,就能用七巧板做游戏。

但凡一项堪称高明的发明,一般都看似简单,但内涵极为深刻,七巧板就是这样一项凝结了我国古代人高度智慧的发明。

首先,七巧板只有三种图形:三角形、正方形和平行四边形,并不多样和复杂，但是这7个图形之间的关系却是充满数理哲学的，有了这样的基础，才使七巧板充满了神奇色彩。

例如，在一副传统的七巧板中，七块不同大小、形状的七巧板元件可以组成一个正方形，满满当当地放入一个固定的正方形盒内，但如此简单易行的设计与操作，没有经历长时间的锻炼是难以做到的。

又如，正因为7个图形之间的微妙关系，每个人可以用七巧板随意地拼出自己设计的各种图样，这正是七巧板的乐趣所在。

▲ 七巧板的拼搭图案

七巧板也曾被人"改造"或"扩展"，成为其他类同七巧板的玩具，但是"传统的"往往就是"经典的"，人们普遍认同的还是最简单、最易操作的最初版本的七巧板。

七巧板自然成为了幼童游戏的材料。

除了正方形以外，三角形和平行四边形也是幼童最熟悉的图形。幼童在涂鸦的基础上，自然会生成正方形、三角形和平行四边形等，并将这些图形加以结合和集合，绘制更复杂的图画；同样，给予幼童七巧板，他们也会在自己已

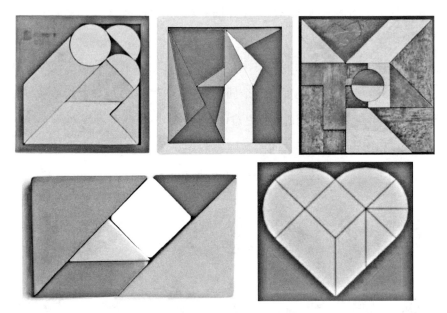

▲ 七巧板被人"改造"或"扩展",终究替代不了传统的七巧板

有水平的基础上,将正方形、三角形和平行四边形等进行结合,拼成更复杂的形状。不管是画的图形,还是拼成的七巧板形状,都是幼童自我表达、表现事物的象征物,纸笔和七巧板都只是他们表达、表现的媒介。从这个意义上讲,幼童天生就会玩七巧板,就像他们天生就会画画一样。

七巧板适合不同发展水平的幼童以自己的方式游戏。幼童的发展存在年龄和个体差异,七巧板的玩法没有"门槛",对七巧板玩后的评价没有"标准",幼童在玩的过程中可以发挥自己的想象力,创造自己头脑中想要表达、表现的图形,而并非一定要去完成一个固定的任务。

七巧板往往会配置拼搭图案的参考图,幼童可以参考这些图案,这可以成为他们学习的一部分内容,但是幼童也可以摆脱这些参考图,完全以自己的方式创造象征物,因为通过七巧板这个媒介,他们所表达、表现出来的事物是具体事物的抽象的象征物。

数和形是数学的两个组成部分,都具有从具体事物中抽象意义的特征,七巧板是能给予幼童自主、主动地构建"形"的抽象意义的良好媒介。

近千年前，幼童玩什么玩具

近千年前，幼童玩什么玩具？有一幅北宋画家苏汉臣绘制的画形象地描绘出了那个年代的幼童玩什么玩具以及他们是怎么玩的。

苏汉臣是宋徽宗时期的宫廷画师，是我国古代儿童绘画的集大成者，他用一种崇尚自然写实、用线细腻真实、色彩明艳厚重的绘画风格，将幼童在不同季节、场景下玩过的不同游戏——定格，他的主要作品有《秋庭戏婴图》《婴儿戏浴图》《婴儿斗蟋蟀图》《百子嬉春图》《击乐图》《杂技戏孩图》《货郎图》等。

在《秋庭戏婴图》中，一对姐弟正趴在桌上做"推枣磨"的游戏，玩具是自制的。在玩之前，先准备三颗枣，三根短竹签和一根扁竹签，然后将其中一颗枣子上半部分削去，露出半个枣核，并将三根短竹签插在枣下，放置在桌子上当磨，最后将另外两颗枣子插在扁竹签的两端，并放在枣核上使之保持平衡。游戏开始的时候，一人旋转扁竹签使它在枣核上平稳地旋转，谁转的圈数多，或者谁转的时间长，谁就算赢了一局。

在推枣磨的游戏中，难掌握的是平衡，因为枣核尖很小，扁竹签放上很容易滑落，而一旦滑落就失败了，所以在旋转时既不能用力过大，否则会脱落，也不能用力太小，不然转不了几圈，或根本转不起来。此外，推枣磨游戏需要两个及以上的幼童一起玩才会有趣。

在《秋庭戏婴图》中，姐弟俩身边还有几个小玩具：人马转轮、小铙钹等。

这些玩具，大多属于宫廷玩具，或达官贵人家幼童的玩具，推枣磨这类玩具虽然民间也有人玩，但是因为游戏略显沉闷，缺乏激情，到了明清时就很少有人玩了。相反，那些充满了人间烟火气的、容易获得又有趣味的玩具则被更多的幼童所喜爱。

南宋画家李嵩创作一幅绢本浅设色画《市担婴戏图》，描绘了一位老货郎，担着日用杂货与时蔬酒果，而担子里最多的就是儿童玩具，图中可辨识的玩具就有：鸟笼、拨浪鼓、风筝、泥塑娃娃等。

哲学与幼童

引言

"哲学与幼童"，这部分内容主要来自儿童哲学。

儿童哲学是一个新兴学术领域，源于三个不甚相同的含义。

其一，20世纪70年代由美国哥伦比亚大学哲学教授李普曼开启的一项以儿童为对象的哲学教育计划，是"为了儿童的哲学"，旨在对儿童实施哲学训练，包括编撰一系列的思考故事、哲学小说与教师手册等。李普曼将儿童哲学建立在对儿童思想的研究上，主要内容聚焦于"思想的思考"，带领儿童亲身体验哲学讨论的过程，借此改进及增益其推理能力。

其二，欧洲的"伴随儿童的哲学"。欧洲承续了古希腊爱智能的哲学传统，强调以儿童为中心的观点，强调"和"儿童一起做哲学，将儿童哲学的重点放置于教导儿童喜爱智能上，开展成人与儿童的积极互动。

其三，美国儿童哲学家马修斯所谓的以"儿童的思维方式和儿童的思考特质"为主要内容的儿童哲学，认定儿童思维具有哲学意蕴，其思辨的复杂性值得成人欣赏、品味和反思。马修斯撰写的《哲学与幼童》《与儿童对话》《童年哲学》等书阐述了儿童的哲学潜能，探索了儿童思考问题的方式，弥补了成年与儿童之间存在的裂痕。

马修斯在《童年哲学》的引言中说过："如此自发的哲学探究在三岁至七岁儿童那里绝非罕见，相对而言，年龄稍大的儿童（甚至八九岁的儿童）的哲学探究反而少见，至少是很少被提到的。我的假设是：一旦儿童适应学校，他们便知道学校只期待提'有用'的问题。于是，哲学要么走入地下——或许这些孩子会隐秘地继续在内心思索而不与他人分享，要么便处于完全的休眠状态。"①

---

① [美]加雷斯·B·马修斯. 童年哲学[M]. 刘晓东，译. 北京：生活·读书·新知三联书店，2015.

在以下的一些文章中，主要的写作意图在于探究儿童，而不是去研究如何教育儿童，因此，这些文章中尽管也从儿童哲学的前两个意蕴中获取有益的内容，但是主要还是从儿童哲学的第三个意蕴中汲取养分。

幼童与哲学家（一）

哲学是门"高""大""上"的学问，似乎离幼童很远，但是有人却说"幼童是天生的哲学家"。于是，人们会提出这样的问题：幼童有哲学吗？幼童能用哲学吗？

海克尔的"重演律"指出，人类的胚胎发育是对人类产生以前的整个生命史的复演。人的发育从受精卵开始（对应生命进化史开端的单细胞生物），经过桑葚期、囊胚期等阶段，形成了与脊椎动物同类的器官系统，而人所具有的特征则在胚胎发育的晚期才出现。人类的发育可关注个体发育和系统发育两个方面，个体发育史是系统发育史简单而迅速的重演，但重演不是简单重复，而是简约了的、浓缩了的、有所扬弃的重演。

作为一种假说，"重演律"在生物学中有，在儿童发展理论中有，在其他的一些人文学科中也有。如若运用"重演律"思考个体思维的发展和成长，将其看成是整个人类思维发展、成长的历史重演，兴许能从中获得一些有益的思考。

从"复演论"的视角，将哲学的"童年时期"与幼童时期的哲学作一比较，可以发现两者是具有某些一致性的，也就是说，哲学发展的内在联系和发展规律都存在于两个系统之中，其一是人类的种族系统，体现在早年的哲学家身上，其二是人类的个体系统，体现在幼童身上。

古希腊的泰勒斯堪称史上的第一位哲学家，他提出了"水是万物之源"的说法，这个结论看似是个科学问题，但是背后所隐藏的"世界的真相是怎样的"这一问题却是个哲学问题。

古希腊的苏格拉底被称为史上最伟大的哲学家，他将哲学从研究自然转向研究自我，提出了"未经反省的人生不值得过"，这句名言的哲学意味是："人生的意义是什么?"

从古至今,中西方的哲人都在苦苦寻找关于宇宙、人生的哲理。老子找到了"道",孔子找到了"仁",亚里士多德找到了"逻辑",笛卡尔找到了"理性",洛克找到了"民主",卢梭找到了"契约",黑格尔找到了"绝对精神",尼采找到了"权力",杜威找到了"教育",胡塞尔找到了"现象",萨特找到了"存在"……。但是所有这些,都离不开早年西方哲学的三个终极问题,"我是谁""我从哪里来""我到哪里去",思考的是人生的现在、过去和未来。

皮亚杰认为,哲学思维是元层次的思维,即"对思维进行的思维",他认为儿童在11—12岁前是没有能力进行元层次思维的。然而,有些人不同意皮亚杰的看法,他们认为,幼童如同早期的人类,自从有了自我意识以后,就会以自己的视角、自己的方式不停地思考这三个终极问题。

哲学起始于人对宇宙、文化和人生的惊奇与疑惑,哲学从问题开始,持续追问的是这些终极的"大问题",而非去寻得问题的某个结论。

幼童天生就是好奇的,其思维是混沌的、无序的和跳跃式的,充满着想象、猜测和幻想。他们会超乎成人对他们的认知,去提出许许多多让成人无法回答的问题,他们也不会在意所提出的问题会有什么答案。他们就是乐于用这类无穷无尽的问题去"折腾"成人,去"满足"自己的欲求,而非为了求得正确的结论去填补和塑造自己的头脑。

不用人去教,幼童就会像先哲们一样提出一系列类似的问题:

我是从哪里来的?

我怎么知道我现在是不是在做梦?

人为什么会死?

人一直活着是好事吗?

人死后会去哪里?

什么是幸福?

天上为什么有星星?

是先有鸡还是先有蛋?

朋友是什么？有什么用？

……

幼童提出的这类问题，哲学家思考了数千年都没有能够给出统一的、无可争议的答案，而且未来也不可能给出让所有人都认同的答案。从这个意义上推理，哲学家似乎与纯真质朴的幼童相差不远，幼童似乎在"复演"人类哲学思维的发展、成长过程。

人类的进化历史有几千万年，这是一个非常缓慢的过程，而有记载的古希腊哲学家的哲学思想流传至今只有 2 500 年左右，只占人类进化史中极小的一段时间。从这个意义来讲，幼童与先哲之间的差距应远远小于人类与类人猿之间的差距。

幼童与哲学家（二）

哲学的"高""大""上"，让人望而生畏，因为它是形而上的大智慧，不是形而下的小聪明。人们一般认为幼童没有这种大智慧，因此哲学离幼童很远。

但只要研究一下哲学的历史以及哲学的性质，就会发现其实哲学离幼童并不遥远。

哲学家最喜欢做、最善于做的事情，就是把前人建构的大厦彻底推倒重来，因此，在哲学领域内批判似乎是永恒的，导致的结果是该领域几乎没有聚沙成塔式的积累。例如，亚里士多德跟着柏拉图学习了20年，但是他几乎处处都在评判他的老师，他的名言"吾爱吾师，但吾更爱真理"，说的正是他的真实想法。又如，亚里士多德的哲学在哲学界虽然曾有很大的影响力，但是到了近代，培根、笛卡尔、康德、尼采、维特根斯坦等人都一次又一次地将过去的一切从根基上彻底推翻，并予以重建。

罗素曾经对哲学做过一个到位的描述："哲学的意义开始于一些非常简单的东西，简单到似乎不值一说；但是结束于一些非常悖谬的东西，悖谬到无人相信。"

简而言之，哲学家不仅喜欢把前人建造的大厦推倒，在新的地基上重建，还喜欢按照自己的想法将理论推演到极致。

哲学的起点平淡无奇，结论却令人感到惊奇，因为哲学就是在讨论无解的终极性问题，这才是哲学的高深、高明之处。正因为如此，无论哪种哲学理论有多么强大，人们总能找到不同的视角、不同的前提、不同的推演过程，最终得出不同的结论。

之所以说，幼童离哲学并不遥远，就是因为幼童提出问题时没有"门槛"，不需要有丰富的经验和知识"打底",问题常源自他们自己的心灵深处,来自他们对外部世界的惊奇和疑惑;也是因为幼童可以从自己的视角、自己的前提、以自己已有的经验去推演结论,而且结论本身并不重要,结论也没有"是"与"非"的区分,结论只是其发展、成长过程中自省、评判和修正的对象。

如若将幼童看成是哲学家,可以通过想象,先将幼童比作一个画家。一个无目的涂鸦的幼童,要发展成为一个有成就的画家,就必须基于其本性、天赋,经历不断质疑自己、反省自己、批判自己和修正自己的过程。相反,一个一开始就按照既定目标训练而成的绘画人,至多只能成为一个画匠,他的画作是没有灵魂的。

涂鸦,就是随心所欲地画,就是没有目的地随自己的喜好、习性乱涂乱画,在此基础上,通过自发生成的机制,伴随自己的思考,逐渐开始表达、表现自己的意愿。自从幼童与外部世界发生了互动,就有了经验,他必须去思考一些"困扰"他的问题,之所以说这些问题会困扰他,是因为在他的经验水平上这些问题是无解的,也是因为这些问题给他带来想象、探索、反省、批判和修正的空间,就像哲学家在思考、探究中遇到的终极性问题一样。反言之,他若被告知解决这些问题的正确答案,按照人们预先规定的路线和方法按部就班地去画,那么他就不可能最终成为真正的画家,就像哲学家所言:没有反省,生命就没有意义。

经过了许多年,经由反省的画家,其艺术作品是独一无二的,是与其他任何人的画作都不相同的,其实画家一直在思考和解决"画这些画作的人就是自己""自己究竟画了些什么""自己还会画些什么"这一类哲学家一直在关注和试图解决的问题。

自从头脑中有了"我",幼童就像画家和哲学家一样,头脑中就不断呈现这些哲学的终极问题,只是幼童是在与他们不同的水平之上进行思考而已。

一场父子间的对话

马修斯在《哲学与幼童》中虚构了一场父子之间的对话①：

父亲："你不能同时在两个地方。"

儿子："你能，你能同时在卧室里，也能在房屋里。"

父亲（得意而又不耐烦）："不过我不是这个意思！"

儿子（咧着嘴，淘气地）："那你的意思是什么呢？"

父亲："我的意思是指两个地方，不是指一处在另一处的里面。"

儿子："好吧，那么卧室不是在走廊里，走廊也不是在卧室里，但是你能将一只脚踩在卧室里，同时另一只脚踩在走廊里，那就是你在同一时候，同时在两个不同的地方。"

父亲："我的意思是完完全全地在两个地方，而不是同在一个身体上的两只脚。"

儿子："好吧，那么可以说总统在电视上讲话，也可以说总统在数不清的家庭里面讲话。哈，可以同时在很多地方出现。"

这个谈话可以是无休止的，幼童对谈话不会感到厌倦，他随时会有新的发现和新的补充。这个谈话可能会终止于父亲的"结论"，但是这种结论不能让幼童心悦诚服，因为幼童不能用结论说服自己。

"人能不能同时在两个地方"，这是问题的提出，但是在幼童眼里，有两个不同的答案——"能"与"不能"。他的直觉和经验告诉他，支持这两个答案的

---

① [美] 加雷斯·B·马修斯. 哲学与幼童[M]. 陈国容, 译. 北京：生活·读书·新知三联书店，2015.

分别都有很多条理由。当父亲告诉他某个确定的答案时，好奇和疑惑会让他去提出一系列疑问，去向父亲发起挑战，去反驳父亲的结论。

罗素认为，哲学的主要作用是对日常生活中最平凡事物的表面现象提出带有根本性的问题，而不是解答问题。从哲学意义上看，"人能不能同时在两个地方"，是对日常生活中司空见惯的现象提出的根本性判断，需要人具有非常朴素和敏锐的观察力，以及对生活充满好奇和探究的冲动。

对于一般成人而言，"人能不能同时在两个地方"这个问题已经是"不成问题的问题"了，他们对日常生活有了见惯不怪的思维惰性，有了约定俗成的结论，不会再去追究"能"还是"不能"了。只有哲学家和幼童，才会去孜孜不倦、刨根问底地去问个究竟，并推演出自己的结论，哪怕自己的结论有多么荒诞或离奇，哪怕自己的结论会给自己或他人带来更大的困惑。

辩证逻辑关注事物本身固有的对立统一关系，存在于一切事物及其过程的始终；形式逻辑研究的是思维的主观形式，是人的思维违反逻辑规则造成的产物。"能"与"不能"是根本对立的，同时又是相互依赖的，这在哲学中被称作"辩证逻辑矛盾"，它无法用简单的形式逻辑思维加以解决。但是，哲学也依靠个人主体的思维和主体之间的辩论，进行思维和辩论又必须遵守形式逻辑的要求。换言之，哲学不仅要处理具有客观根据的"辩证逻辑矛盾"，而且要处理作为思维错误的"形式逻辑矛盾"。这是哲学家和幼童都面临的大问题。

幼童是天生的探究者，其思维就经常徘徊在"能与不能""是与不是""对与错"之间，在惊奇与疑惑中去思考、质疑、反省和修正自己对世界与自己的认识。

约翰的问题

在马修斯的《哲学与幼童》书中,有一个这样的案例:

一个名叫约翰的6岁幼童,家中的狗死了,由此他自然地想到了生死与个人身份认同的问题。他想:除了书本、玩具、衣服以外,他还有两条手臂、两条腿和一个脑袋,虽然它们都属于"我的",但是,"哪一部分的我才算是真正的我"?他意识到一个人失掉了书本、玩具、衣服,他肯定活着,如果失掉了一条手臂,或者一只狗失去一条腿,也不妨碍这个人、这只狗继续活着。约翰真正感兴趣的问题是:"你身体的哪一部分是绝对不能失去的,失去之后,你便不复存在了。"①

约翰的问题带有哲学的意蕴,是因为疑惑而提出的,甚至还引发了他的焦虑。其实,每个人的内心都潜伏着对生与死的焦虑和恐惧。

马修斯认为,约翰的问题非常富于启发性,体现了其很多的思考,他从两个方面探究了约翰的问题:

其一,约翰当然不同于他的玩具、他的书本以及他所穿的衣服,它们是独立于他而存在的。但是,假设约翰要剪指甲或者要理发,当他扔掉剪下的指甲或扫除剪下的头发时,约翰是否扔掉或者扫除了自己的一部分了?当然,约翰可能会这样想:这些指甲和头发,在它们被剪下的那一刻,就已经不再是自己的一部分了。

但是,约翰的右臂是他的手臂,约翰的脑袋是他的脑袋。这些也都属于约翰所有,约翰能否将自身与手臂或脑袋割裂开来?如果可以的话,他真能这样

---

① [美]加雷斯·B·马修斯. 哲学与幼童[M]. 陈国容,译. 北京:生活·读书·新知三联书店,2015.

做吗？都说灵魂拥有人的躯干，如果真是这样，约翰不仅可以扔掉剪下的指甲和头发，还可以扔掉他整个的躯干。

其二，约翰似乎一直在思考一个人可以失去身体的哪一部分后仍然能正常存在，换言之，他的问题是"究竟哪一部分的我，才算是真正的我"。这个问题难有答案。

更深入地去思考这个问题，那么它可以转变为这样的思考：如果最初的事物一点一点地被替代，那么它是否仍然还存在？

例如，一个人的哪一个部分被替换后，这个人还是当初的那个人吗？能不能找到一个明确的点，即在对哪个部分进行替换之后，呈现在他人面前的约翰是一个全新的人？（虽然许多人都会把这个点设定在大脑）

又如，一条船因为使用的时间长久了，在修理过程中它的部件不断地被替换，那么它从何时开始，将哪一个部件被替换后，这条船就已经不再是原来的那条船了？

哲学家认为，哲学思想导源于疑惑。有时疑惑会很快得到解决，但也有时，疑惑一直会萦绕于心，使人百思不得其解。其实，所有人内心都潜伏着对诸如生与死一类问题的焦虑和恐惧。

幼童似乎同样如此，心中产生的疑惑如果长期不能得以解决，可能会引起其不安甚至焦虑。但是，与其说这是幼童的焦虑，倒不如说是成人的焦虑在幼童身上的投射。

哲学的思考来自惊奇和疑惑，并会因此产生有关问题，而非来自给问题以具有哲理性的答案，如若过多强调解决问题的特定方法，反而会有碍于问题的提出。对于幼童而言，更是如此。具体地说，如若给予约翰所提出的问题以合理的诠释，反而会使约翰失去对其提出的问题所具有的兴趣，使其对于自己能否提出有价值的想法失去信心。

由此，马修斯提出，不要将哲学看成是那么严肃的东西，"事实上，哲学常常是游戏，概念的游戏"。[①]

[①] [美]加雷斯·B·马修斯. 哲学与幼童[M]. 陈国容, 译. 北京：生活·读书·新知三联书店, 2015.

日常思维与哲学思维

在这个世界上,也许只有两种人,他们不受清规戒律的束缚,也从不趋俗,他们会认为没有什么经验和知识是不可受到挑战的,这两种人就是哲学家和幼童。一般而言,人们认为这两种人,前者高不可攀,后者无知故无畏。其实不然,究其原因,是因为这两种人都有哲学思维,而非日常思维。

哲学思维有别于日常思维,是因为这两种思维所赋予事物的意义并不相同。

意义是人对自然或社会事物的认识,是人给事物赋予的含义,是人类以符号形式传递和交流的精神内容。

一般人常用日常思维去思考、认识和对待世界与自己。在日常思维中,意义常是由社会、他人赋予的。日常思维高度依赖客观规律、生活经验或者约定俗成的规则,衡量是否达成意义的标准常是他人或自己的认同度。

哲学思维则不同,意义是由思考者自己赋予的,而且意义包含了无限的可能,无需社会、他人的认同,思考者自己的意向、意图、认识、知识、价值、观念、偏好等所有的一切,都包含在其所赋予的意义之中。

哲学思维是一种对事物追根究底的过程,是一种对被公认的、从未有过怀疑的思想提出根本性疑问的过程。哲学思维针对的就是日常思维,审察的就是那些被人认为无需再去证明的认识、信念和态度。

哲学家通过哲学思维,以自己独特的视角,认识与解释世界和自己,赋予其自己的意义,形成一个又一个的理论体系。

幼童通过哲学思维,以不同于成人的视角,认识与解释世界和自己,赋予自己的意义,也会形成仅属于自己的朴素理论。

古往今来,人们认同哲学家,他们"高""大""上",让人可望而不可即,却不认同幼童,认为他们是非理性的,只有混乱的思维和令人感到麻烦的情感。但是,哲学家与幼童的哲学思维有诸多一致的地方,两者都是了不起的。

例如,"本质的"和"附属的"性质可以是一个形而上学的问题。

按照日常思维,人们对事物的分类有一套明确的分类方法,并严格按照某些分类标准和规则对事物分门别类。

按照哲学思维,人们会思考人们常用的分类方法是正确的方法吗?它们是唯一的吗?某种分类方法所依据的本质属性和附属属性存在什么问题?为什么不用其他分类方法?人怎么会知道哪种分类方法究竟会是怎么样的?以后还会怎样去分类?

一天傍晚,吃过晚饭,马修斯围绕着本质属性和附属属性对他的孩子们提问道:你能想得出像这样的两个问题吗?一辆自行车是否就是少了一个轮子的三轮车?一条蛇是否就是没有腿的蜥蜴?

孩子们的反应即刻就来了:自行车是否就是没有发动机的摩托车?一张椅子是否就是没有弧形椅橇的摇椅?一条短裙是否就是没有上身的连衣裙?柠檬水是否就是没有酒精的柠檬饮料?马粪是否就是没有效果的肥料?老鼠是否就是没有翅膀的蝙蝠?

从日常思维的视角来看,马修斯的问题是无厘头的,因为根据人们一般对事物的定义和分类标准,自行车和三轮车、蛇和蜥蜴都有不同的本质属性,尽管它们的附属属性有相似之处。然而,从哲学思维的视角来看,马修斯的问题是有挑战性的,因为本质属性与附属属性的意义是人自己赋予的,赋予的意义不同,结论自然也就不同。

马修斯的问题和幼童的这些稀奇古怪的反应,可以引发对事物本质属性和附属属性的哲学问题的一场争论。这样的争论,会导致幼童的惊奇和疑惑。惊奇面对自然,幼童由惊奇而求认知,去追问世界的本质;幼童因疑惑而面对人生,由疑惑而求觉悟,去追溯生命的意义。

没头没尾的故事

在俄罗斯作家安德烈·乌斯塔科夫所写的《没头没尾的故事》里，以一只小蚂蚁看大海所引发的思考，提出了一些哲学问题："大海的尽头在哪里？""如果这里就是大海的尽头，那么，大海的起点在哪儿呢？"继而又提出了一些关于人生意义的哲学追问："大海那么辽阔，而我却这么渺小……在我的一生中，可能永远也看不到它的尽头。那我在这个世界上究竟有什么意义呢？"

一只小蚂蚁在海边爬呀爬呀……

小蚂蚁注视着大海，看见海浪一个追赶着另一个拍打过来。他伤心地想："大海那么辽阔，而我却这么渺小……在我的一生中，可能永远也看不到它的尽头。那我在这个世界上究竟有什么意义呢？"

想到这里，小蚂蚁伤心地坐在一棵棕榈树下，哭了起来。

这时，一头大象来到了海边。大象问道："小蚂蚁，你这是怎么了？你为什么哭呀？""呜呜！我看不到大海的尽头。"小蚂蚁一边哭一边说，"大象，你也来看一下吧，你长得那么高，说不定能看到呢！"

于是，大象也朝大海望去，他看呀看，甚至还踮起了脚尖——可是，大海的尽头在哪里呢？他什么也没看到。

大象也坐到小蚂蚁的身边哭了起来。他们哭得伤心极了。

忽然，小蚂蚁拍了拍自己的小脑袋。"大象，你听我说，我有一个办法了：你爬到棕榈树上去，然后，我再爬到你身上，我们再试试，说不定就能看到大海的尽头啦！"

于是，小蚂蚁爬到了大象的身上，大象又爬到了棕榈树上。他们看呀看——可惜，他们还是什么都没看见！

现在，小蚂蚁和大象一起坐在树上，都嚎啕大哭起来。这时，一条金枪鱼游到了海岸边。"嘿！"金枪鱼大声叫着，"我说你们俩啊，为了什么事情哭得这么伤心呢？海水已经够咸的啦！""呜呜……我们看不见大海的尽头！"小蚂蚁和大象哭着回答说。

"什么？"金枪鱼十分惊讶，"这里难道不是大海的尽头吗？我一直以为这里就是呀！"

"对呀！"小蚂蚁高兴地说，"啊哈！大象，我们看到大海的尽头啦！""哈哈，原来这里就是大海的尽头！"大象也欢呼起来。于是，他们从棕榈树上爬了下来。

可是，就在大象从树上爬下来的时候，他突然又想到了一个问题："奇怪，如果这里就是大海的尽头，那么，大海的起点在哪儿呢？"

这个故事由亚历山大·荣格绘制，成为了适合 6 岁以下幼童阅读的绘本。这个绘本故事，不只是富有童趣，更重要的是富有哲学意味：小蚂蚁面对浩瀚的大海，惊叹自己如此渺小，疑虑大海没有尽头，感慨人生有何意义。这个故事暗喻幼童的哲学思维，从幼童（小蚂蚁）对自己所面对的世界所产生的惊奇和疑惑出发，去追问连成人都无法回答的问题。

这一类的哲学追问，在幼童中是很常见的，诸如："天空是什么？""我是什么？""我快乐吗？""怎样才知道自己长大了？""什么人是最重要的人？""夜晚是从哪里来的？"……

这本书的名字是《没头没尾的故事》，其实要说的是在幼童的头脑里有"没完没了"的哲学问题。

《森林大熊》

约克·史坦纳于 1930 年出生在瑞士，20 世纪 70 年代，史坦纳曾陷入一次写作危机中，之后与画家约克·米勒合作，首部作品便是著名的《森林大熊》，曾荣获德国绘本大奖、国际绘本艺术金牌奖。他的作品蕴含着存在主义哲学意味。

以下是《森林大熊》的故事梗概：

  冬眠的大熊一觉醒来，发现整座森林消失了，取而代之的是一个现代化的工厂，大熊心里纳闷："难道我还在做梦？"他揉了揉眼睛，尽管一再申辩自己是一只熊，但是工厂管理员、厂长和董事长都把大熊当作偷奸耍滑的工人，呵斥他立刻开始工作。大熊一直在想："我就是一只熊，可为什么别人都不相信呢？"大熊一次次为自己辩解，却一次次遭到否定和嘲笑。于是，他自己也渐渐动摇起来，忘记了自己究竟是谁，来自哪里……

  冬天又来了，大熊开始感到疲惫，而且越来越觉得困倦，他经常不知不觉地趴在操作台上睡着了。管理员解雇了他，他离开了工厂，踏着积雪在路上走着，最后他一步步地向森林走去，他不知道自己到底要做什么，他走呀走呀，一直来到一个洞穴前。"要不是这么累的话，我真应该好好想想该做什么。"大熊不住地打哈欠。他就这么坐着，望着天空发呆，听着风在树木间呼呼地吹过，不知不觉，雪花盖满了他的全身。"我肯定是忘了什么重要的事情。"大熊想。

在《森林大熊》中，故事的主线与儿童的哲学思维有关，体现在：

第一，在"梦"与"非梦"之间徘徊。

大熊醒来时，迷迷糊糊地扫视了一下自己的洞穴和洞口。睡眼蒙眬地，他朝洞口走去，走出洞外，走进"春日的暖阳"，呈现在他眼前的是令他"震惊"的景象。由于睡意仍浓，他的眼睛半睁着。但他的眼睛很快就无法再这样半开半闭了。忽然，他把眼睛睁得大大的，直愣愣地看着前面。

> 森林哪里去了？
> 草地哪里去了？
> 树木哪里去了？
> 花儿哪里去了？
> 发生什么事情了？他是在哪儿呢？

大熊往外看到的工厂情景和他记忆所及的全然不同了，这使他得出结论，认为自己一定还在做梦：

> "我一定是在做梦。"他说，"一定是这样，我正做梦。"因此他闭上眼睛并拧了自己一把，然后慢慢睁开眼睛四下环顾。巨大的建筑物仍然在那里。这不是梦，这是真的。

大熊无法断定自己是醒着还是在做梦。

第二，故事的标题本身有哲学意味：存在与不存在。

这本书的英文名是 *The Bear That Wasn't*，"Wasn't"可以理解成"不存在"，即"熊不是一头熊"，也可以理解成"不是这样的"，即"不是那只熊原来想的那样"。这正是有关"存在"还是"不存在"的哲学讨论。

在这个故事里，所有人都认为他不是一头熊，而是一个"穿着毛皮大衣的大懒蛋，需要刮刮胡子了"。如果他们是正确的，如果站在他们面前的不是一头熊，那么这一切仅是个幻觉，实际上并不存在故事里所说的那样一只熊。

第三，到底是"人"还是"熊"：表象与实质。

表象包括记忆表象和想象表象，想象表象是对知觉形象或记忆表象进行一定的加工改造而形成的新形象。在所有人头脑的表象中，大熊是"人"，而不是大熊，包括大熊自己也在质疑自己是不是熊。他曾坚定地认定自己是一只熊，而到后来开始怀疑自己是不是一只熊，那么这是为什么呢？

这一切似乎会引发一系列的问题：大熊怎么会承认自己曾经是熊呢？每个人是基于什么来认识平时所说的和所想的大熊呢？动物园里的熊嘲笑大熊说："不，他不是一只熊，因为如果他是一只熊，他不可能和你们一起待在笼子外面，他应该和我们一起待在笼子里才对。"人们所拥有的知识是不是因循惯例的认识？……

实质指某一事物本身的固有性质。大熊在逐渐认同自己不是大熊的情况下，"冬眠"的习性不得不让他再次重新认识自己。

《森林大熊》看似荒诞，却贯穿了一条形而上的问题主线，讨论的还是哲学的三个终极问题，"我是谁""我从哪里来""我到哪里去"。

《爱丽丝梦游仙境》

刘易斯·卡罗尔是英国数学家、逻辑学家和童话作家，被誉为"现代童话之父"。他的童话《爱丽丝梦游仙境》自 1865 年出版以来，已被译成 120 多种语言，深得全世界儿童的喜爱。

在《爱丽丝梦游仙境》中，随处可以发现儿童哲学的影子。卡罗尔以童话为载体，在一个想象的、审美的世界里，淋漓尽致地表现了儿童的无限遐想，展开了儿童对世界、对自我的哲学追问。

以下是《爱丽丝梦游仙境》的故事梗概：

> 小姑娘爱丽丝因为追赶一只白兔，掉进了一个兔子洞里，于是坠入了神奇的地下世界。在那里，喝一口水，身体就能缩得如同老鼠一般大小，吃一块蛋糕又会变成巨人，吃蘑菇右边的人就变矮，吃它左边的人则可长高。在那个世界里，所有吃的东西都很古怪。

> 在那里，她遇到了许多人和动物：渡渡鸟、蜥蜴比尔、柴郡猫、疯帽匠、三月野兔、睡鼠、毛毛虫、素甲鱼、鹰头狮、公爵夫人。她在大花园里遇到了一整副的扑克牌，牌里有粗暴的红桃王后、老好人红桃国王和神气活现的红桃杰克。爱丽丝帮助兔子寻找丢失的扇子和手套，帮助三个园丁躲避红桃王后的迫害，还在荒诞的法庭上大声抗议国王和王后对好人的诬陷……在这个奇幻疯狂的世界里，似乎只有爱丽丝是唯一清醒的人，她不断探险，同时又不断追问"我是谁"，在探险的同时，她也不断认识自我，不断成长，等到终于成长为一个"大"姑娘的时候，她猛然惊醒，才发现原来所发生的一切都只是自己做的一个梦。

在《爱丽丝梦游仙境》中，主线是儿童的哲学思维，体现在：

第一，故事中的爱丽丝在梦游的过程中不断地追问"我是谁"。

第二，爱丽丝与柴郡猫的对话，围绕"我要到哪里去"这个问题：

"打这儿走，我应该走哪一条路？"爱丽丝问。

"这在很多方面取决于你想到哪儿去。"柴郡猫答。

"我不大在意到哪去。"爱丽丝说。

"那么，你走哪条路就没有什么关系了。"柴郡猫答。

"只要我能走到某个地方就行。"爱丽丝补上这句话。

"哦，只要你走得够远，"柴郡猫说，"你肯定会达到这个目的。"

这就是没有答案的哲学问题。

第三，对于爱丽丝而言，"梦"与"非梦"之间的区别是不清晰的，例如，当爱丽丝听说自己只是国王梦里的一个东西时，感到害怕且愤怒，害怕国王醒过来时自己就不见了。

第四，爱丽丝似乎知道回到昨天毫无用处，因为过去的自己与今天的有所不同。

第五，有一个地方（爱丽丝梦游之处）跟地面上的世界不一样，那里充满奇幻、神秘和危险。

作为一部艺术作品，《爱丽丝梦游仙境》不仅体现了儿童的思维特征，而且在审美意义上通达了儿童的自在状态。童话世界充满了"好奇"，但是"好奇"只是探究之始，"惊奇"则为探究之果，儿童在聆听童话时的惊奇，表达了儿童对愉悦的追求，换言之，儿童对世界的态度不只是追求生存，也是追求愉快，追求生命的美感。

其实，哲学思维与审美体验并不矛盾，而是有共同之处。

美学起源于哲学，曾是哲学的一部分，到了近代才从哲学中独立出来。柏拉图坚信理性能够获得真知，他把追求"真""善""美"当作是哲学探索的目的。

哲学是形而上学，追求的是真，是纯粹的道理，虽是超感性的，却又来自感性世界，最终也要回归于感性世界，不然哲学便会失去其生命力。美学看似有脱离哲学而走向艺术的倾向，但是也可以把美学看作哲学通向形而下的一条通道，形而下是其生命力的源泉。

《爱丽丝梦游仙境》描述的是一个奇特的梦境，作者的初衷仅是为了满足一个小女孩爱丽丝的快乐，没意料到的是世界上成千上万富有想象力的儿童就像爱丽丝一样，被作者带入了一个奇妙的世界——一个属于儿童自己的"兔子洞"。五光十色的梦境、荒诞离奇的人物、惊险刺激的情节、新异奇特的想象，与儿童的审美情趣相吻合，让全世界儿童为之着迷，并感受到无穷的乐趣。

我国学者王国维曾说过："哲学上之说，大都可爱者不可信，可信者不可爱。"他所说的可爱不可信的哲学，是指叔本华、尼采这类反理性主义的人本主义哲学；而可信不可爱的哲学，是指孔德、穆勒这类实证主义的唯科学论哲学。

也许集"真""善""美"于一体的哲学，才是"可信又可爱"的哲学。

庄周梦蝶

庄周梦蝶，渗透着我国古代思想家庄周诗化哲学的精义。

《庄子·内篇·齐物论》中有一段这样的话："昔者庄周梦为胡蝶，栩栩然胡蝶也，自喻适志与，不知周也。俄然觉，则蘧蘧然周也。不知周之梦为胡蝶与，胡蝶之梦为周与？周与胡蝶，则必有分矣。此之谓物化。"

将这段话译为白话文："过去庄周梦见自己变成蝴蝶，很生动逼真的一只蝴蝶，感到多么愉快和惬意啊！不知道自己原本是庄周。突然间醒过来，惊慌不定之间方知原来我是庄周。不知是庄周梦中变成蝴蝶，还是蝴蝶梦中变成庄周呢？庄周与蝴蝶那必定是有区别的。这就叫作物、我的交合与变化。"

《庄子·内篇·齐物论》中有句话说："其分也，成也；其成也，毁也。凡物无成与毁，复通为一。"说的是：新事物通过分解而生成了，而原事物的本有状态则走向毁灭，所有事物都没有绝对的形成与毁灭，而是具有相通混一的特点。根据这句话去领会庄周梦蝶的含义，就能明白庄子的思想：天、地、人本该是和谐统一的，世上的万物都是相互转换的，所谓"有无""大小""是非""寿夭""贵贱""贫富"等都是有限的、不确定和无意义的，若要从一个混沌的整体中寻找它们之间的区别，反而会失去本体真实的存在。有许多因素束缚着人的天性，使人不能顺自然而发展，因此要打破种种限制，最终达到"天人合一"的境界，实现如同蝴蝶一般翩翩起舞的自由状态。

庄子是老子道家学说的继承人。庄子比老子晚 200 年左右，而古希腊哲学家苏格拉底则比老子晚了不到 100 年。有意思的是，几个几乎同时代的中外哲学家，虽然相互之间没有交流和沟通，但是思考的都是哲学的"大问题"，而且都是与"我是谁""我从哪里来""我要到哪里去"有关，都在强调"要认识自己"。只是庄子似乎更有诗意，用浪漫的"梦蝶""化蝶"故事阐述这样的哲理，以达到"天地与我并生，万物与我为一"的境界。

人世间，也许只有如同庄子这般富有诗意的哲学家以及幼童才能达到这样的境界。所不同的是，幼童是其天性使然，尚未失去童心的本真，尚未想去从混沌中寻找是非功利的动机，而只想自发、自愿地去感受到天地万物的和谐、生命平等、天人合一以及拥抱自然的愉悦；庄子则是在饱经了人生遭遇的三大困境后（死亡的自然之限、必然与自由冲突的社会之限以及情与欲的自我之限），在百般无奈中徘徊，经由自我反省，在"梦与现实""人与蝴蝶"之间寻找解脱，在"物我合一""物我两忘"中寻得一种回归自然的理想逍遥状态。

涉及"庄周之梦为蝴蝶"或"蝴蝶之梦为庄周"的议题，如若去做似是而非的解释，可能会将这个哲学话题引向对象化、客体化，进而引向功利目标之上，如此还不如保持对梦的神秘性，更能与庄子的思想贴近。

同样，在幼童的世界里，梦与非梦之间的界限是不清晰的，这就导致幼童经常会提出"我是在做梦吗""我怎么知道我在做梦""我做的梦是真的还是假的"这样的问题，如若"认真地"去用"正确"答案解答幼童的这类问题，反而会让幼童失去珍贵的童心，逐渐陷入庄子想要摆脱的人生困境中。

哲学追问与科学探究

哲学家笛卡尔曾说过:"知识好比大树,哲学是树根,科学则是树枝。"哲学家海德格尔也认为"科学的基础是哲学"。

科学是经过实践检验和论证的有关客观世界各种事物本质及运动规律的知识体系,能帮助人们更好地去认识世界。

哲学则是对普遍而基本的问题的研究,能帮助人们更好地去解释世界。

幼童没有成人一般的抽象思维,只能凭借其直觉思维去感知世界,以不同于成人的方式去认识客观世界,因此,幼童对世界的好奇以及由此而生发的发问,不同于科学探究。

但是,幼童却有成人一般的哲学思维,他们会以自己的方式去提出问题,并以不同于成人的方式去解释世界,因此,幼童对问题的追问,就如同哲学家那般,关注如何对问题做解释。

科学探究和哲学追问的目的、内容、方法等都不尽相同,但是却有"树枝"与"树根"之间的关系。

可以想象,如果真有穿越,一个现代人穿越到了古代,未必可以成为那个年代的一个"超人";而一个古代的能人穿越到了现代,也许只要经由一小段时间的适应,依然会是个当今时代的一个能人。

同样道理,如果一个成人穿越回到了幼童时代,尽管他具有太多幼童所不具有的知识和技能,但未必成为幼童世界的"超级幼童";而一个能干的幼童,一旦长大成人,进入了成人世界,短短数年他也许会比周遭的成人更加能干。

古希腊哲学家亚里士多德对其周遭世界充满了好奇心,喜欢提出"十万个为什么"的问题,诸如新芽为什么会长成大树,狮子的幼崽为什么会长成雄狮,婴儿为什么不会永远是婴儿，小猫为什么不会永远是小猫……。即使这些问题在他的那个年代都已经成为了常识，但是他还是要去问个究竟，他想要知道的不是如何去认识和论证这些变化的规律，而是想要探究怎么去解释这些变化是如何发生的。这就是他所关心的哲学问题。

幼童也会提出类似亚里士多德所关心的这类"十万个为什么"的问题，他们也会对这些问题充满好奇，但是，他们的认知还没有达到如何去认识和论证"为什么"的科学问题的水平，他们只能在自己的认知水平上以自己的方式去解释这些现象背后的原因。从这个意义上讲，与亚里士多德一样，幼童关注的也是哲学问题。

科学是可检验、可预测的知识系统，追求的是唯一的、正确的结论。正如维果茨基所说，对于幼童，没有真正的科学概念而言，由此，所谓幼童的"科学探究"，不是让幼童去寻求符合科学规律的正确答案，而是通过提出问题，作出解释，在发展科学思维的道路上去铺就一块垫脚石。

在科学发展史上，两千多年前，托勒密就曾提出过"地心说"，人们不会由此而产生"古人怎么那么傻"的感觉，相反，人们只是认为这是人类科学发展过程中的一个有价值的历程。

同样道理，幼童在对自己提出的问题进行追问和解释时，尽管看似幼稚可笑，但是也应该被看成是幼童个体在自我科学概念形成过程中的一个有价值的历程。

更为重要的是，幼童对问题的追问，是其在认识世界的道路上"扎根"，是在哲学意义上的因为惊奇和疑惑而引发的思考，并在自己已有的经验基础上，以自己的方式所进行的解释，这能激发幼童的好奇心和想象力，能为幼童未来更好地认识世界、改造世界打下扎实的基础。

— 理论对幼童的解读 —

引言

与幼童及其发展有关的理论有许多种，每种理论都从某种立场、视角出发，提出假设，确定概念或原理，并被用于推测、演绎、抽象或解释幼童及其发展的现象、特征、原因或起源等问题。

由于各种理论对幼童及其发展的立场、视角不同，所以它们的关注点不同，基本假设和定义不同，被用于解释和演绎的材料不同，最终的结论必然不同。

幼童是一个极其难以研究的对象。持不同理论和观点的人对幼童及其发展有不同的观点，多种立场的理论从多个方位、多个视角去解读幼童，即使有对立、矛盾或冲突，也会有益于人们全方位地看到比较接近真实的幼童。

被用于解读幼童及其发展的理论有多种，诸如弗洛伊德的理论、格塞尔的理论、皮亚杰的理论、维果茨基的理论、马斯洛的理论、文化人类学的理论等；也有综合了多种理论而形成的被用于幼童教育实践的理念，如马拉古兹的教育经验和思想等。

这里，不是在阐述各种理论和思想本身，而是运用这些理论和思想去解读幼童，让人能站在理论和思想的高度去观察与思考幼童及其发展的各种现象。

| 理论简介 |

弗洛伊德

弗洛伊德，奥地利心理学家，他创立的人格结构理论包括潜意识与人格理论、本能论、人格发展理论、梦论、焦虑与心理防御机制和社会文化理论等。

弗洛伊德的主要观点：

第一，人格结构由本我、自我和超我三大部分组成，是人内部控制行为中的一种心理机制，决定着人在一切给定情境中的行为特征或行为模式。本我，就是本能的我，完全处于潜意识之中，是一个混沌的世界，容纳着本能性的、被压抑的欲望，隐匿着社会伦理道德和法律规范所不容的本能冲动，遵循"快乐原则"，为了满足需要可以付出一切代价。自我是面对现实的我，是通过后天的学习和环境的接触发展起来的，是意识结构的部分，是本我和外界环境之间的调节者，奉行"现实原则"，既要满足本我，又要制止违反社会规范、道德准则和法律的行为。超我是道德化了的我，也是从自我中分化和发展起来的，是接受文化传统、价值观念、社会理想的影响而逐渐形成的，由道德理想和良心构成，遵循"理想原则"，通过自我规范确定道德行为的标准，通过良心惩罚违反道德标准的行为等。人格的三个方面是和谐统一的整体，它们的密切配合能使人能有成效地展开与外界环境的各种交往，以满足人的基本需要和欲望，实现人的理想与目的；一旦它们难以协调、相互冲突，人就会处于失常状态，甚至危及人的生存和发展。

第二，梦的内容与被压抑的无意识幻想之间有着某种联系，人能讲出来的梦境是梦的显意，其背后都有隐意。梦的解释就是从显性梦境中探寻其隐意，就是剥掉显性梦境的伪装去了解潜性内容的含义。

蚂蚁、钟表和面包

萨尔瓦多·达利是西班牙超现实主义绘画大师级人物。

达利在他的《一个天才的日记》中说，面包在其一生中总无止无休地紧跟着他，因此面包对他而言是一个不可缺少的主题。在达利的眼中，外表坚硬、内部柔软的面包是欲望的象征，借助它，他可以尽情表达自己的幻想。蚂蚁对于达利来说，是与负面的记忆联系在一起的，他在童年时代曾经从堂兄手中接过了一只受伤的蝙蝠，他对这只蝙蝠倾注了自己的爱和照料，但是有一天，噩梦降临在小达利的身上，不知什么原因，他最爱的小蝙蝠被一大群疯狂的蚂蚁包围着，生命奄奄一息，他见状猛地跳了起来，抓起爬满了蚂蚁的蝙蝠，发了疯般啃咬着蝙蝠的脑袋，还把它扔进了水里。从此，蚂蚁就始终伴随着达利的绘画生涯，在他的艺术作品中，忙碌的蚂蚁通常是紧张、焦虑和衰老的象征，暗示着他在潜意识里的恐惧、无力、不安和焦虑。而柔软的钟表则是达利最广为人知的题材，表达的是他与时间之间的狂热关系，他对时间的制约性，以及时间对他记忆固有的重要性。如今，这些钟表已成为了人们心目中的超现实主义梦境物象的同义语。

达利在谈及他的著名作品《记忆的永恒》时，肯定了弗洛伊德对自己的影响。这幅画的中心是一只动物，它闭着眼睛，有着长长的睫毛，说明它在做梦，没有意识到时间在流逝，而记忆可能就在此时浮现。画面左下角这只橙色的怀表上爬满了蚂蚁。对于达利来说，蚂蚁是死亡和腐烂的象征，在他的几部作品中都使用了蚂蚁，因为蚂蚁的辨识度很高，所以当它们出现在一个不熟悉的环境中时，会显得更加令人不安。

在达利的画作中，蚂蚁正是象征和表达了他童年时代的记忆。达利超现实

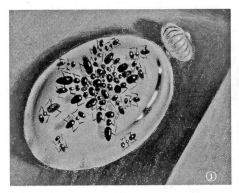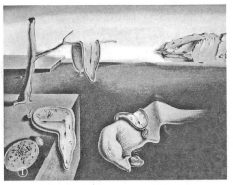

▲ 达利的名作《记忆的永恒》，左图是右图的局部放大（标①处）

主义的触角探进了其头脑中的"无意识"领域，通过"弯弯曲曲的时间隧道"，直抵他的梦境或童年，唤醒了他潜意识里的记忆。达利的画作，是达利对自己潜意识的"投射"，是对压抑的自我的释放，包含了其丰富的情感信息。因此，达利不只是在画一些若有若无的感觉，更是在画其最内心的、最有感觉的东西——梦。

根据弗洛伊德的理论，人的心灵活动出现在梦中，会从理智的支配和任何缓和的控制中解放出来，不仅具有复制的能力，而且具有创新的能力。由于摆脱了思想范畴的障碍，它就更为柔顺、灵活、善于变化，会迅速地把人内心的生活塑造为外界形象。换言之，梦里的想象是缺乏语言的，它要说的话必须用形象表达出来。

从绘画时色彩的搭配、空间的构造、内容的选择、笔触的运用、过程的呈现等特征中，能够分析挖掘绘画者内在的心理特质和心理状态。弗洛伊德的精神分析理论以及荣格的分析心理学，核心观点都强调绘画是潜意识的表达，通过分析绘画作品，可以了解个体的潜意识世界。弗洛伊德强调了压抑、升华、投射等机制对绘画过程的影响。通过探索分析潜意识在画面中的投射，可了解绘画者个体潜意识中被压抑的欲望，特别是来自童年的被压抑的欲望，而绘画创作的过程能让这些欲望得到升华并以社会和自我意识能接受的形式表达出来。

兀鹫与洞穴

达·芬奇是意大利文艺复兴时期的画家。他出生在意大利佛罗伦萨的芬奇小镇，父亲是绅士皮尔诺，母亲叫卡苔莉娜，达·芬奇是他们的私生子。卡苔莉娜在生下他一年后就嫁入了一个普通人家，她在达·芬奇上万页有关自己人生历程的笔记中只出现过两次，一次写道："1493年7月16日这天，卡苔莉娜来。"另一次写道："一个来自佛罗伦萨的卡苔莉娜在米兰莫蒂书馆死亡，1494年6月26日。"两次记录中都没有称卡苔莉娜为母亲。

父亲皮尔诺一生经历了4次婚姻，4位妻子给他生了16个孩子，加上达·芬奇，他一共生有17个孩子。达·芬奇在祖父母和一位叔叔的抚养下长大，在芬奇小镇度过了他的童年和少年时代。达·芬奇记述他父亲时仅写道："1504年7月9日星期三，7时，公证员皮尔诺·达·芬奇在波德斯达宫逝世，我的父亲，在7时。他80岁。他留下10个儿子和2个女儿。"

达·芬奇用毫无感情色彩的"簿记"记述了父母的死亡，因为父母在他的现实和精神生活中几乎都是空白的。

这样的家庭背景使达·芬奇成为了一个多余的人，他对于自己的孩提生活只有两则记述。其一，他记得自己年幼时重复做一个梦，梦见自己在摇篮中，被一只飞扑下来的兀鹫反复将其尾巴插入口中；其二，他带着好奇和恐惧，进入一个他自己发现的神秘洞穴中探险，试图探明里面存在的东西。童年生活给达·芬奇带来孤寂，甚至是一种梦魇般恐惧的情感空白。

弗洛伊德相信，参与艺术（无论是作为艺术家还是作为观众）是应对无意识本能欲望的一种方式，因为人们无法有意识地面对或满足这些欲望。弗洛伊德注意到达·芬奇的早期生活背景，认定达·芬奇必定有着强烈的俄狄浦斯式的恋母情结，这一未被满足的欲望在他后来的画作中以无意识的方式得到了满足。

弗洛伊德认为，童年被迫离开母亲的达·芬奇具有强烈的恋母情结——"兀鹫尾巴插入口中"是达·芬奇想象自己吮吸母亲乳头的潜意识表现。正是出于恋母情结的无意识冲动，使达·芬奇的肖像画成为他想象和塑造母亲形象的艺术形式。因为"母亲"是一个模糊的原型，也导致了达·芬奇对世界的无限好奇和如饥似渴的持续探索，在小镇寂寞的背景下，孤独的达·芬奇钻入一个黑暗洞穴的身影，把对父母之爱的饥渴和对世界秘密的好奇，浓缩成一颗无限探索和创造的心。

达·芬奇的名画《蒙娜丽莎》中，女主人那种无法言喻的微笑，令人困惑迷醉。弗洛伊德认为，达·芬奇之所以把女主人的微笑描绘得如此令人痴迷，是因为他有着强烈的俄狄浦斯式恋母情结。弗洛伊德认为是达·芬奇的这种欲望（力比多）得到了升华，形成了他天才的艺术才华，才使他创作出如此伟大而神秘的作品。

弗洛伊德在看了达·芬奇的《圣母子与圣安妮》后，也运用了恋母情结加以解释。在这幅画作中，还是一个幼童的耶稣得到了两个年轻妇人的悉心照顾，达·芬奇无意识地表现了他的母亲和继母，将自己被压抑的力比多转变成一种受到社会认可的艺术创作力。这种崇高性使由未被满足的欲望造成的压力得到了释放。

▲ 达·芬奇的《圣母子与圣安妮》

猫

巴尔蒂斯是具象绘画大师，被毕加索称为"20世纪最伟大的画家"。他出生在巴黎的一个波兰贵族家庭中，父亲是一个美术史学家和画家，母亲也在绘画上很有建树。

巴尔蒂斯是个孤独的画家，在现实中离群索居，生活中带有一层扑朔迷离的神秘色彩。他在幼年时的偏执心理经常会在以后的画中得到体现，在或冷漠、或平淡、或诡黠的画面中似乎包含着一种莫名的思考。这种思考出奇深刻，深刻中又融入了一层诗意般的抒情气氛，更为客观的作用便是谁也无法说清他的创作意图。

巴尔蒂斯天性敏锐孤僻，他对猫的偏爱到了无以复加的程度，还为自己起了"猫王"的称号。在他的许多作品中，猫虽以旁观者的形象出现，却带有一种浓厚的情绪色彩，是他对人类隐私揭示后的自我暗示满足感的体现：谜一样的气氛中弥漫的是不安的暗示，猫的形象正是这种暗示的最好诠释，使他将内心的莫名转化为有形可触摸的存在。

有人说，巴尔蒂斯是一位爱猫如命的画家，"少女与猫"是他一生主要的创作对象。1919年，11岁的巴尔蒂斯以他跟一只名叫Mitsou的小猫从相遇、玩耍，直至分别的故事为蓝本，画了一些内容连贯的素描。有

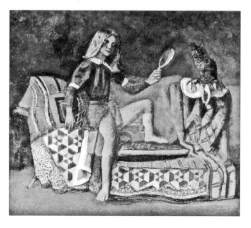

▲ 巴尔蒂斯画中的"少女与猫"

人说，画中的这只小猫咪，就是巴尔蒂斯的化身。在 1930—1950 年，巴尔蒂斯在几十年职业生涯中的作品，都围绕"少女与猫——绘画与挑衅"。

与巴尔蒂斯相同，我国青年艺术家李少杰也以猫作为象征物。

李少杰出生在山东德州的一个小乡村，儿时痴迷画画，在农村艰苦的条件下，他迫于生计，为了求学，做过设计，开过冷饮店、快餐店、网店等，他常感慨离最初的梦想已越来越远。在他人的激励下，他重拾画笔，在艺术道路上拼命地追梦。

李少杰的作品有一种不可名状的孤独感、情绪化。这种"孤独情绪"，与本人的性格有关。他性格内向，喜欢独来独往，不善言辞，缺乏安全感且怀旧。他选择画笔与画布作为情感的输出窗口，将压制在内心深处的情绪，如火山喷发般强烈表达。他说："每当我完成一幅作品，那种舒畅的心情，难以言表。"

"孤独的猫"系列是李少杰这些年一直持续创作的元素。"我喜欢养小动物，之所以用黑猫作为题材，是因为我曾经养过一只黑猫。在大家的印象中，黑猫总给人一种神秘莫测的感觉，但其实它也有丰富的内心世界。黑猫喜欢独来独往，但这不能代表它就是凶狠孤僻的，其实它只是太高冷、太独立了，就像一个孤独的战士。"黑猫和李少杰的性格很像，喜欢独处，又渴望被人所了解。画中的黑猫人的形象其实代表的就是他自己。

在"黑猫人"系列作品中，有些是他生活经历的隐喻，有些是他梦中的场景，有些表达的是儿时的记忆……因为画的猫系列太多了，李少杰有时候晚上做梦都会梦到，自己站在一群白猫之中，显得如此另类与不适，梦中还会感觉到压抑与无助。就像他在《孤独的猫之喜欢黑夜》中写道："即便站在人群中，内心依然是孤独的，只有在漆黑的夜里，才能找到一种自信和安全感。"

内心的真实表达

幼童还不善于用语言表达自己内心的情绪情感,他们常通过绘画,无意识地将自己的欢乐、愉快、苦恼、忧郁、愤怒、厌恶等各种情绪情感疏泄出来,转化为可以看见的图画。

有位大学生记载了这样一件事:一次,他给一个女童看一些画有猫、狗、狐狸和大公鸡的图片,她看了以后非常害怕,即使安慰她也没有用。后来,那个女童拿来了蜡笔,在纸上涂画了一阵子,这才高兴了起来,对别人说:"我现在把它们都捆起来了!"又有一次,在另一幅画中,那个女童在纸上画了一个被捆绑的孩子,脸上还画了两行泪水,大学生见状觉得很奇怪,问她为什么这样画,她说:"幼儿园里有个小朋友打了她,她不敢还手,心里很难过,所以才这样画。"

有一天,一位教师看到自己班上的一个女童带来了一幅画着一个正在哭泣的幼童的画,就好奇地问那个女童。女童说:"昨晚我爸爸和妈妈吵架了,吵得好凶,我好害怕。"后来,那位教师了解到这是她第一次见到父母亲吵架,她吓得哭了,晚上睡不着觉,就画了这幅画。画面上,风把正在哭泣的女童的头发和裙子都吹了起来,在女童的边上画有两个正在恶语相向的人。据那个女童说,她的爸爸妈妈在吵架时,她要求他们不要吵,但是他们不听,她真想

▲ 女童画的"害怕爸爸和妈妈吵架"

变得好大好大，这样就可以让他们别吵了。从她画的画面上看，她把自己画得很大，而将爸爸妈妈画得很小，图画的右边还画了一棵树，树下画了几片落叶，好像树也在哭泣似的。

另一个幼童画了一幅题为"洗澡图"的画，在画中，浴缸里有个男人正在洗澡，在那个人的背后站着个小孩，手里举着一根棍子。后来有人问那个幼童才知道，画中的小孩正是他自己，洗澡人则是他的爸爸。平时，爸爸对他非常严厉，有时还动手打他，在爸爸面前，他敢怒而不敢言，眼泪只能往肚里咽。这个幼童心里的积郁无处宣泄，只能通过绘画来消除自己内心的紧张。

绘画是幼童表达自己的情绪情感的一个重要途径。幼童用自己的画表达欢快和喜悦，也用自己的画表达愤怒和忧虑。当幼童经受了外界或内在的心理压力后，产生了高度的心理紧张，除了哭、闹、诉说、运动以外，也通过绘画消除心理紧张，宣泄和释放积压的能量，以达成心理上的平衡。绘画能让幼童平静下来，摆脱不愉快的情绪，得到情结的解开和未实现愿望的达成。若限制幼童的这种活动，就可能会出现不良结果，尤其是对于受困扰的幼童来说，更是这样。

尽管幼童用画表达自己的情绪情感的方式是千变万化的，但是只需了解背景，就不难透过画的内容探测到幼童内心深处的奥秘。

一个刚移居异国他乡的7岁女童，由于不适应移居地的学校生活而郁郁不快，在她的画中就表露了她的这种不愉快的情绪。在画中，她自己的形象出现了两次，即上排中间和下排右边的那两个哭丧着脸的人，画中其他的人都显得很愉快，这与她本人的情绪形成了强烈的反差。8个星期以后，她又画了一幅画，在这幅画中，每个人都表现出了十分愉快的情绪。此时，已经看不出她对周围环境的那种格格不入的情绪色彩了，可见在8个星期以前的那幅画中所表现出来的社会适应性问题已经基本上得到了解决。[①]

[①] 朱家雄. 儿童绘画心理与绘画指导[M]. 上海：上海教育出版社，1991.

▲ 一个7岁的女孩在画中表达了她的不愉快的情绪

▲ 同一个女孩，由于社会适应性问题的解决，情绪发生了变化，在8个星期后在画中表达了她的愉快情绪

也有人记录了这样一件事：一个幼童在纸上画了一个长有一双长腿的人，并在其中的一条腿上用笔涂了一个大圆，那个人不明白幼童在画中表达了什么，便对该幼童说："这个人有两条很长的腿，看，腿上还有一个大圆圈。"那个幼童马上对自己的画进行了解释：所画的那个人的膝盖被碰伤了，这个大圆圈正是碰伤后留下的一个大伤疤。幼童还把自己的裤子撩了起来，露出了她的那个被碰伤的膝盖，十分懊恼地说："这个人就跟我一样，前天把腿摔坏了，还流了许多血！"在幼童的画中，经常可以看到这样一类幼童亲身经历的、对他们来说是很重要的、带有强烈的情绪色彩的事件。

某幼儿园大班的教师根据幼儿喜爱孙悟空、爱画孙悟空的特点，让每个幼童都画一个孙悟空，集体创作《百猴图》，用以布置并美化教室。班里有一个幼童平时经常暗地里欺负同伴，大家都惧怕他，对他敢怒不敢言。那天，他画了一个踩滑水车的孙悟空，并十分高兴地把那个孙悟空剪贴在墙上。那些平时常受他欺负的幼童不约而同地都画了手拿金箍棒、大刀或弓箭的孙悟空，然后又把他们所画的孙悟空剪贴在那个踩滑水车的孙悟空周围。大家看到的是爱欺负同伴的幼童所画的孙悟空被一群手执兵器的孙悟空团团围住，显得十分孤立和狼狈。

正如格式塔心理学家阿恩海姆所说的，即使最简单的线条，也表现着一种情感或情绪。幼童在他们的画中所流露和表现出的内心深处的情感或情绪是最自然而又最深刻的,即使他们的画不如成人的那样丰富、复杂,但都能表现出他们真实的感受。

弗洛伊德有一句非常经典的话:"未被表达的情绪永远都不会消失。它们只是被活埋了,有朝一日会以更丑恶的方式爆发出来。"让幼童通过绘画,将他们想要表达的情绪表达出来,而不是将它们活埋了,为的是以后不再"以更丑恶的方式爆发出来"。

情绪问题与障碍

在幼童的绘画中,图形、色彩的组合及其象征意义,常可被用作分析和鉴别幼童情绪问题与障碍的线索。

一个失聪的幼童无法尽心地用语言与他人交流思想和情感,她就常用画来表达。她不善于跟别人交往,别人也有点看不起她,连她自己也缺乏自信。在她所画的一幅画中,她画了自己,画中的她显得比别人都小。很显然,这幅画反映了这个幼童与别人之间存在着不协调的关系,在画中,大树被她用作自己与别人隔离的图形符号,是她与别人之间存在的"障碍"的象征物。[①]

▲ 一个失聪女童的画

这类图形符号在幼童画中有时能被看到,只是表征形式有所不同。例如,有的幼童将红色和黄色的颜料涂作一团,以此表示一团火焰,用以分隔画面中的自己和别人;有的幼童只是用一条简单的直线泾渭分明地将自己和别人一分为二;还有的幼童虽然没有运用任何图形符号,却将自己画得与别人明显不同(如没有手也没有脚,大小明显不同等),以此表示自己被孤立的状态。对于身心发展有障碍的幼童,他们绘画作品中的表征符号和色彩通常具有特殊的象征意义。

---

① 朱家雄. 儿童绘画心理与绘画指导[M]. 上海:上海教育出版社,1991.

▲ 一个有学习障碍的幼童在画中表达了她的孤独、寂寞和内心的痛苦

一个有学习障碍的儿童，由于学业上屡遭挫败而成为被欺负的对象，教师对她也存有偏见，学校的学习生活没有给她带来任何的乐趣，她感到十分痛苦。在她所画的一幅反映学校生活的画中，表达了她的孤独寂寞和内心的痛苦。在画中，她将自己画得比别人高，其他的孩子都手拉手地在一起快乐地玩耍，但她却一个人哭丧着脸站在一边，没有人愿意和她在一起，她是一个不受欢迎的人。①

在20世纪的精神病学中，绘画被用作诊断和治疗各种心理疾患的手段，精神病学家从幼童的绘画中探索患儿的病因和病情，并借绘画作为治疗手段，疏导患儿郁结的情绪，使之得以康复。

患儿在绘画中会不自觉地宣泄他们内在的无意识情感，在画中似乎难以看出经过雕琢的痕迹，这也使得他们的画能被作为诊断的依据。例如，抑郁症患儿的画往往表现为单调和缺乏色彩，这与患者的情绪压抑、精力疲乏、创造能力低下是联系在一起的。躁郁症患儿在进入狂躁阶段时，画面色彩复杂，充满了情感色彩。精神分裂症患儿的画中充塞了各种支离破碎的细节，缺乏整体感。在孤独症患儿的画中，人物的眼睛往往与其他部分没有联系地浮在眼睑上，与人的整体不相统一。

由于个体差异、病情轻重不一以及文化背景不同等原因，患者病因和病情与绘画的表现之间的关系是十分复杂的，存在着许多例外。

绘画也被用作治疗心理疾病的手段。

有人相信，绘画是自我表达的一种捷径，观察患儿的绘画作品，不仅能够洞察幼童内心的矛盾，还能通过绘画，引导患儿宣泄被压抑的情感，达到某种心

---

① 朱家雄. 儿童绘画心理与绘画指导[M]. 上海：上海教育出版社，1991.

理上的平衡。比如，孤独症患儿退缩到自己的世界中，自己既不从中出来，也不许他人进入。这个自闭的世界是内心变形的世界。患儿往往很少讲话，或者无意识地讲话，或者只能像鹦鹉般地学人讲话，因此，他们不能够或者不愿意跟人谈自己的感受，然而，他们却有可能将这种感受流露在他们的画中。绘画是治疗者与患儿沟通的一种途径，这种沟通冲破了患儿言语上的障碍，使他们自我封闭的世界有可能逐渐地融入周围的环境之中。

在幼童成长过程中，绘画对于幼童来说，是改善和治疗心理障碍的路径之一。

| 理论简介 |

格塞尔

格塞尔是美国心理学家，一生研究儿童生长和发展的规律，倡导成熟理论。

格塞尔的主要观点：

第一，儿童心理发展受生物基因固有程序的制约，是在外部环境影响下按一定顺序有规则、有秩序地呈现的过程。这种通过内在基因控制发展过程的机制就是成熟。成熟是推动儿童发展的主要动力。

第二，学习只能基于成熟而发挥其影响作用。

第三，发展的本质是结构性的。生理结构的变化按生物的规律逐步成熟，而心理结构的变化表现为心理形态的演变，其外显的特征是行为变化。

第四，发展是一个自然绽开的过程，基因决定成熟的顺序和时间表，年龄是一个便于观察和把握的形式指标。格塞尔发展量表（Gesell Development Schedules）展示了普通儿童各种行为模式随年龄而出现的次序，包括四个行为方面的测量：（1）动作能：分为粗大动作和精细动作；（2）应物能：分析外界刺激物及顺应新情境的能力；（3）言语能：倾听、理解语言和表达的能力；（4）应人能：与周围人的交往能力和生活自理能力。

第五，儿童的发展之间存在差异，但是发展过程的顺序基本一致。

涂 鸦

1岁半左右，幼童开始自发地、自主地用笔在纸上涂画，所画的东西纯属涂鸦，只是一些杂乱的线条，这类线条被称为涂鸦线。

凯洛格把2岁或者2岁以下的幼童在无意识的状态下所画的涂鸦线称作基本涂鸦线。幼童开始涂鸦时，似乎完全沉浸于自己手部的动作，满足动感也许是其最基本的行为动机。这时的幼童只是将笔一把抓握在手中，靠手臂的来回摆动决定所画线条的方向和长短，而不受眼睛的控制，也无需手腕做什么动作。这种涂鸦与婴儿无意识地摇动手臂，或者用手举着玩具并做挥舞动作是类似的。

凯洛格把这些基本涂鸦线分为20种类型。凯洛格认为，很多动物也能用其趾爪在一些不同材料的表面上抓画出不同的线条，但是，即使是最高级的动物黑猩猩，至多也只能画出数种线条来，而只有人类，仅2岁的幼童就已经能够画出这20种基本涂鸦线的全部类型。人类在其高级神经系统的协调下产生的肌肉活动所能达到的水平，是任何动物都达不到的。用格塞尔的成熟理论进行解

▲ 幼童涂鸦的20种基本涂鸦线

释：只有人类的遗传基因才能达到这样的表达水平。①

这 20 种基本的涂鸦线与幼童绘画之间的关系，正如砖瓦与建筑物之间的关系一样。

在涂鸦的过程中，幼童控制涂鸦动作的能力逐渐得到发展。凯洛格将幼童在涂鸦时注意到的涂鸦线与纸面的配置关系称作样式配置。

当幼童所画的涂鸦线的周边有了明显的轮廓时，说明这些涂鸦线已具有某种结构。样式配置与基本涂鸦线的不同之处在于幼童在画基本涂鸦线时无需视觉的参与，而到了样式配置阶段则要运用自己眼睛的控制。幼童在涂画具有样式配置特征的涂鸦线时，手的动作虽然还谈不上与眼睛高度协调，但是涂画已具有了某种目的性，即有意地使所涂的画成形（如半圆、1/4 圆、矩形、三角形、弧形或其他各种形状）。幼童这种涂鸦动作的出现无需成人的指导，而是自然发展的结果，是幼童从无目的性的行为发展为较高级的有一定目的性的行为。样式配置暗示了形的存在，因此，幼童只要画出具有象征意义的轮廓线，或者强调某个部分，形状就会自然地出现。

凯洛格在对幼童画的研究中，共发现了 17 种样式配置的类型，它们是幼童绘画中最为原始的图形。②

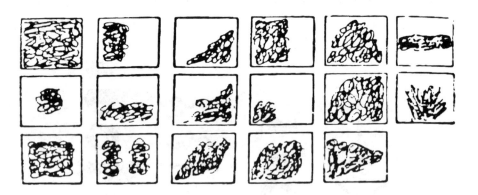

▲ 幼童涂画的 17 种样式配置

---

① Kellogg R. Analyzing children's art[M]. Geogia：Mayfield Publishing，1970.
② Kellogg R. Analyzing children's art[M]. Geogia：Mayfield Publishing，1970.

在样式配置的基础上，图形的出现便是顺理成章的事情了。无需成人教导，幼童就会随着发展与成熟逐渐地画出 6 种图形，它们是矩形（含正方形）、椭圆形（含圆形）、三角形、十字形、斜十字形和不定形，其中，前 5 种是具有几何意义的图形。这 6 种图形，就其视觉特征而言，与样式配置有相同之处，但从发展的视角来看，在画图形时除了要求幼童更具手眼协调能力外，也要求幼童的记忆能力达到一定的水平。这就是说，图形是幼童经过思考和计划而画出的，他们常会想起自己画过的图形，并自发、自愿地再现这些图形。

图形的结合和集合

在幼童的绘画中，图形通常不是单独出现的，而是与其他图形或线条"结伴"出现的。

凯洛格把两个图形结合在一起所形成的图形称作结合体。

从理论上说，图形的结合如果不涉及以哪个图形为主，那么组合的可能性共有21种；如若考虑两个图形以哪个为主，哪个为辅，亦即在组合中区分诸如椭圆中的三角形与三角形中的椭圆，那么组合的可能性共有36种；① 如若不仅考虑两个图形以谁为主的问题，同时又顾及两个图形在分离、重复和彼此包含等方面的组合，那么，组合的类型就有66种之多。

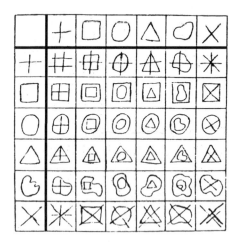

▲ 如若两个图形涉及以哪个为主，那么图形的结合有36种可能性

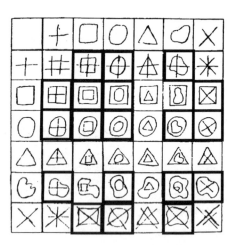

▲ 几乎所有幼童反复画的结合体是雷同的（用粗框标出）

---

① Kellogg R. Analyzing children's art[M]. Geogia：Mayfield Publishing，1970.

但是实际上,幼童并不是都以这种方式画结合体的,有些结合体在幼童的画中几乎找不到。相反,在几乎所有的幼童所画的结合体中,最常见的都是相同类型的,即由椭圆形、矩形或不定形与正十字形或斜十字形的结合,或者由椭圆形与椭圆形、矩形与矩形的结合等。这些结合体被称为曼陀罗式的图形——一种十分神奇的图形,它们是幼童自发生成的,而不是成人教会的。如果运用格塞尔的成熟理论进行解释:几乎所有的幼童到了一定的成熟程度,都会乐此不疲地去画曼陀罗式的图形,因此可以假设为这是人类基因的自然展开和表达。

凯洛格把三个或者三个以上的图形结合而形成的内容称作为集合体。

当幼童能画出集合体时,说明他已经发展出了属于其个人的绘画方式,从

▲ 幼童所画的具有个人特点的集合体

而使别人能够清楚地区分出他的画与其他幼童的画之间的差异。在没有成人指导或者干预的情况下,每个幼童都会自发地以与他人不尽相同的方式画出自己想画的图形样式。这些绘画的图形样式既具有幼童绘画的一般特征,又具有属于幼童自己的、独一无二的特征。①

幼童在画集合体时,对图形均衡性和规则性的追求是具有发展意义的。有研究者对幼童选择和组合图形的原则与方法等问题进行研究,结果表明:重复、简化、对称、旋转等常是幼童与生俱来的选择和组合图形的方式,他们自发、自主地追求着图画整体的组织秩序和平衡,并在追求过程中寻求发展。

---

① Kellogg R. Analyzing children's art[M]. Geogia: Mayfield Publishing, 1970.

曼陀罗

曼陀罗，其原意是佛教中菩萨的画像以及供奉菩萨像的清净之地，在梵语中是"魔圈"的意思，它有时用来指所有那些包括着圈形主题的符号再现，有时又特别指那种其中结合着直线的圆圈样式。在弗洛伊德的理论里，曼陀罗在梦中常以老智者或是助人动物的形象出现，以曼陀罗为象征，代表太阳、黄金、石头、树等。瑞士心理学家荣格把曼陀罗看成是人类大脑的结构及人类的意识和无意识的终极根源，是一种最高和谐的印象。英国哲学家、美学家里德则把曼陀罗看作是几十万年以来残留在人类内心深处的原型遗迹中的一种。曼陀罗具有圆满、完整无缺和统合的映象，包含了深思熟虑和无限的冥想。

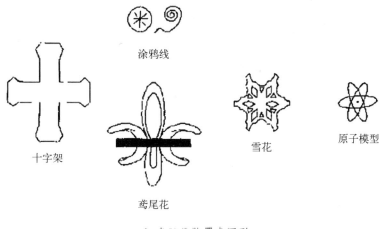

▲ 各种曼陀罗式图形

曼陀罗是一种有点神奇色彩的图形。在世界各地出土的早期艺术品中，比如北美洲印第安人的早期绘画或者古埃及的艺术品中，都可以见到曼陀罗这种图形样式；荣格曾经常报告他的病人梦见曼陀罗；还有人讲述，在催眠状态时他们的梦幻中也有曼陀罗式的图形；在幼童的表征符号中，经常能够看到曼陀罗。

梵语中的这个词后来被人用来表示大小不同的叠套，或者十字形与另一个封闭的图形（如圆形、矩形，特别是椭圆形）相结合而组成的图形样式。

曼陀罗作为一种结合体或集合体，与许多种理论上假设存在的结合体或者集合体不同，曼陀罗是幼童和成人共同喜爱的、具有良好视觉形象的、平衡而协调的图形组合。幼童是在其头脑中自然产生这类图形的组合的，并在自己的表征活动中不断地重复呈现。

凯洛格认为，曼陀罗之所以对幼童具有如此吸引力，其理由之一在于它是均衡的，是由抽象图式转而达到某种表征意义的重要一环。

幼童所画的曼陀罗，以椭圆（含圆）、矩形（含正方形）与正或斜十字形构成的结合体居多，其次是椭圆、矩形与正或斜两个十字形构成的结合体，此外，同心圆和同心正方形等结合体或集合体也是幼童常用的曼陀罗。

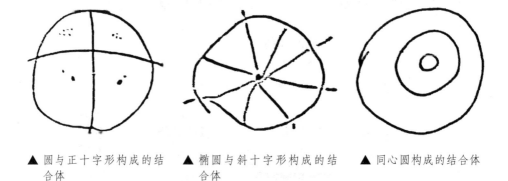

▲ 圆与正十字形构成的结合体　　▲ 椭圆与斜十字形构成的结合体　　▲ 同心圆构成的结合体

幼童在有规则涂鸦的时期，就有动机生成曼陀罗。在幼童涂画圆形的早期（样式配置阶段），就已经有了线条与圆形组合的雏形，依稀可以看出曼陀罗的样式。①

凯洛格假设，幼童喜欢将线条和图形组合一起，生成一些具有良好视觉形

---

① Kellogg R. Analyzing children's art[M]. Geogia: Mayfield Publishing, 1970.

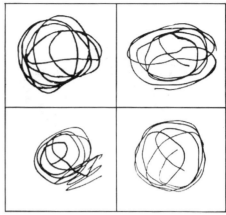

▲ 由涂鸦而生成的曼陀罗雏形

象的、平衡的、协调的、较为复杂的图形，不仅会将它们保持在自己的记忆之中，而且还会不断地加以重复，运用它们来表达自己想要表达、表现的思想和事物。①

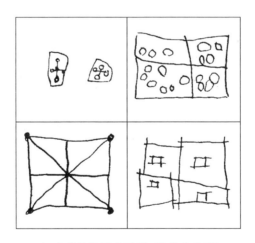

▲ 各种曼陀罗式图形（4岁幼儿画）

不仅是绘画，幼童的泥塑游戏中也会塑造和表现曼陀罗。

---

① Kellogg R. Analyzing children's art[M]. Geogia：Mayfield Publishing，1970.

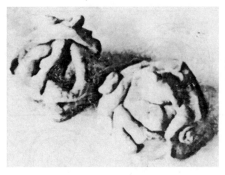 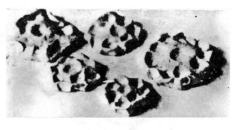

▲ 幼童泥塑的曼陀罗　　　　　　▲ 幼童泥塑的曼陀罗（圆中圆）

曼陀罗对于幼童而言是具有发展意义的。有人认为幼童喜爱曼陀罗，因为它们能给幼童带来平衡感、秩序感，给幼童带来美的感觉，说明幼童天生就是爱美的，曼陀罗是与生俱来的，是幼童在发展过程中自然生成的；有人认为幼童不仅喜爱美，而且还能创造美，能在曼陀罗的基础上创造各种图形。因此，曼陀罗是儿童美术走向成人美术的桥梁。

小太阳

如果说,曼陀罗式的图形是儿童美术走向成人美术的一座桥梁,那么小太阳式的图形则是儿童美术走向成人美术的另一座桥梁。

到了一定的成熟程度后,幼童也会不厌其烦地重复画小太阳式的图形。可以想象,小太阳式的图形同样是一种能给予幼童良好视觉形象的、平衡的和协调的图形,是一种可以被幼童用来表达自己想要表达、表现的思想和事物的符号。

幼童会自发地在纸上画许多个小太阳,不需要任何人教他怎么画,也不需要给予任何的模仿样板。其实,幼童所画的小太阳,虽是成人眼中的太阳,但在幼童的眼里,只是自己生成的一种图形。幼童没有清晰的太阳概念,也不知道太阳应该怎么去画,他们画中的"太阳"也不像他们所看见的太阳那样。

▲ 幼童画的小太阳式的图形

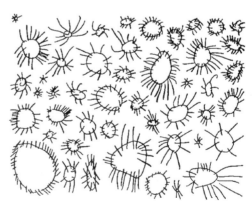
▲ 幼童画的各种小太阳式的图形

幼童在玩泥巴或插塑类玩具时,也会自然地、自发地将泥捏成小太阳,或拼搭成小太阳,有时,他们自己制作的小手工也是个小太阳,这与小太阳式的图形在其头脑中"刻"下的印象有关。

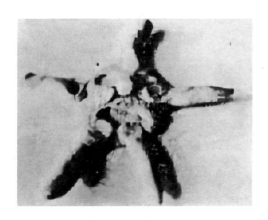
▲ 幼童用泥捏成的小太阳

▲ 幼童用木夹和纸做成的小太阳

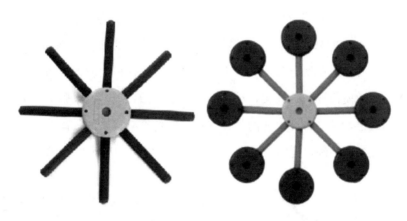
▲ 幼童用插塑类玩具做成的小太阳

小太阳式的图形对于幼童而言，也是具有发展意义的。人们之所以将小太阳和曼陀罗式的图形称作儿童美术走向成人美术的桥梁，是因为这两种图形对于幼童来说都具有同样的"功能"：幼童可以"借助"这样两种他们"心仪"的抽象符号赋予其意义，象征自己想要表达、表现的具体事物和情绪、情感。

幼童天生会游戏，游戏是幼童自发、自主的活动，由幼童自己生成，游戏的"工具"就是玩具。幼童将一个材料，特别是"原始的"材料赋予自己的意义，于是这个材料就成为了玩具，例如，一根在工地上随处可见的钢筋，幼童将它当作话筒，在那里尽兴地唱歌，这根钢筋就是幼童的玩具——话筒的象征物。

理论对幼童的解读　147

▲ 一个幼童在游戏，他将工地上的一根钢筋当作"话筒"
▲ 钢筋是材料，当幼童将它当作"话筒"，它就成为了幼童的玩具

小太阳式和曼陀罗式的图形具有"原始性"，是幼童可以赋予意义的象征性符号，在此基础上，他们可以通过遐想，自发、自由地表达、表现他们想要表达的事物和自己的情绪、情感。

幼童表达的人、动植物及其他事物，许多都是从小太阳式和曼陀罗式的图形中衍生出来的。

蝌蚪人

幼童最熟悉的是人,他们自发生成的符号系统所表征最多的似乎也是人。

在涂鸦的基础上,早期的幼童画中就已经出现了人形的象征符号,即在圆形的涂鸦线上添加两条竖直的线条,至于该幼童是否在表现人,那就是不得而知的事情了。

▲ 一个3岁幼童画的蝌蚪人,这是在涂鸦线基础上出现的蝌蚪人[1]

▲ 由小太阳衍生而来的太阳人

此后,幼童会在曼陀罗式和小太阳式的图形中添加一些看似表现脸部特征的图形,如眼、鼻、嘴等,所表现的内容被称为太阳人;有的这类图形的样式类似蝌蚪,也被称作"蝌蚪人",或称为"头足人"。

---

[1] Brittain W L. Creativity, art and the young child[M]. New York:Macmillan, 1979.

▲ 由小太阳和曼陀罗衍生而来的太阳人　　▲ 一个4岁儿童画的蝌蚪人，在圆内添加了脸部的各种特征

▲ 由5个小太阳衍生而来的太阳人　　▲ 曼陀罗和小太阳被幼童反复地运用①

在成人的眼里，蝌蚪人是不完全的，不是缺少了躯干部，就是缺少了上肢，或者缺少了身体的其他部位。许多年以来，众多的儿童心理学家和儿童美术工作者都在研究幼童为什么画蝌蚪人，提出了各种假说。有人认为，幼童往往粗枝大叶，所以漏画了部分肢体；有人认为，幼童认为躯干不重要，为了图省事而有意将躯干省略了；也有人认为，幼童的动作发育不成熟，绘画技能缺乏，不能完整地表现人物形象；还有人认为，幼童运用了夸张和省略的手法，强调头部的重要性，而将身体的其他部位只用两条竖直的线条表示。其实，这些假说都很牵强。

---

① Goodnow J. Children drawing[M]. Cambridge：Harvard University Press，1977.

幼童身体和心理的发育是一个不断分化、逐渐完善和成熟的过程，幼童表征能力的发展同样也是如此，在从画蝌蚪人到画完整的人或其他事物的过程中，可以明显地看到幼童的那种从低级到高级、从简单到复杂、从不分化到分化的发展过程。

如果说，幼童一旦开始赋予抽象的曼陀罗式和小太阳式的图形以象征意义，那么幼童用圆表达的并不只是人的头部，而是整个人体，或者是将头部和躯干合为一体，或者是将四肢和躯干合为一体，但所画的人的身体的各个部位尚未分化。随着幼童绘画从不分化向逐渐分化的发展，圆的表征意义才越来越狭窄，越来越明确，越来越具备特定的含义，幼童所画的人的各个部位的分化也就越趋完全。这个过程就如同一个在母亲子宫内的受精卵，从单个细胞，经由分裂，变成多个细胞，经由分化和发展，变成各种组织、器官一样。

要证实这一说法并不困难。如果要求一个幼童在蝌蚪人上画上一个肚脐眼，或者画衣服上的纽扣，幼童会不加考虑地在人的嘴的下部画上一个小圆。幼童应该懂得人的肚脐眼或者纽扣应该画在人的躯干上而不是画在人的头部，这就跟问他们肚脐眼或者纽扣在哪里，他们会指在躯干的某一部位而不是指在头部一样。很显然，幼童所画的圆既表示了头部，又表示了躯干。

▲ 肚脐眼或者衣服的纽扣画在嘴的下面

还有的幼童会以头部和躯干合一的方式画人，将人脸部的各种特征都画在圆或椭圆的上部；而在圆或椭圆的下部留下一定的部位用以表示躯干，这可以说是一种半分化的状态，据此，幼童将人的上肢和下肢直接地画在表示头部和躯干的圆或椭圆的周围就是一件十分自然的事了。①

---

① Goodnow J. Children drawing[M]. Cambridge：Harvard University Press，1977.

▲ 椭圆的上部表示头,椭圆的下部表示躯干部

▲ 两条竖线既代表躯干,也代表下肢,肚脐眼或者衣服的纽扣被画在竖线之间

也有一些幼童并不以圆表示躯干,而用两条竖直的线条既代表躯干也代表下肢。当要求这些幼童为他们所画的蝌蚪人添上肚脐眼或者衣服的纽扣时,他们会将小圆圈画在两条竖直线之间。在这种情况下,幼童常将人物的上肢画在竖直线的两侧,而不是画在圆的周围。

在蝌蚪人的基础上,当幼童在两条竖直线之间加上了一条短短的横线时,就会在视觉上产生一种十分明显的变化。这时,幼童已经开始逐渐摆脱蝌蚪人的画人样式,他们所画的人基本上完成了分化。

▲ 蝌蚪人出现了躯干(模拟)　　▲ 蝌蚪人出现了躯干

幼童不仅在绘画时会出现蝌蚪人的图形样式，在泥塑、剪纸、玩积木等方面也会出现类似的图形样式。①

▲ 幼童用泥捏造的蝌蚪人

▲ 幼童用泥捏造的已经分化了躯干的人

▲ 幼童用塑料插接件搭建的人

全世界的幼童都以相似的样式画蝌蚪人，几乎没有例外。这只能说明，幼童画蝌蚪人，与格塞尔成熟理论中的假设是相一致的，那是人在发展、成熟过程中"自然绽开"的一个环节。

---

① Brittain W L. Creativity, art and the young child[M]. New York：Macmillan, 1979.

▲ 中、美、日三国幼童所画的蝌蚪人

动物、植物

在幼童绘画处于蝌蚪人阶段时,要区别"植物""动物"和"人"是困难的,他们画的一些画,既可以被称为"植物"或"动物",也可以被称为"人",因为他们自发创造的表征符号系统是由曼陀罗、小太阳这些图形衍生而来的,"人"与"植物""动物"等都是同样来源的。换言之,"人"并不一定是真正意义上的人,"植物""动物"也并不一定是真正意义上的植物、动物,在这个阶段,蝌蚪人或太阳人还没有清晰地分化为人、植物或动物。[①]

▲"人"与"植物"之间无明显差别　　▲"人"与"动物"之间也无明显差别

凯洛格认为,只有当幼童能将水平位置的图形中的"手"和"脚"的位置加以调整时,他们才能将"动物"与"人"的图形作明确的区分。蝌蚪人与动物之间只有"一步之遥"。

对四五岁的幼童而言,已经有可能完成这一调整过程了,他们或许是自发

---

① Kellogg R. Analyzing children's art[M]. Geogia:Mayfield Publishing,1970.

▲ 人与动物有了区分（模拟）

▲ 蝌蚪人与动物之间只有"一步之遥"①

生成的，或许是从书本、动画片中认识并认同了动物的形状，以及动物与人的差别，并在自己的绘画中加以改进，使自己所画的人与动物有所区分：正面画人，侧面画动物。尽管人也有侧面，动物也有正面，但是这个阶段的幼童所画的不是他们所看到的，而是他们所认识到的。

▲ 4岁幼童画的动物　　　　　　　▲ 5岁幼童画的动物

---

① Goodnow J. Children drawing[M]. Cambridge：Harvard University Press，1977.

幼童运用其他媒介表征的人和动物，与绘画具有同样的特征：正面表现人，侧面表现动物。

▲ 画的动物　　　　▲ 捏的动物　　　　▲ 做的动物

从蝌蚪人或太阳人演化成为植物是比较简单的事情，甚至让人感到发生在不知不觉之中。如果说，幼童所表现的蝌蚪人与植物有什么明显的差别的话，那就主要体现为植物的根部有了明确的界限，或在树冠部分出现了"果子"。[1]

▲ 幼童画的植物与蝌蚪人出现了分化

---

[1] Kellogg R. Analyzing children's art[M]. Geogia：Mayfield Publishing，1970.

共同的"表征符号"

在语言尚未成为幼童最重要的交际工具以前，他们也常采用一些有别于语言的表征方式，诸如绘画、纸工、泥塑、积木等。

如果去除人为的干预（特别是教育的干预），全世界各国幼童的非语言表征符号有惊人的相似之处，而且这些表征符号的发展是有同样的规律的，很难从幼童的非语言表征中区分出他们的国籍和所处的文化。

凯洛格认为，世界各国幼童的画都具有共同的倾向，例如，一位韩国的幼童和一位美国的幼童所画的房子都以一个方形作为墙，另一个方形作为窗，还有一个长方形作为烟囱，炊烟是以弯弯曲曲的线条表示的，这种样式的房屋与其所调查的30个不同国家的30个幼童所画的房屋是相似的。

如若运用格塞尔的儿童发展成熟理论解释这个现象，不难分析和归纳出这样的结论：幼童的非语言表征在早期没有太多受特定文化的影响，而是其内在遗传基因的自然绽开和表现的过程。这就好比格塞尔所指出的，人的粗大动作（如姿态的反应、头的平衡、坐立、爬走等）以及精细动作（如手指抓握等）的发展和成熟都是由人的基因决定的，在普通人的发生、发展之间只存在很小的差异。

正如美国哈佛大学学者加德纳所说："2岁的孩子抓起一支粉笔在其遇到的任何东西的表面上起劲地涂抹着。3岁的孩子则画出大量不同的几何形状，其中包括谜一般的曼陀罗——把一个十字形置于圆圈式方块之中。4—5岁的孩子则在再现对象方面进行不停的创造与再创造……这些画生机勃勃，表现力强，体现出对形式的牢牢控制和突出的美。实际上，我们可以毫不夸张地说，儿童绘画经历了他们自身的一个完整的生命循环，仿佛刚刚脱离了襁褓的幼儿自身，又开始创造起自己的后代一样,这是一个完全不同的世界。这个世界里存在着标记、形式、对象、场景及幼稚的艺术作品。谁也没有去教这些孩子如何去做——但同样令人惊讶的是,每一个正常按其自己的速度发展起来的幼儿似乎都要经历这样的过程。"①

凯洛格曾分析了来自许多国家的幼童的一百多万幅画,发现了幼童运用其自发生成的符号系统进行绘画的表达、表现方式以及发生、发展规律:涂鸦—样式配置—图形的产生—图形的结合和集合—曼陀罗和小太阳的产生—画蝌蚪人—画人。②

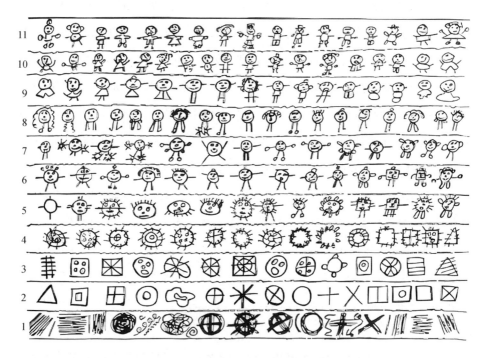

▲ 从涂鸦到画人的自然发展过程

从上图的底部到顶部(1—11),可以看出以下规律:

第一,这些绘画符号分别发生在幼童一岁半到四五岁之间;

---

① [美] H·加登纳. 艺术涂抹——论儿童绘画的意义[M]. 兰金仁, 高金利, 译. 北京: 中国商业出版社, 1994.
② Kellogg R. Analyzing children's art[M]. Geogia: Mayfield Publishing, 1970.

第二,世界各国的幼童,在同样的年龄,运用的这些绘画符号趋同;

第三,这些绘画符号是自然生成和发展的,而不是外界环境影响的结果;

第四,幼童绘画表征符号的发生、发展过程可以解释为格塞尔所谓的人的基因自然生成和表达过程。

幼童绘画表征符号的发生、发展过程与纸工、泥塑、积木等表征方式有"异曲同工"之妙,所不同的只是使用了不同的媒介。①

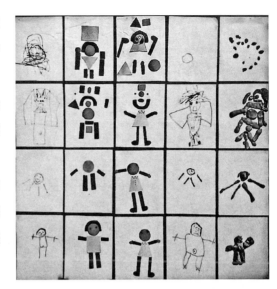

▲ 绘画、纸工、泥塑、积木等表征方式相似

研究儿童心理和美术教育的学者,常将儿童美术的发展归为若干个阶段,并赋予自己的意义。

本书则依据格塞尔的成熟理论,参照凯洛格等人的研究,将幼童绘画、泥塑、积木等表征符号的自然发生和发展过程归纳、总结如下图。

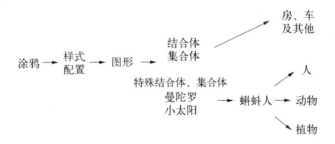

▲ 幼童绘画等表征符号的自然发生和发展过程

---

① Brittain W L. Creativity, art and the young child[M]. New York: Macmillan, 1979.

避免图形的重叠

虽然幼童在 6 个月以后就有了深度知觉,在 4 岁时就开始能辨别物体的前后了,但是让他们画两个有前后、远近关系的物体时,他们依然无法用成人的方式加以表达。在绘画时,幼童总是在一个空间内画一个所想要表现物体的图形,避免两个或两个以上的图形之间发生相互遮盖或重叠。随着年龄的增长,幼童才会自然地运用图形间的相互遮盖来表示物体间的远近、前后关系。

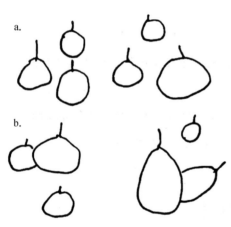

▲ a. 幼童画的苹果,是单个呈现的苹果。（模拟） b. 一般而言,学龄儿童才会以重叠方式绘画。（模拟）

例如,幼童画一堆苹果,会把每个苹果都分开画,苹果与苹果之间不会相互重叠或遮盖。对于幼童来说,要画相互重叠或遮盖的苹果,在绘画技能上并没有难处,但是,他们就是不采用这样的表现手法。直到幼童能画相互重叠或遮盖的图形,以此表现深度概念时,才说明他们的绘画表现能力有了提高,这种情况一般到学龄期会出现。

古德诺等人曾做过这样一个实验:给幼童一些图画,画上有一节火车车厢,车厢下已画有两个大车轮,它们差不多占据了可以画车轮的全部空间。若要求幼童在画上添画出另外两个大车轮,在成人能够接受的画法中,新添的两个车轮应该与两个已有的车轮有同样的大小和形状,而且还应该是画在车厢的底下,不可超出车厢的长度。为了这样的表现方式,车轮可以用重叠或遮盖的方式,以两个非整圆的形式画出。然而,幼童通常不是这样画的,为了避免图形的重叠或遮盖，他们要么改变新添车轮的大小或形状，要么打破原来要求的限制，给车厢添画上额外的部分，只有很少的幼儿会用重叠的方式画车轮。①

▲ 幼童通过改变新添车轮的形状（a）或大小（b），或者通过给车厢增加额外的部分（c、d）等方法解决问题

▲ 只有少数小年龄幼童用重叠的方式画车轮

古德诺等人做的另一个实验，也同样证实了幼童绘画的这种特征和表现方式。给幼童一些图画，画上有一个"披了长发的蝌蚪人"，让幼童在这个蝌蚪人

▲ 大部分幼童都避免手臂和头发的相互交叉　▲ 只有很少部分幼童会使手臂和头发相互交叉

---

① Goodnow J. Children drawing[M]. Cambridge：Harvard University Press，1977.

身上画上"手臂"。幼童在画人时，人体的头、腿、手臂、头发等部位都占据了独立的空间，一般不相互重叠或遮盖，表现这些部位的线条不发生相互的交叉。在解决这个实验任务时，大部分幼童不是从蝌蚪人的"头部"引出两条向下的斜线以避开"头发"，就是从两条竖直的线条上画出线条以表示"手臂"，只有很少的幼童才会使添加的"手臂"与给予的蝌蚪人的"头发"发生交叉和重叠。

图形之间的相互遮盖或重叠是绘画中经常运用的一种方法。在画面中，虽然被遮盖或重叠的图形部分或全部地看不见了，但是它们并不显得残缺不齐，反而依然保持了原图形的完整性。以上述画火车车厢的车轮为例，在原来的圆的边上画上两个不完整的圆，即使这两个圆的大部分被遮盖了，给人的视觉感受仍然是两个整圆，而且让人感受到了有反映远近关系的深度知觉。对于幼童来说，运用这种表现手法还有赖于他们认知水平的提高。

▲ 运用遮盖或重叠的方法能表现远近关系（模拟）

动态的表现

幼童在绘画时表现人的行走和跑步的动态，有一个缓慢的发展过程。

由蝌蚪人"脱胎"而来的幼童所画的人，即使表现的是行走或者跑步，也是正面直立的。有一些五六岁的幼童，开始能用动态的方式表现人行走和跑步的动作了，但是，这种表现的手法仍然十分简单，只是将正面直立的人物的下肢的位置画得分开一些而已，下肢分得越开，表示人的行走或者跑步的速度越快。①

▲ 正面直立的人行走或跑步的动态　　▲ 侧面人的行走或跑步的动态

通过对大量的儿童绘画进行分析，可发现很少有幼童画侧身的人，虽然他们已经能用侧面的方式画动物了。用侧面的方式画人的动态活动，是一种较为高级的表现方式，常常到了学龄期，才能常在儿童画中见到侧身的人。与画人物正面的行走和奔跑相似，儿童一开始只是将下肢画得分开一些，以表示行走或跑步的动态，下肢分得越开，表示行走或跑步的速度越快。

---

① Goodnow J. Children drawing[M]. Cambridge：Harvard University Press，1977.

之后，除了改变所画人物的下肢位置以外，儿童也采用改变人物手臂的位置的方式表示人的行走和跑步的动作，然而与下肢的位置变化相比，上肢的位置变化显得并不很重要，一般只是起"辅助"作用。衣服和头发的随风飘动以及表示运动的线条（这些线条在实际中并不存在，它只是人们用以表示动态时常用的图形象征符号）等，也是常被年龄稍大的儿童所运用的表现人物行走或者跑步的一种方式。但是，在大多数儿童的绘画作品中，尽管所画的四肢、头发、衣服等的位置发生了这样那样的变化，人物躯干的主轴线却始终保持不变，就是说，它是始终垂直于地面的。①

▲除了腿的位置变化以外，儿童也采用改变手臂位置的方式表示行走和跑步的动作

▲衣服和头发的随风飘动（a），代表运动的线条或其他图形（b），也常被年龄较大的儿童用以表示运动

---

① Goodnow J. Children drawing[M]. Cambridge: Harvard University Press，1977.

表现人物的行走或者跑步动态的一种更为高级的方式是人物的主轴线的变化。人的主轴线不再僵直地垂直于地面，而是发生了倾斜，但是，躯干的各个部位仍然是同轴的。儿童用这种表现方式表现人物行走或者跑步的动态，一般只有在八九岁以后的儿童所画的画中才能见到。①

▲ 人与地面的角度变化是表示运动动作的更高级的方式

儿童在表现"一个人弯腰去捡地上的皮球"的动态中，不同年龄的儿童也有不同的表现方式，将这些表现方式连成一体，能在一定程度上反映出儿童动态表现方式的自然发展过程。

幼童画一个人捡皮球的动作，往往只是将其所画的人和皮球尽可能地相互接近，在这种情况下，人是站立着的，皮球还是只在地上。有些幼童则用另一种方式表现这一动作，那就是将皮球画在人的手中。还有些儿童采用的表现手法是增加所画的人物的手臂长度，使之能捡取地上的皮球。这三种表现方式有一个共同的特点，那就是幼童所画人物的主轴线是垂直于地面的。②

▲ 儿童只是将所画的人和皮球尽可能地相互接近

▲ 将皮球画在人的手中

---

① Goodnow J. Children drawing[M]. Cambridge：Harvard University Press，1977.
② Goodnow J. Children drawing[M]. Cambridge：Harvard University Press，1977.

▲ 增加了人的手臂长度，使之直接捡取地上的皮球

▲ 人相对地面发生倾斜

随着儿童的发展和成熟，儿童所画的人的主轴线发生了变化，开始时主轴线是与地面有一个倾斜的角度的，之后，主轴线可能呈倒"V"字或者倒"U"字，但是，在真正意义上能表现人捡皮球的动态，其主轴线常是不规则的，是依据所表现的动作而确定的。但儿童在画一个人在地上捡皮球的动作时，不管人的主轴线发生了何种变化，都较主轴线垂直于地面的表现方式更高级。①

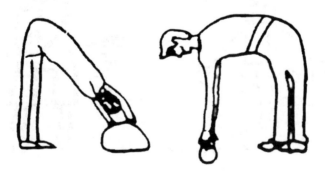

▲ 人物的主轴线呈倒"V"形或倒"U"形

---

① Goodnow J. Children drawing[M]. Cambridge：Harvard University Press，1977.

▲ 颈、胸、腰、膝盖等部位根据需要发生了弯曲

多视点构图

在二维的平面上,利用线和面趋向会合的视错觉原理绘制三维物体的表现方法,是需要儿童到一定的年龄经由透视画的训练后才能达成的。6岁以前的幼童远没有达到这个水平。

与幼童相似,原始人类绘画的原始性也无法使他们的绘画达到透视画的表现力。在我国内蒙古的阴山岩画中,有一幅《动物驾车》的画作,表达了绘画的古人从多个视角去构图,以表现他们心中的形象。类似样式的画作在我国云南的沧源岩画中也能找到。

▲ 阴山岩画《动物驾车》

▲ 沧源岩画《五人舞蹈图》

一般来说,一幅画是由绘画者从某一特殊的立场或某一特定的视点所描绘的事物的等同物,尽管画并没有完全地反映事物的本来面目,只是表现了从某一立场或视点出发的该事物的视觉特征,但是人们习惯接受这样的图画。有时候人们看到有的人从正面画人的眼睛,又从侧面画人的其余部分,特别是看到毕加索结合了几个视点的所见来画一个人的脸,会觉得十分奇特和不可理解。

在一幅画中，以多于一个立场或视点构图是幼童在掌握透视法以前常用的方法。幼童画一群小伙伴围成一个圆圈跳集体舞，他们不会用透视法表现位于不同方位的幼童，而又要让每个跳舞的人都以等距离站立，并与其所在的地面相垂直。于是，他们会用圆形去再现人所围成的圆圈，以对称去再现对称。整幅画就像是从高处往下看一样，每个人都好像趴在地上。

用这种方式构图，在幼童的画中不胜枚举。幼童画骑马人，马和人的身体常常都是俯视的，而马的腿却是分别从马的两侧侧视的；幼童画一辆马车，车和人是从鸟瞰的角度画的，车的一个轮子和马是从一个侧面画的，而车的另一个轮子是从另一个侧面画的；[①] 一个8岁的儿童画了一幅家庭春宴图，家庭成员围着八仙桌用餐，方桌是从俯视的角度画的，八个人从四个不同的视点画（人垂直于桌子的边缘），画灯笼的视点与画人的视点相一致……

▲ 多视点画人跳舞图

▲ 人和马身是俯视的，马的腿是侧视的

[①] 朱家雄. 儿童绘画心理与绘画指导[M]. 上海：上海教育出版社，1991.

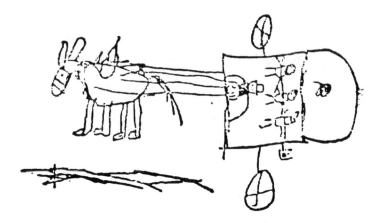

▲ 车和人是俯视的，车轮和马却是侧视的

▲ 家庭春宴图（王龙华，8岁）

将幼童所画的图，与古时人们所画的图作比较，可以发现幼童多视点绘画与古人留下的画如出一辙。所不同的是，在他们之间存在个体发展与种系发展的差别；相同的是，两者都基于思维的原始性，都还没有发展到能用透视画法表现三维立体事物的程度。

透视画

在儿童画中，能显示出三维空间的构图是在比较晚的阶段才出现的。儿童一旦能够按照透视规律进行构图，就能使在平面的画纸上所描绘的物体具有立体感，画面也就显得更为丰富。

幼童的认知只能使他们把三维的立方体画成二维的正方形。随着他们的发展和成熟，他们逐渐地改变自己原来的画，即在正方形的旁边附加一个或两个规则的长方形作为立方体的侧面；之后，又通过改变，才使所画的图形逐渐符合透视规律，成为能理想地表现三维立方体的图形。

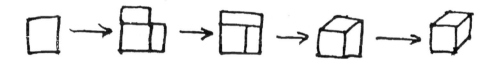

▲ 儿童画立方体的发展过程（模拟）

儿童画立方体的发展过程同样在他们画其他事物中可以看到。例如，幼童画房屋，房屋是平面的，年长的儿童则会用透视法画出三维的房屋，而在会画三维的房屋以前，幼童常用多视点的构图方式画房屋，用以表现房屋的立体形象。[1]

陈鹤琴先生的长子陈一鸣先生4岁11个月时画的房子，呈现的是用多视点构图方式画的房屋。

有人让5—14岁的儿童坐在一张桌子前，桌子上放着一些东西，让这些儿

---

[1] Goodnow J. Children drawing[M]. Cambridge：Harvard University Press，1977.

▲ 在运用透视法画房屋以前，幼童常用多视点的构图方式画房屋

▲ 陈一鸣先生 4 岁 11 个月时画的房子（本图片为陈一鸣先生生前提供）

童画下他们所见到的这一切。六个不同年龄阶段的儿童运用了六种不同的构图方式去再现这个场面，将这些不同的构想连贯起来，可以显示出儿童掌握透视规律的发展顺序和规律：

5—6 岁的幼童，把桌面画成一个长方形，桌面朝外，桌上的东西都飘浮在空中。7—8 岁的幼童把桌面画成近似一条线，桌上的东西都画在这条直线之上，没有一点立体的感觉。大约从 9 岁起，儿童开始尝试画立体画，他们把桌面画成一个长方形，桌面的前后关系用纸面的上下关系来表现。大约从 14 岁开始，儿童把桌面画成一个平行四边形，后来又逐渐地学会了使用透视的方法完整表现。运用透视法进行构图，这并不是幼童能自发学会的，有的人即使到了成人期，也还依然不能运用透视法绘画。①

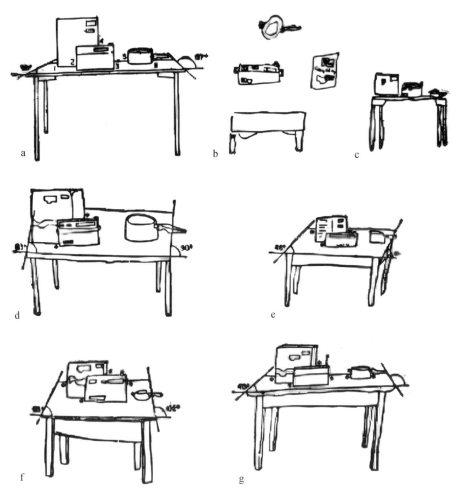

▲ a. 用正确的透视法画的桌子。b. 5—6岁幼童画的桌子。c. 7—8岁儿童画的桌子。d. 9岁以后，儿童尝试画立体画，把桌面画成长方形。e、f、g. 大约从14岁开始，儿童越来越准确地采用透视画法画桌子

达·芬奇曾经说过："透视学是绘画的缰辔和舵轮。"幼童绘画水平的发展达到一定的阶段，就应该让他们通过学习去掌握这个缰辔和舵轮，运用透视法绘画必须通过专业的教学过程。

---

① Golomb C. The child's creation of a pictorial world[M]. Hove: Psychology Press, 1992.

| 理论简介 |

皮亚杰

皮亚杰是瑞士哲学家，一生研究认知的发生与发展，提出了儿童认知发展的阶段理论和知识建构理论。

皮亚杰的主要观点：

第一，儿童认知发展有四个前后相继而又有质的差异的基本阶段。

（1）感知运动阶段（出生至两岁），主要特点是：儿童只是依靠感知动作适应外部世界，使主体和客体发生分化并形成因果联系。

（2）前运算阶段（两至七岁），主要特点是：由于象征功能的出现，儿童能凭借象征性格式在头脑里进行表象性思维。

其中，两至四岁为前概念或象征思维阶段，思维依赖象征符号的创造和语言符号的发现两个条件而进行。

四至七岁为直觉思维阶段，思维缺乏守恒性、不可逆性，有泛灵论、实在论和现象论倾向，已开始能反映事物整体的复杂结构，但思维仍然是具体的，在一定范围内虽已有逻辑性，但还不是概念，不够抽象。

（3）具体运算阶段（七八岁至十一二岁），主要特点是：思维具有较大的不稳定性，出现了可逆性，能对具体事物进行群集运算，但仍脱离不了具体事物或形象的支持。

（4）形式运算阶段（十一二岁以后），具有抽象的逻辑思维。

第二，智慧的本质是一种适应，是同化和顺应之间的一种特殊的平衡。主体通过对刺激输入的过滤或改变，将其纳入原有图式之内的过程称为同化；而调节自身内部结构，建立新的图式，或者调节原有图式，以适应环境的过程称为顺应。同化与顺应之间的不平衡状态会激活平衡化的过程，这就是认知发展的过程。

第三，知识是儿童主动建构的。

任何知识都发源于动作，动作是联系主客体的桥梁，动作发展了，主客体各自的联系就得到了发展，它们分别演化成为关于客体的物理知识结构和关于主体的逻辑数理结构。

物理知识是物理经验通过经验抽象的机制而形成的，是由主体动作所产生的有关客体位置、运动和性质的经验，它是从主体个别动作中所获得的，是关于客体本身的经验，即主体对客体固有特性的反映。逻辑数理知识则是由逻辑数理经验通过反省抽象的机制而形成的，它涉及一系列动作，主体会对这些动作之间的关系进行协调，而逻辑数理经验的主要特征就是主体对自身动作协调的反省。

新知识的产生需要以某种抽象为前提，由经验抽象而形成的物理知识是一种外源性的知识，它涉及的是关于客体的特征。反省抽象涉及的是物体之间关系的建构，这种关系在客观世界中并不存在，而仅存在于能创造这些关系的主体的头脑之中，是一种内源性的知识。

斜　坡

几个幼童在桌子上玩球从一个斜坡上滚下的游戏，他们乐此不疲地一次又一次地重复自己的动作。他们究竟在干什么？[①]

▲ 几个幼童让球从斜坡上滚下来

美国建构主义教育家凯米和德弗里斯根据皮亚杰的建构主义理论，认为这些幼童正在主动地获取两种不同的经验——物理经验和逻辑数理经验，伴随着成熟与发展，幼童会在经验基础上经由抽象，分别建构物理知识和逻辑数理知识。

在皮亚杰看来，所谓物理经验，就是由主体个别动作所产生的有关客体位

[①] Kamii C，DeVries R. Physical knowledge in preschool education[M]. Upper Saddle River：Prentice-Hall，1978.

置、运动和性质的经验。物理经验有两个基本特征：第一，它是从主体的个别动作中所获得的。所谓的个别动作，并不是指一次性的动作，只是不涉及动作之间的协调关系。第二，它是关于客体本身的经验，是客体固有特性的反映。

就幼童将球从斜坡上滚下的活动而言，幼童可能获得物理经验，指的是尽管他们做了许多次动作，但是如果没有将两次或两次以上的动作放在关系中去协调，他们所获得的只是关于球能从斜坡上滚下和斜坡能让球滚

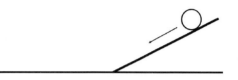
▲ 球从斜坡上滚下，幼童会获取物理经验

下这一类关于球与斜坡本身物理性质、运动、位置的经验。这种经验具有客观性。

在皮亚杰看来，所谓逻辑数理经验，其所涉及的不只是主体的个别的动作，而是一系列的动作。由于有了一系列动作的参与，主体才会对这些动作之间的关系进行协调，而逻辑数理经验的主要特征就是主体对自身动作协调的反省，这种反省可以是无意识的，如在感知运动水平上的反省；也可以是有意识的，如在运算水平上的反省。

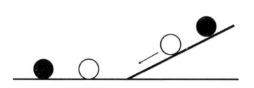
▲ 从不同高度让球从斜坡上滚下，幼童会获取逻辑数理经验

就幼童让球从斜坡上滚下的活动而言，一旦幼童将两次或两次以上的动作放在关系中去协调，就会获取逻辑数理经验。例如，如果斜坡的角度不变，幼童发现同样的球，放的位置越高，就滚得越远，放的位置越低，就滚得越近。高与远、低与近之间的关系不是客观存在的，而是幼童通过动作，在自己头脑中主动建构的。

又如，如果球与球放置在斜坡上的相对位置（球与原点的距离）不变，而改变斜坡的角度，幼童会发现有时斜坡的角度越小，球就滚得越近（在斜坡角度小于 45 度时），有时斜坡的角度越大，球就滚得越近（在斜坡角度大于 45 度

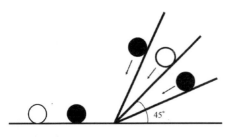

▲ 让球从不同角度的斜坡上滚下，幼童会获取逻辑数理经验

时）。（角度）大与远、（角度）小与近之间的关系（正向思维）以及（角度）大与近、（角度）小与远之间的关系（逆向思维）不是客观存在的，而是幼童通过一系列动作的协调，在自己头脑中建构的。

如若让幼童将球从桌面上的斜坡上滚下，让放在桌子底下的小桶接住球，这对幼童而言是个挑战，一次又一次的试误能使幼童尝试解决认知冲突问题，即不断协调斜坡的角度、球放置的高度、球本身的性质、小桶的放置距离等各种关系。

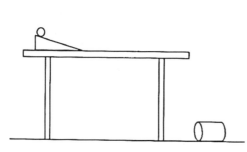

▲ 让桌下的小桶接住从斜坡上滚下的球　　▲ 让桌下的小桶接住从斜坡上滚下的球

如若将两个球从两个斜坡上滚下，并让它们发生碰撞，这对幼童而言是个更大的挑战，涉及的关系更多，包括：两个斜坡各自的角度和质地（涉及摩擦系数不同）、两个斜坡之间的角度、两个球各自的性质、两个球各自放置的高度、让球滚下的时间差（同时滚下还是有时间相隔）等。[1]

---

[1] Kamii C, DeVries R. Physical knowledge in preschool education[M]. Upper Saddle River: Prentice-Hall, 1978.

▲ 让两个球从两个斜坡上滚下并发生碰撞

平衡架

在活动区放置的一些平衡架，引发了龙龙的兴趣。

平衡架很简单，一块直径 25 厘米左右的圆形薄木板，中央穿有一根细的绳子，用绳子将木板圆盘悬在一个支架上，就成了一个平衡架。支架的一边有个盒子，里面盛放着许多不同颜色的木制圆柱体，它们底面的直径相同，长短有两种，长的圆柱体比短的长一倍。

开始玩平衡架时，龙龙一次又一次无规则地将长短不同的圆柱体放在圆盘上，圆盘一次又一次地翻掉了。

他尝试了多次，发现了一个能使圆盘不翻的办法：用两只手将两个相同长度的圆柱体同时摆放在平衡架悬挂线的两侧，这样圆盘就不会翻掉。

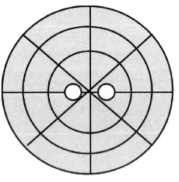

▲ 双手将两个相同的圆柱体同时摆放两侧，圆盘不会翻掉

龙龙还尝试着用其他的方法在圆盘上摆放着圆柱体。他又发现如若他将一些短的圆柱体小心地摆放在靠近绳子周围处，哪怕放了好几个，圆盘还是不会翻掉。

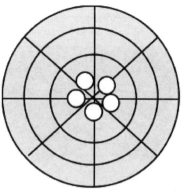

▲ 将圆柱体摆放在靠近绳子处，圆盘不会翻掉

龙龙继续在圆盘上添加圆柱体，他尝试着放更多的圆柱体在圆盘上。他运用了已使用过的办法，每次都用双手将两个同样长度的圆柱体一起放到圆盘上，而且是对称着放的。他特别注意到了必须是同样长度的圆柱体，而不是同样颜色的圆柱体。

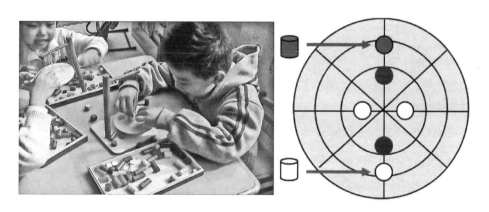

▲ 将两个相同长度的圆柱体一起对称地放到圆盘上，圆盘不会翻掉

龙龙从同伴那里借来了另一个圆盘，这个圆盘的绳子比他自己的圆盘上的绳子长很多。他在绳子长的那个圆盘上也摆放着圆柱体，一次又一次地尝试，他发现了那个圆盘晃动得很厉害，稍不小心就会翻掉。

圆盘上摆满了圆柱体，已经没有多余的空间可以让龙龙继续摆放了，但是

▲ 绳子越长，圆盘越容易翻掉

他还要继续放。一次又一次地尝试后，他发现将圆柱体放在其他圆柱体之上是个好办法，只要它离绳子近，哪怕是长的圆柱体都没有问题。

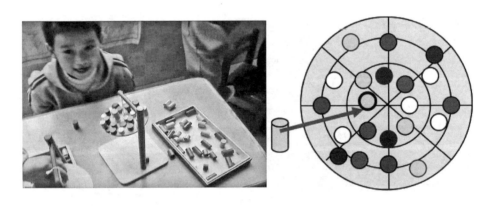

▲ 圆盘满了，将圆柱体放在原来近圆盘中心的圆柱体上，圆盘不会翻掉

（由上海儿童世界基金会普陀幼儿园供稿）

作者的话

从皮亚杰建构主义的视角来看，在这个案例中，幼童（主体）在与物体（客体）互动的动作中有可能获取一些物理经验（圆盘、绳子、平衡架、圆柱体等的性质与运动规律）和逻辑数理经验（各种关系的经验），建构物理知识和逻辑数理知识。

具体来说，除了已经具有或者可能获得一些物理经验外，龙龙至少已经具有或者可能获得以下一些逻辑数理经验：

（1）在圆盘上对称地同时放两个同样重量的圆柱体，圆盘就不容易翻掉。

（2）放在圆盘上的圆柱体离圆盘中心越近，圆盘就越不容易翻掉。

（3）悬挂圆盘的绳子越长，圆盘越容易翻掉。

（4）同样形状的圆柱体的重量只与长度有关（圆柱体底面的直径相同），与颜色无关。

……

从这个案例中还可以看到，"试误"能使幼童产生认知冲突，有益于物理经验和逻辑数理经验的获得，以及物理知识和逻辑数理知识的建构。

床下取鞋

一天下午,烨烨午睡醒后,要去穿鞋,发现自己的鞋子在床底下,就想把鞋取出来。

一台摄像机自然地将烨烨从床下取鞋的过程拍摄了下来:

观察与纪录(选择想看到的)

烨烨趴在地上,尝试着用手去取鞋。但是他的手碰不到鞋子。

解读、赋予意义

烨烨的年龄还不到三岁,每天起床后,他都自己穿鞋。

他取不到鞋,因为手太短。

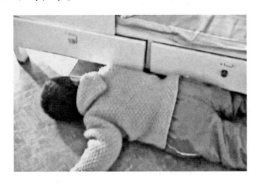

▲ 烨烨用手尝试取鞋

观察与纪录(选择想看到的)

于是,他将自己的身体紧紧地贴着床的挡板,这样做无非是想让自己的手臂伸得更长,从而能使手触摸到更远的地方。但是他的手还是没能碰到鞋子。

解读、赋予意义

烨烨在用手去取鞋时,身体使劲地靠紧着床的挡板,他已有的经验可能是:"身子越靠紧床的挡板,手就越长(逻辑数理经验)。"

▲ 烨烨将身体紧贴挡板

观察与纪录（选择想看到的）

烨烨似乎意识到靠手臂是不能取到鞋子的。他站起了身，开始寻找能帮助他取到鞋的工具。他在床下面的抽屉里找到了一根长长的绳子。

解读、赋予意义

烨烨用手取不到鞋，就找来了一根长长的绳子，他可能会想，绳子比手长，它一定能碰到鞋子，可以用它去取鞋。他已有的经验是："手太短，绳子比手长，所以可以用绳子去试着取出鞋子（逻辑数理经验）。"

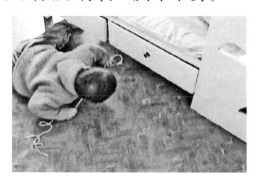

▲ 烨烨将绳子作为取鞋的工具

观察与纪录（选择想看到的）

但是，绳子虽然有长度，却没有硬度，绳子也没有碰到鞋子，利用绳子取鞋的办法失败了。

这时，烨烨坐了起来，他开始尝试用腿去取鞋了。他将一条腿伸到床底下，尝试着用腿去取床下的鞋，他的腿如同钟摆一样在鞋子的周围晃动。

解读、赋予意义

导致他这样做的理由可能是他已经有了"腿比手长""腿比绳子硬"的经验（逻辑数理经验）。

▲烨烨尝试用一条腿取鞋

观察与纪录（选择想看到的）

这一次，他的脚碰到了鞋，但是，他仍然无法取出鞋。

他开始把两条腿一起伸到了床底下，不仅如此，他还用两只手紧紧地勾住床的挡板，这样做能使身体更多地进入床的底下，从而使两条腿更接近鞋。

解读、赋予意义

烨烨用手钩住挡板，使劲地将身体往床底下塞，他已有的经验是："身体越往床底下塞，腿就伸得越远（逻辑数理经验）。"

▲烨烨尝试用两条腿取鞋

观察与纪录（选择想看到的）

这一招起作用了，他的两只脚夹住一只鞋子，双腿按顺时针方向移动，将鞋慢慢地移出了床底。

解读、赋予意义

烨烨成功地取出了鞋子。

之后，烨烨用同样的方法取出了另一只鞋。

▲ 烨烨成功取出了鞋

（由上海儿童世界基金会普陀幼儿园供稿）

作者的话

在床下取鞋这个案例中，可以看到的是幼童（主体）在与物体（客体）的互动中可能会获取两种经验，那就是皮亚杰所谓的物理经验（关于手、腿、绳子等的性质和运动的经验）和逻辑数理经验（绳子比手长，比腿短；绳子比腿软；身体越靠近床的挡板，手就越容易碰到鞋；身体越往床底下塞，腿就会伸得越远），并在此基础上，伴随着成熟，主动建构两种知识——物理知识和逻辑数理知识。

在这个案例中，还可以看到失败能使幼童产生认知冲突，这对于幼童获取经验，并在此基础上经由抽象而形成概念是不可或缺的。因此，"试误"过程对于幼童的认知发展是有意义的。

数字"8"从哪里来

幼童头脑中,数字"8"的概念是从哪里来的?是成人教会的,还是自己发明的?

在传统的数学教学中,让幼童学习"8"的数概念,常会向幼童先呈现画有8条鱼的图片,或给8个硬币,或摆出8根小木棒,让他们从实物入手,从8条鱼、8个硬币,或8根小木棒抽象出"8"的数概念,并学会口语、书面语言的"8"。从具体到抽象,似乎是人们的基本认识。

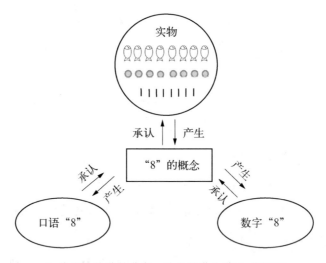

▲ 传统的数学教学中,幼童数学的学习"流程"

美国建构主义教育家凯米根据皮亚杰的建构主义理论分析,不认同这样的看法。她认为,幼童重新发明了算术,而幼童真实的生活情景是幼童重新发明算术的背景。她认为,一个数字不只是一个名称,而是表示一种关系。这种关系不存在于实际的物体之中,而是抽象的,是在物体之上的精神建筑。幼童头脑中的数概念不是来自书本或者成人的解释，而是来自当幼童对其生活的现实进行的逻辑数理化思维，是在逻辑数理经验的基础上通过反省抽象而主动建构的。

凯米等人认为，一旦幼童在其头脑中已经建构了"8"这一数概念，他即使在没有接受任何教学的情况下也能认出图片中的8条鱼，或数对桌面上摆放着的8个硬币，或点清手中的8根小木棒，因此，在教材中常见的图片或辅助材料对幼童数概念的建构和数的学习并不是必需的。①

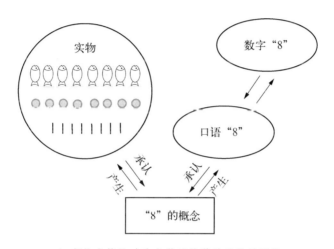

▲ 实物或符号对幼童学习数学并不是必需的

幼童在头脑中先有数概念，然后才会去点数实物或符号，同时认同口语和书面语言中的数字。那么，幼童头脑中的数概念是从哪里来的呢？根据凯米的说法，是幼童在生活情景和游戏中自己建构的。在游戏的背景中，幼童有内在动机经常地进行练习和巩固，使正确的数概念在头脑中得以加强，使不正确的数概念在试误过程中得以自我矫正。

例如，一个妈妈常带着幼童外出购买东西，幼童从超市的柜台上取出7个苹果放在篮子里，妈妈又放了一个，对幼童说："买8个苹果吧。"这是日常生活中的数刺激。

---

① Kamii C. Young children reinvent arithmetic[M]. New York：Teachers College Press，1985.

又如，在家吃饭前让幼童学放筷子和勺子，每天根据家里吃饭的人数摆放，并及时纠正，这也是日常生活中的数刺激。

……

对于数概念的获得，皮亚杰说过："假定儿童只是从教学中获得数的观念和其他数学概念，那是一种极大的误解。相反，在相当程度上儿童是自己独立地、自发地发展这些观念和概念的……。"①

他假设："数的构造与逻辑的发展是携手并进的，数概念形成之前的时期与前逻辑水平相对应，……因此逻辑的运算和算术的运算构成了单一的系统……"②

---

① Piaget J. The child's conception of number[M]. New York：Norton, 1965.
② Piaget J. How children develop mathematic concepts[J]. Scientific American, 1953（11）：4.

图形独自的界线

幼童不理解同一条线不仅可以用于表示一个事物的某一部分，还可以用于表示另一个事物的某一部分，也就是说，他们不理解两个事物之间的界线可以共用同一条线来表现，或许他们认为每个图形都应该有其独自的界线。这就是皮亚杰和罗恩菲尔德所谓的幼童"画其所知而非所见"。

美国皮亚杰主义学者福门等人在描述幼童的认知特征及其绘画表现时曾举过这样一个例子：让幼童去画一个被平均切成6块的意大利馅饼，他们往往画一个整圆表示整个馅饼，而用12条切割线把饼分成6块。幼童认为，在用刀切割了馅饼以后，每块馅饼都有自己的"界线"，他们不能理解一条线已经被用以表示了这块被分割的馅饼，还可以同时被用以表示相邻的那块被分割的馅饼。

▲ a. 幼童用12条切割线表示6块被分割的馅饼。b. 他们不明白一根线条既可以是这块馅饼的边，同时又可以是相邻的那块馅饼的边

同样的道理，如果让幼童画一面砖墙或者一堆书，幼童会为每一块砖或者每一本书都画上各自的界线。即在绘画时，幼童经常会在两个相连的图形之间添画上在成人看来是多余的线条。

▲ a. 幼童画的砖墙和书。b. 成人画的砖墙和书（模拟）

▲ 帽子飘浮在空中

幼童在纸上画的物体常是有自己独立界线的，似乎是一个个单独存在的。如是这样，就不难理解为什么幼童画一个人戴一顶帽子，这顶帽子与人的头部没有接触，而是飘浮在空中的。

全世界的很多幼童都十分醉心于用蜡笔在纸上画天空中的彩虹。幼童常会把每个不同的颜色分开来，这是因为他们想要保证每条彩虹都要有自己的界线。随着年龄的增长和认知的发展，他们才会以一种颜色紧挨着另一种颜色的方式画彩虹，这时，两种不同颜色的交界处就成了两条彩虹共同的界线。

水平—垂直参照系统

以局部的垂直关系替代整体的水平—垂直参照系统，这是幼童在没有建立起水平—垂直参照系统前经常采用的方式。幼童的思维受知觉的限制，只能知觉到事物的某一个方面，而不能知觉到事物的所有方面，故在解决问题的时候，靠物体的各个部分构成整体形象。这一特征常会在他们的美术活动中表现出来。换言之，幼童在绘画时还不能运用水平—垂直关系作为稳定的参照构架，而是以局部的垂直关系替代整个画面的水平—垂直关系。

例如，幼童画道路两侧的房屋，他们常只以局部道路作为参照点，而不是以画面所在的基底线作为整个画面中任何事物确定其位置的参照标准，即没有运用水平—垂直参照系统解决问题，因此，他们会将每幢房屋都画成局部地垂直于道路的样子。同样，幼童在画房屋斜顶上的烟囱时，常会将烟囱画得垂直

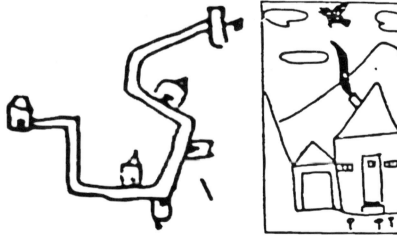

▲ 房屋垂直于道路　　　　　　▲ 烟囱垂直于屋顶

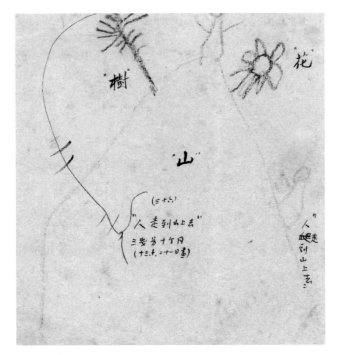

▲ 人、树和花都局部地垂直于山坡（图片由陈一鸣先生生前提供）

于斜顶，而不是垂直于整个画面的基底线，于是，画面上会出现烟囱歪斜的情况。[①]

陈鹤琴先生在他对其长子陈一鸣的绘画研究中，曾记录了陈一鸣先生3岁10个月时的画，在陈一鸣先生的画中，人、树和花都局部地垂直于山坡。

皮亚杰认为，发现儿童是否已经能够自发地运用水平—垂直参照系统去构图，这是十分重要的。

我曾在20世纪80年代做过研究，试图发现幼童从什么年龄阶段开始能发展出这样一种参照系统并以此构图。我给幼童每人一张画有一座小山的纸，在小山的顶上已画了一幢小房子和两棵树，在山坡的平坦之处也已经画了一个垂钓人，其余的山坡都很陡峭，要求幼童将另一幢房屋画在山坡上。我发现，幼童在画这座房屋时出现了4种不同的情况：(1) 房屋垂直于画面的基底线，坐落在

---

① Goodnow J. Children drawing[M]. Cambridge：Harvard University Press，1977.

山坡之上;(2)房屋垂直于画面的基底线,但是没有任何支撑,飘悬在半空之中,像个"空中楼阁";(3)房屋垂直于山坡;(4)不会画。①

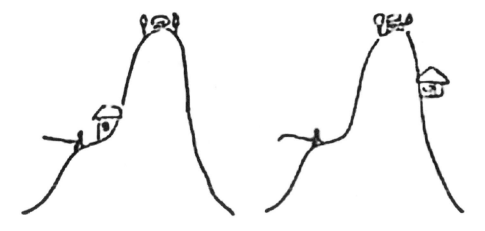

▲ 房屋垂直于画面的基底线　　　　▲ 房屋垂直于画面的基底线,但是飘悬在半空之中

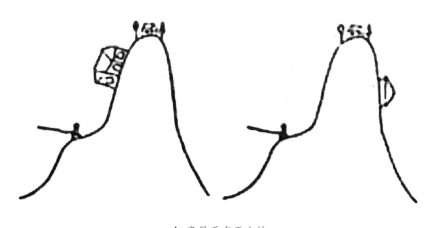

▲ 房屋垂直于山坡

研究的结果是,能将房屋画得垂直于画面的基底线并坐落在山坡上的5岁和6岁幼童分别为12.7%和35.0%;将房屋画成垂直于山坡的5岁和6岁幼童分别为19.0%和15.0%,而画成"空中楼阁"的5岁和6岁幼童分别为39.7%和

---

① 朱家雄. 儿童绘画心理与绘画指导[M]. 上海:上海教育出版社,1991.

50.0%，还有 28.6% 的 5 岁幼童不会画。这个研究结果说明，5—7 岁的幼童正处于建立运用水平—垂直参照系统去构图的发展过程中。

这种现象在我的一个实验中也得到了验证：在纸上画一个盛了半瓶子水的瓶子，并在这个瓶子边上画一个倾斜的空瓶，要求幼童画出那个倾斜瓶子内半瓶水的状况。三四岁的幼童只会在瓶子里乱涂一些圆形的线，年龄再大一些的幼童画的水面与倾斜的瓶子底部保持平行，似乎瓶子里装盛的是冻结的果胶。随着幼童认知水平的进一步提高，瓶子里的水面渐趋水平，直至最后完全画成水平状态。完成这样一个任务对儿童认知水平发展的要求比较高，研究发现，只有 13.1% 的大班幼童（6 岁左右）能基本上画出水平线，没有一个中班的幼童（5 岁左右）会比较圆满地解决这个问题。幼童在他们的生活中都曾见到过瓶子倾斜时水面的变化情况，但是幼童在他们的画中再现这种现象却有困难。一般说来，到了八九岁，儿童才能在图画中如实地再现瓶子里水面随瓶子的倾斜而发生的变化。

▲ 不同年龄的幼童所画的倾斜瓶子时的水面

一旦幼童能够运用水平—垂直参照系统构图，他们的画就比较忠实于它所表现的事物的视觉概念，与成人的构图方式相统一。从以局部的垂直关系替代整体的水平—垂直关系，到能够运用水平—垂直关系构图，这一发展过程虽说是几近跳跃式的，但幼童刚开始运用水平—垂直参照系统时还似乎有些呆板和模式化。

例如，处于这个过渡阶段的儿童，所画的人，不管这些人在做什么，上肢往往都是平举的，形同稻田里的"稻草人"。画面中，人物的躯干、四肢、树木、标牌等要么是水平线构图,要么是垂直线构图,十分"机械"地遵循了水平—垂直参照系统的构图原则。①

▲ 画中的人,手都是平举的,形同"稻草人"(叶丹宁,5 岁)

▲ 画中的人、标牌、树木、花草等都与基底线为水平—垂直关系

随着幼童认知的发展,他们会更灵活地运用水平—垂直参照系统进行构图,即运用倾斜关系来表现复杂的事物,使构图向更为高级的阶段发展。当幼童在水平—垂直参照系统内运用具有不同倾斜度的线条表现事物时,他们的表现能力大大增加了。例如,他们不仅能用直线和斜线将倾盆大雨和狂风暴雨区别开

---

① [美] 鲁道夫·阿恩海姆. 艺术与视知觉[M]. 滕守尧,朱疆源,译. 北京:中国社会科学出版社,1984.

来，而且还能用不同的倾斜度表示风的强烈程度或人在奔跑时的速度。这样，幼童的美术作品就显得更为逼真，更具表现力。

以三张模拟图说明在水平—垂直参照系中运用倾斜关系替代机械的水平—垂直关系，能使画面更具表现力。一棵直挺挺的树，每根树枝和树干之间，以及每一片树叶和树枝之间如果是完全水平或垂直的，那么这棵树给人的视觉印象是僵化的；如用较为简单的倾斜关系替代"横平竖直"的表现模式，那么树木开始出现了一点生气；如用复杂的倾斜关系表示树干、树枝和树叶之间的关系，那么所画的树木就能给人以一种生机勃勃、具有活力的视觉印象。幼童在水平—垂直参照系中运用复杂的倾斜关系替代机械的水平—垂直关系表现事物，是需要经由一个发展过程的。

▲ 用倾斜关系替代机械的水平—垂直关系（模拟）

X 光式透视画

在绘画时，幼童处理一个事物与另一个事物之间的相互关系是有一个发展过程的。

在开始阶段，幼童是以十分简单的方式处理事物之间的这种关系的。例如，当幼童画一个人骑在动物身上，或者坐在一张椅子上时，他们只是将所画的人的躯干紧贴着坐骑的背部，或者紧靠着椅面，人的腿是没有的，人与坐骑，或者人和椅子的双边的关系虽然有各自的边界，但是只表现为紧密接触，而"互不侵犯"。①

▲人与坐骑或椅子的关系只是紧密接触

有些幼童在处理同样的问题时，却依然画出人和坐骑或者人和椅子双方各自的完整图形，并简单地将双方重叠在一起，使它们之间形成一个同属于双方的部分，产生了 X 光式透视图，给人以一种坐骑或者椅子是透明的感觉。②

---

①[美]鲁道夫·阿恩海姆. 视觉思维[M]. 滕守尧, 译. 北京：光明日报出版社, 1987.
②[美]鲁道夫·阿恩海姆. 视觉思维[M]. 滕守尧, 译. 北京：光明日报出版社, 1987.

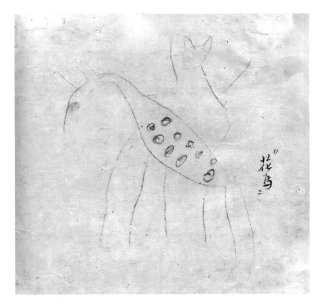

▲ 人坐在花马上（注：陈鹤琴先生长子陈一鸣先生3岁9个月26天时的画，"花马"两字为陈鹤琴先生所写，本图片为陈一鸣先生生前提供）

▲ 人和动物，或者人和椅子双方都保持完整，并相互重叠在一起，形成X光式透视图

皮亚杰将4—7岁的幼童归为前运算阶段中的直觉思维阶段，这个阶段的幼童以自我为中心，思考问题时不采纳他人观点，在绘画中画其所知而非所见。

美国美术教育家罗恩菲尔德也持有同样的观点，他将4—7岁归为美术发展的前图式期。在这个发展阶段，幼童表现出强烈的自我中心倾向，在对事物进行象征性描绘时，画其所知而非所见，用透明或 X 光式透视画面表示其所知的存在，尽管没有逻辑的可观性。由此，幼童所画的图形不能表现出远近等立体感，而是将自己看不到却知道的东西也画了出来。

在幼童的绘画中，X 光式透视画是常见的，不管这些画在成人眼里是如何不合理。例如，有时可以看到幼童在画人时，所画的人尽管穿了衣服，但是衣服是透明的，透过衣服可以看到人的身体。

▲ 穿透明衣服的人

在绘画中，幼童在处理事物与事物之间的关系时，更为高级的水平是 X 光式透视画的消失。例如，幼童在处理人与动物之间的关系时，如果只画出人的一条腿，而不再画出另一条在动物另一侧但却看不到的腿，那么说明他们的这种表现方式已与成人的表现方式相同，已能客观地反映出事物本来的面目了，也就是不仅画其所知，而且画其所见的事物了。这时的儿童绘画，达到了罗恩菲尔德所谓的图式期（7—9 岁），即能运用符号和图式表现空间感。

▲ 人只有一条腿，另一条被动物遮盖了

乌龟结婚

"乌龟是怎样生活的呢?"这个问题一经提出,就引起了幼童的兴趣。在他们收集的《少儿百科全书》中,有描述海龟妈妈生宝宝的内容:海龟妈妈是把蛋产在沙滩上,然后把蛋埋起来。有人提出模仿乌龟妈妈产蛋的经过,于是他们用蓝色的皱纹纸铺在细沙上作为海,画了一些乌龟;为了让乌龟妈妈站起来,他们把乌龟的四只脚往下折,这样一来,一只只乌龟就都站立着爬行了起来。有人还把白色的橡皮泥搓成球当作乌龟蛋,或者把纸揉成团状代替龟蛋。接着,为乌龟举行婚礼成了幼童的重要活动。

为此,三个幼童一起画了三幅画,以下是在绘画前和绘画中幼童的对话:

观察与纪录(选择想听到的)

· 绘画前、中幼童的对话:

芩芩:"乌龟是一个人在海滩上下蛋的。"

明明:"不对,乌龟下蛋要两个人,一只公乌龟,一只母乌龟。"

轩轩:"乌龟要先结婚才能下蛋。"

师师:"那乌龟结婚时会是什么样子呢?"

芩芩:"跟人一样,穿婚纱的吧!"

明明:"其他乌龟会来喝喜酒的!"

轩轩:"乌龟是不会喝酒的。"

……

解读、赋予意义

· 幼童已有的生活经验:

生孩子要两个人,一个爸爸,一个妈妈。

生孩子前要先结婚。

结婚要穿婚纱。

结婚时别人会来喝喜酒。

乌龟是不会喝酒的。

以下是三个幼童一起画的三幅画,以及幼童对自己的画的解释,并附加了

我的解读和赋予的意义:

幼童对其绘画的解释

一个漂亮的乌龟女士走在大街上,她想:"我要是能结婚多好呀!"她想着想着,突然看到一个身体强壮的乌龟先生,就走了上去。

乌龟先生对乌龟女士说:"你真漂亮啊!"乌龟女士说:"你真神气啊!"走在大街上的其他乌龟听到了他俩的声音,就欢呼起来:"结婚喽!结婚喽!"乌龟先生和乌龟女士就说:"我们结婚吧!"

▲ 乌龟在街上相遇

解读、赋予意义

- 幼童已有的生活经验:

男人和女人是要结婚的。

男人和女人互相选择喜欢的人并结婚。

幼童对其绘画的解释

乌龟先生对乌龟女士说:"我们请一个专门帮人结婚的叔叔,让他帮我们准备好所有结婚的东西。"准备好了东西,他们的婚礼就开始了。

乌龟小姐穿着漂亮的婚纱,乌龟先生穿着西装。乌龟举行好婚礼之后,大家都回家了。乌龟新娘对乌龟先生说:"我们叫辆车回家吧!"

解读、赋予意义

- 幼童已有的生活经验:

人结婚时,大家会来喝喜酒。

人结婚时,会请专门帮人结婚的人(司仪)。

人结婚时,新娘穿婚纱,新郎穿西装。

婚礼结束后,汽车送人

▲ 乌龟结婚

回家。

幼童对其绘画的解释

他们回到了房子里，几天以后，乌龟女士生了乌龟宝宝，乌龟先生高兴地说："我们要好好把孩子照顾好！"乌龟女士说："我们把孩子养大，我们也老了。"

▲ 乌龟生宝宝

解读、赋予意义

•幼童已有的生活经验：

听爸爸、妈妈说过这样的话："我们要好好把孩子照顾好！""我们把孩子养大，我们也老了。"

（由上海市宝山区七色花幼儿园供稿）

作者的话

　　幼童的语言和图像的表征，表达的是其头脑中的认知状态，他们以同化（幼童已有的生活经验）为主的方式呈现自己的所知、所思和所为。

　　在日常生活中，幼童对成人的结婚似懂非懂，在绘画和语言的表现、表达中，以游戏（同化为主）的方式，以纸和笔为"媒介"，以乌龟为"假想物"，展现自己对结婚和生育的认知。

　　这三幅画是三个幼童一起画的，涉及三个不同幼童之间的沟通、交流、协商、争议和合作的问题，这是一个"共同建构"的过程。

| 理论简介 |

维果茨基

维果茨基是苏联心理学家,主要研究儿童发展与教育心理,主张文化—历史理论,也有人称维果茨基是社会建构主义论者。

维果茨基的主要观点:

第一,从起源上看,人的低级心理机能是自然发展的结果,是种系发展的产物;人的高级心理机能(言语和思维、逻辑记忆、注意等)是社会历史发展的产物,来源于外部动作的内化,是在人际交往活动的过程中产生和发展起来的。"在儿童的发展中,所有的高级心理机能都两次登台:第一次是作为集体活动、社会活动,即作为心理间的机能,第二次是作为个体活动,作为儿童的内部思维方式,即作为内部心理机能。"[1]

第二,通过工具的使用和符号的中介,人才有可能实现从低级心理机能向高级心理机能的转化。思维和言语的发展是由外部向内部转化的。语言是思维的机制,是思想的工具,它既是认知发展的工具,同时又是认知过程的一个部分。

第三,儿童主动建构自己的知识,而不是被动地接受他人的传递,但是,

---

[1] [苏] 维果茨基.维果茨基教育论著选[M].余震球,选译.北京:人民教育出版社,1994.

认知建构主要是受现在和过去的社会交往影响的。

第四,"最近发展区""鹰架教学""心理工具"是三个对教育理论和实践影响最为直接的概念。

鸡妈妈与小鸡

陈心仪是个 6 岁的女童。有一天，她正在画画时，旁边走来了一个 4 岁的男童金佳俊，他也想画。在金佳俊面前，陈心仪显得很友好，她似乎想要做个像样的大姐姐。以下是他们共同完成的画作《鸡妈妈与小鸡》以及绘画的过程，加上了我给这一过程的解读和赋予的意义：

绘画过程的纪录（看想看的内容）

陈心仪在纸的中央画了一只母鸡，这只母鸡委实漂亮，红红的鸡冠、鸡头和尾巴，绿绿和蓝蓝的身体，在头部和身体以及身体和尾部之间涂上了黄色，母鸡的身体底下还有几个它生的蛋，母鸡和鸡蛋都在草窝上。在一旁的金佳俊看到了陈心仪画的这只母鸡，不由也拿起了一支笔，想在这张纸上画些什么。

▲ 鸡妈妈与小鸡

解读、赋予意义

两个幼童一起画画，这个活动过程让人看到幼童是如何在与他人的"关系"中进行学习的。在这个"关系"中，有交往、有合作、有宽容。在异龄幼童之间，宽容显得很突出，即使弟弟妹妹有"破坏"行为，也可以不计较。

任何"关系"都是双向互动的。金佳俊在陈心仪带动下，学习会更有效。而陈心仪在付出的同时，自己也得到了许多，例如作为互动的主导者所具有的自信感觉、与别人

如果说金佳俊不那么小，也许陈心仪不会让他这么做的，因为这是她自己在画画。但是，金佳俊是个比她小的孩子，陈心仪则是快要上小学的大孩子了，面对小弟弟，陈心仪显得十分耐心。

"你来画小鸡吧！"陈心仪显然不愿金佳俊在她画的母鸡上再画些什么，于是建议金佳俊在母鸡边上画一些小鸡。

金佳俊高兴极了，连忙在母鸡的上上下下画了许多只小鸡，同母鸡一样，这些小鸡都有一个眼睛，都有翅膀，它们的嘴巴都与母鸡朝着同一个方向。金佳俊画得那么认真，着实让陈心仪一番感动，她用黄色的蜡笔，帮助金佳俊在小鸡的身体里涂色。

也许金佳俊想画更多的小鸡，他想起曾学过的"海绵画"，他在教室的一角拿来了一小块海绵，蘸了一些染料，用这种方法在纸上涂了起来。

画龙容易，点睛难。显然陈心仪生怕金佳俊把小鸡画"砸"了，不经商量地拿起了笔，为每只小鸡添上了黑黑的脚和眼睛，红红的嘴巴，有的小鸡的嘴边还有小虫。小鸡让陈心仪一点缀，一个个全都"活"了起来：有的小鸡在抓小虫，有的小鸡在与朋友说话，还有的小鸡在睡觉。

陈心仪很满意，金佳俊却不高兴了，他也想画小鸡的眼睛和嘴巴。陈心仪想了一想，留了两个小鸡让金佳俊"画龙点睛"。金佳俊确实"辜负"了陈心仪的期望，把眼睛画得大得出奇，嘴巴也画得不像样。陈心仪着急了，她又强行地为其中的一只

合作而产生的快乐，还有金佳俊不经意的幼稚行为偶尔也会点燃她智慧的火花。

小鸡添上了一双脚。

在纸的左下角，陈心仪在一个正在"睡觉"的小鸡旁边画了一个破裂的鸡蛋壳，她对金佳俊说，这是一个刚出生的小鸡，它正在睡觉。金佳俊也想画刚从鸡蛋里孵出的小鸡，他也许并不明白陈心仪画的那个刚出壳的小鸡应该是怎么样的，就说刚生出来的小鸡肚子很小，它们想吃东西。他拿起了陈心仪画鸡蛋的那支笔，在几个还没有涂上颜色的小鸡身上涂上了鸡蛋色（后来，陈心仪又帮助他涂得更均匀了些），他边涂边说："这是刚刚生出来的小鸡。"

后来，在陈心仪的建议下，金佳俊在母鸡和小鸡的四周画满了青青的小草。

（由上海市宝山区七色花幼儿园供稿）

作者的话

这是一幅两个异龄的幼童共同完成的作品，在绘画过程中，富有意义的学习发生了。大龄幼童变得自信、懂事和宽容，小龄幼童则体会到了一种其更能接受的指导和帮助。在以"关系"为基础的教育中，异龄幼童之间所出现的"交互作用"是积极的、主动的和更为有效的。这正如维果茨基所说：集体活动和社会活动对高级心理机能的发展是主要的。

不同年龄的幼童在认知和技能上都存在着很大的差异，他们在相互"沟通"中会有问题，但是，由于这是一种"姐弟"式的关系，这种沟通就变得容易起来了。这种沟通能让幼童学习如何与不同年龄的他人交往，并从他人那里学习；这种沟通，也让幼童之间存在的问题得到解决，例如，两个幼童用不同的方式表现他们各自对"刚出生的小鸡"的理解……

根据维果茨基的观点,幼童的学习是发生在背景之中,这里的背景,除了包括认知建构所涉及的人与物之间的关系外,还有更为重要的人与人之间的关系。

鸡蛋的沉与浮

桌子上有两个外观并不完全一样的瓶子，瓶中都盛了水，一个瓶子里的水很清澈，另一个瓶子里的水有些混浊，还有少量白色的固体物质沉在瓶底。

两个瓶子中各有一只鸡蛋，存有清水的瓶子里的鸡蛋沉在瓶底，装有较浑浊水的瓶子里的鸡蛋浮在水中。4个幼童围在桌子边上，看到了这两个瓶子和瓶子里的鸡蛋后，就"鸡蛋的沉与浮"问题展开了讨论。

以下是他们探究"鸡蛋的沉与浮"的过程，加上了我对这一过程的解读和赋予的意义：

探究过程的纪录（看想看的内容）	解读、赋予意义
幼童甲："一个水多，一个水少。" 幼童乙："一个瓶子大，一个瓶子小。" 幼童丙："一个鸡蛋轻，一个鸡蛋重。" ……	幼童在活动中自发地（或由成人提示）开展了有关鸡蛋沉与浮的讨论。他们看到两个瓶子里放有的鸡蛋，一个沉，另一个浮，可以肯定他们不懂得沉浮的科学原理，但是他们还是饶有兴趣地用自己的方式进行了探索（环境中处处存在着学习冲突）。 他们根据自己原有的经验提出沉浮与水的多少、瓶子的大小、鸡蛋的轻重有关（原有的经验），但是也接受

▲ 幼童发现鸡蛋的沉浮

还有一个孩子用手摸了一下这两只瓶子,他说:"一个是热水,一个是冷水。"他的发现让所有的人都开始相信"热水会让鸡蛋浮上来,而冷水能让鸡蛋沉下去"。

别人合理的想法,特别是经由了自己经验的想法(亲手用手感受了水温),从而改变自己原有的想法(小组学习,共同建构)。

探究过程的纪录(看想看的内容)

忽然,一个孩子发现,在那个鸡蛋浮上来的瓶子的底部,有一些白色的东西,他的发现引发了大家的争议:

"白色是东西是冰!"

"不,是粉!"

"冰!"

"粉!"

他们各执一词,谁都不肯认同对方的观点。

"冰遇到热水会化掉的!"当一个孩子这样说时,认为白色粉末是冰的那个孩子仍然坚持着自己的观点。

解读、赋予意义

有个幼童比较了两个瓶子的相同与不同,发现在鸡蛋浮上来的那个瓶子的底部有一些白色的东西,他的发现引起了大家的关注,他们对白色的东西究竟是什么各执一词,互不"买账"(不轻易改变头脑中的认知)。

▲ 幼童发现瓶底的白色物体

> 探究过程的纪录（看想看的内容）

这时，有个孩子将手伸进了瓶子，蘸了一点水，并舔了舔沾在手指上的水，发现它是咸的。他大声地叫了起来："是盐！"其他的孩子也纷纷尝试，包括先前认为白色东西是冰的孩子在内的所有人都无一例外地认识到瓶底白色的东西是盐。

> 解读、赋予意义

幼童在自己亲身尝试以后会发现自己的错误，并改变了原有的认识。

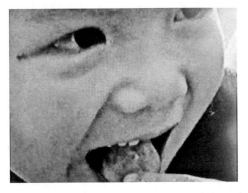
▲ 幼童通过亲身尝试发现白色物体是未溶解的盐

> 探究过程的纪录（看想看的内容）

孩子们似乎放弃了他们以前所相信的"热水会让鸡蛋浮上来，而冷水能让鸡蛋沉下去"的想法。为了让另一只鸡蛋也能浮上来，他们开始往那个装

> 解读、赋予意义

幼童发现了两个瓶子里的鸡蛋之所以一沉一浮，也许与瓶子里有没有盐有关，他们就往没有盐的瓶子里加盐。

他们加了很多的盐，但是鸡蛋还是没有浮上来。这样的情景激励他们去探究鸡蛋沉浮的其他原因。

▲ 幼童往清水中加盐

有清水的瓶子里加盐。他们加了许多盐，鸡蛋还是没有浮上来。有个孩子着急了："如果加了一碗盐，鸡蛋还不浮上来怎么办？"

观察、纪录（看想看的内容）

"用手摇一摇，盐就会化掉了。"在这个孩子的建议下，他们开始摇晃瓶子，想加速盐的溶解。

▲ 幼童用手摇晃瓶子以加速溶解

解读、赋予意义

瓶子里的盐是否溶解？盐的溶解是否与鸡蛋的沉浮有关联？这些也是幼童提出的想法。他们用手摇了瓶子（已有的经验），但是鸡蛋依然沉在水底。

探究过程的纪录（看想看的内容）

看到鸡蛋仍然没有浮上来，有个孩子又突然想起，鸡蛋浮起的那个瓶中的水是热的，他提议往瓶子里加热水。

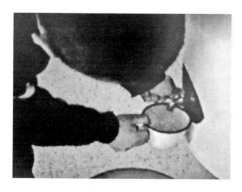

▲ 幼童往杯中添热水

解读、赋予意义

尝试加入一些盐让鸡蛋浮起来但失败后，幼童又提出了水温与鸡蛋沉浮有关的假设。

探究过程的纪录（看想看的内容）

他们加了热水，看到鸡蛋还是没有浮上来。孩子们有些着急了，一边使劲地摇晃杯子，一边加热水。一个孩子似乎发现盐越来越少了，她大声叫："别倒水了！"

最后鸡蛋还是没有浮上来，有的孩子说："真好玩！"而有的却说："一点也不好玩！"

▲ 幼童又摇杯子又添热水

解读、赋予意义

幼童按照这样的假设又进行了探索，发现除了盐越来越少外，鸡蛋依然没有浮起来。

最终，幼童还是没有发现为什么一个鸡蛋沉在水底，另一个鸡蛋浮了起来的道理。但是他们的反应是不一样的（个体差异，包括认知、情感、兴趣、需要等）。

（由上海儿童世界基金会普陀幼儿园供稿）

作者的话

从维果茨基的立场出发，幼童的学习发生在关系之中，关系包括了幼童与物体之间的关系，也包括幼童与他人之间的关系。幼童在比较两个瓶子里鸡蛋沉浮的现象时，发生了一系列的操作过程，如加盐、摇晃瓶子、加热水等，每个人在自己的水平上获取了经验；幼童在小组学习的背景中与他人发生了联系，就"鸡蛋的沉与浮"而引发的一系列问题进行了交流、争议、妥协，每个人都从他人那里受到影响，同时也在影响着他人。

幼童在自己头脑中的已有经验和认知不会轻易改变，但是在小组学习的背景中，只要觉得他人的意见有道理，特别是经由自己的认证后，就会对自己的想法进行修正。

因此，小组学习和集体学习的过程，对于幼童而言是十分重要的，诚如维果茨基所言，幼童认知建构主要是受现在和过去的社会交往影响的。

此外，幼儿在探索过程中从"找原因""解释现象"，到"动手尝试"之间反复循环，幼儿的科学思维有望得到发展。尽管这个活动中，鸡蛋最终没有浮起来，但是会让幼童得到一些长进。

| 理论简介 |

马拉古兹

马拉古兹不是学者,而是意大利瑞吉欧教育实践的创始人。换言之,他是将他认定的理论运用于意大利瑞吉欧小镇上的人。马拉古兹认为,瑞吉欧教育实践受意大利社会文化、二战后左派政治和意大利学前教育传统的影响,还受杜威、克伯屈、艾沙克斯、布鲁纳、布朗芬布伦纳、皮亚杰和维果茨基等思想家、教育家的影响。

马拉古兹的主要观点:

第一,皮亚杰理论对瑞吉欧教育实践产生了很大的影响,包括儿童在动手操作中主动建构知识;运算的形成是一个长期的过程,不要急于教给儿童运算;要帮助儿童掌握提出问题的技能等。但是皮亚杰理论在运用时也存在一些问题,例如:低估成人在促进儿童发展中的作用;人为地将思维和语言割裂;过分地强调发展的阶段等。

第二,认同维果茨基关于"最近发展区"的假说,并以此作为解决教与学这一两难问题的依据;认同维果茨基关于语言对思维发展所起的作用的观点。

第三,认定关系是十分重要的,儿童之间的关系、儿童与家长之间的关系、儿童与教师之间的关系、儿童与社会之间的关系是教育中所有一切的中心,交往是儿童学习的关键。儿童不是孤立的人,当儿童与同伴或成人交往时,会发生更多的认知冲突,促进儿童与他人的共同建构。

第四，儿童的成长有赖于所有语言的发展，包括表达语言、沟通语言、符号语言、认知语言、道德语言、象征语言、逻辑语言、想象语言和关系语言等。

海是海浪妈妈生的，那么我呢

一群生活在意大利瑞吉欧地区的幼童在探索"海是海浪妈妈生的，那么我呢"的问题，他们在纸上画出了妈妈生他们时自己的感受，并用泥巴捏出了妈妈生他们时的情景。

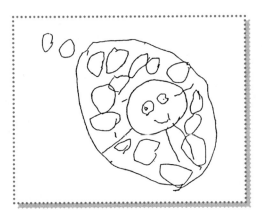

妈妈的肚子里又安静又温暖，虽然地方很小，但挺舒服的。

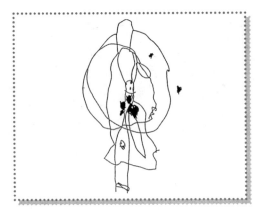

我在妈妈肚子里时，她已经认识我了，我从妈妈的肚脐眼里看她。

理论对幼童的解读　　221

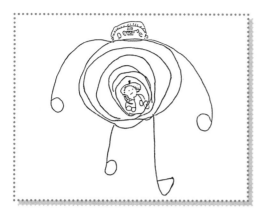

我全身都湿湿的,我在水中,在一个小气球里,我没问大人我是否穿泳衣。

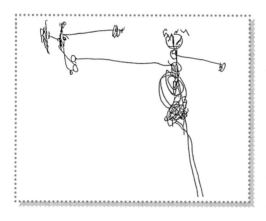

我在妈妈肚子里时是个男生,后来医生给我取了个名字,我就成了女生。

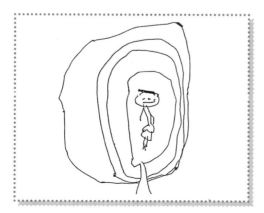

我的形状和大小刚好能出来,于是就出生了。

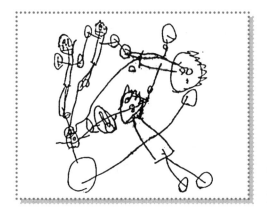

爸爸想要我,因为我不在那里,我想要爸爸,爸爸和妈妈想要我。

我从未见过孩子出生,也不知道是谁来决定出生的,是妈妈还是孩子,我不知道,我什么都不记得了。

妈妈是软软的,我生出来是因为我想要妈妈。

幼儿还用泥巴进行了创作。

(资料来源:《孩子的一百种语言》)

作者的话

第一,幼童对于自己是"如何生出来的"充满好奇,但是对自己是妈妈生的是没有异议的。

第二,幼童用美术表征(绘画、泥工)的方式自由表达自己的认识,许多内容都是与其生活经验联系在一起的(如我全身都湿湿的,我在水中,在一个小气球里……)。

第三,幼童用美术表征(绘画、泥工)的方式充分地表达自己情绪、情感,表达了对父母的依恋之情(如妈妈肚子里又安静又温暖,我在妈妈肚子里时,她已经认识我了,我想要爸爸,爸爸和妈妈想要我……)。

能让影子消失吗

幼童喜欢影子，影子的魅力在于它介于明暗之间，它的许多似是而非的矛盾特点吸引着儿童："它在那里，但就是抓不住。""它有一种形状，但又有一百种形状。""影子看上去是顺从你的，其实是按它自己的想法在行动。""影子是白天的一部分，也是黑夜的一部分。""它是我们带在身体内的，是从脚底出来的东西。""它是太阳让它早上出生，晚上又死去的东西。"……

几个幼童围绕着"能让影子消失吗"，进行了探究，并发表了自己的意见：

幼童甲："要让你的影子消失，你必须躺在地上，你就看不见影子了。"

幼童乙听后，卧倒在地上，想要盖住自己的影子，但是没有全部盖住。

幼童甲："你要离开这里，你的影子才会消失。"

几个幼童搬来了许多小石头，他们试着用小石头盖住他们的影子。

他们发现影子是盖不住的。

有个幼童提出用床单试试,看看能不能盖住影子。

他们发现还是盖不住,自己的影子在这儿,别人的影子也没有被盖住。

他们的结论是:"影子是盖不住的,不管你用什么去盖,都是盖不住的。"

(资料来源:《孩子的一百种语言》)

作者的话

第一,影子具有真实和非真实两个属性,这种双重性刺激着幼童的想象力,也为幼童的探究提供了难得的好材料。

第二,幼童虽然不明白影子的属性,但是他们会大胆去探究,去提出自己的结论。这样的探究和结论在成人眼里近似可笑,但是对于幼童而言,却是具有发展意义的。

商店购物

在瑞吉欧某托幼中心,一个女童与两个男童在做"商店购物"的游戏,女童名叫丹妮拉,男童分别叫马可和托马索。

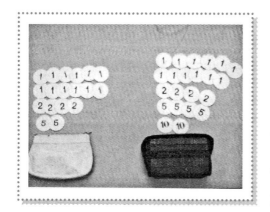

购物者的钱包根据难度而分成两种,即按照幼童运用数字的能力分成放有30元和60元的两个钱包。

丹妮拉在购物,她要求在购物后一次性结账(有的人喜欢买一样东西就付一次钱),她的钱包是60元的那一种。

购买了东西后,丹妮拉结束了购物,她总共需付133元。

丹妮拉是以一个数字、一个数字地组合成133的方式付钱的,即:1,2+1=3,2+1=3。

托马索以为丹妮拉在开玩笑,他说:"嗨!开什么玩笑?你要付全部的钱!这是7,不是133。"
丹妮拉遇到难题了,不一会儿,她似乎明白了。

于是,她开始累计"钱币",但是钱包里只有60元,她借了一些"钱币"。买卖双方都数了好几遍,现在共有131元,离133元还差2元。

托马索和马可用计数器验算。还是少2元。怎么办?
丹妮拉说:"我还给你两颗豆子,我们就扯平了。"

托马索拒绝接受,他说:"两颗豆子没有2元值钱。"

马可和丹妮拉认为解决问题的仅有办法是归还部分商品,于是,他们将一个值2元的东西放还。这个做法比前一个管用。

这下，托马索接受了，并将收据交给了他们。

购物活动结束了，游戏又重新开始了。

（资料来源：《孩子的一百种语言》）

作者的话

丹妮拉、马可和托马索三个幼童在玩购物的游戏，游戏中需要用到"钱币"（代币券）和货物作为交换物，"交易"的过程充满了数及数的运算。

显然，在这场游戏中，"交易"的过程表明丹妮拉与马可、托马索之间的"对话"存在着障碍，换言之，他们对数概念的掌握不是在同一个水平之上的。具体地说，丹妮拉尚不懂得个位数、十位数和百位数的概念，因此她不懂得133的意义；而且她也没有清晰的"单位"概念，即不知道两颗豆子与两元钱中虽然都有"2"，但是这两个"2"却有不同的意义。

在这场游戏中，"交易"的过程充满了数刺激，充满着矛盾的产生和问题的解决。丹妮拉看似处于被动状态，但是在解决问题的过程中产生的强烈心理冲突，迫使她必须顺应情境，改变自己，想出办法，应对麻烦。在数刺激下，相信丹妮拉会主动获取有关数的经验，有益于她数概念的建构。

在这场游戏中，马可和托马索二人的角色有所不同，也可能各有所得。托马索看似是游戏的主导者，根据他所把握的"交易原则"，一丝不苟地要求所有人进行"钱币"与货物的交易，马可则是买卖双方的协调者，使交易过程变得顺利。在交往的过程中，三个人之间建立了特殊的关系，共同建构了他们自己的文化和知识。

这个案例至少能给人以下一些启示：

第一，幼童数概念的形成需要经历一个艰难的历程，正如皮亚杰所言，成人应该懂得"为什么运算对于儿童而言是困难的"。而游戏和真实生活情景中的认知冲突有益于幼儿数概念的建构。

第二，幼儿是在不同的水平上学习数概念的。

第三，根据维果茨基的观点，在小组的、集体的学习中，人与人之间发生了关系，而这种关系更有益于幼童的知识建构。

第四，应该懂得对幼童灌输数概念不是好的办法。

合适的手

玛蒂尔德和洛伦佐在一起玩耍，10个月前，他们俩是同时上托幼中心的。

在幼童生活的寻常时刻，可以看到一些看似十分普通的情景，它们并不引人关注，但是对于认识幼童、理解幼童却是重要的，能帮助我们提升认识幼童的能力，包括幼童拥有的对情景、事物和技能进行评估的潜在能力，拥有的与同伴建立具有意义关系的能力，并以此去解决问题。

观察与纪录（选择想看到的）

玛蒂尔德在游戏和探索活动中的玩伴——一块石头，一块珍贵的小石头，无意中被卡在了一个很窄的地方，玛蒂尔德根本不可能把手伸进去取出那块小石头。

解读、赋予意义

玛蒂尔德在游戏中遇到了情景冲突，他很在意的一块小石头被卡在了一个夹缝里，他的手太大，取不出小石块。

▲ 玛蒂尔德在尝试取石头

> 观察与纪录（选择想看到的）

也就是说，像玛蒂尔德这样胖乎乎的手是不可能伸进去的。

玛蒂尔德迅速思考了一下，提出了一个解决问题的假想。

> 解读、赋予意义

玛蒂尔德打量了一下自己的手，太胖了，伸不进那个夹缝中，取不出小石头。他想要取出小石头来，就要有一个比他的手瘦一些的手（逻辑数理经验）。

▲ 玛蒂尔德认为取不出石头是自己手的问题

> 观察与纪录（选择想看到的）

他想，另一个孩子，一个身材矮小一些的孩子也许能帮忙。

洛伦佐似乎正是这个人。要说服他来帮忙应该不太难，抱一下他够了吧。

> 解读、赋予意义

玛蒂尔德比较了自己与洛伦佐的不同，认为洛伦佐的身材比他矮小，手肯定也比他的小，或比他的瘦，也许能取出小石头来（逻辑数理经验）。

玛蒂尔德也认识到要让洛伦佐帮个忙，应该有所表示，而且这种表示要适度（抱一下就够了）。

▲ 玛蒂尔德以拥抱来说服洛伦佐为自己帮忙

> 观察与纪录（选择想看到的）

是的，好像是够了。洛伦佐跟着和他经常玩游戏的老朋友玛蒂尔德走了过去。他们一起对如何解决问题作了探索。

洛伦佐确实是解决这个问题的人，他可以试试。

在玛蒂尔德非常关切并带有感激之情的目光注视下，洛伦佐慢慢地把手伸进了那个夹缝里。

> 解读、赋予意义

因为洛伦佐与玛蒂尔德本来就是老朋友，所以洛伦佐看起来很乐意帮助玛蒂尔德，而玛蒂尔德则很感激洛伦佐的帮助（社会交往）。

▲ 洛伦佐帮助了玛蒂尔德

> 观察、纪录（选择想看到的）

玛蒂尔德的估计是正确的，洛伦佐的手的确比他的手小。

玛蒂尔德非常了解洛伦佐的手，那是一只友好的，也是他所熟悉的手。他已领悟到洛伦佐的手和自己的手之间的区别，也知道要解决问题时应向谁求助和何时求助。

洛伦佐做到了！那块小石头被取了出来。洛伦佐非常高兴，他自豪地把取出来的小石头拿给玛蒂尔德看，他为自己没有辜负玛蒂尔德的期待而感到

> 解读、赋予意义

玛蒂尔德对于洛伦佐能否帮助自己解决这个问题似乎心中有数，他不仅了解了洛伦佐的手比自己的小，所以能取出小石头（逻辑数理经验），而且也知道洛伦佐与自己的友好关系（社会交往），知道洛伦佐不会拒绝自己的要求。

小石头被取出来了，两

高兴。

▲ 石头被取出来了

个人都很高兴，他们取石头的过程，各自所得远超过小石头本身的价值。

观察与纪录（选择想看到的）

虽然洛伦佐把小石头取了出来，玛蒂尔德却没有忘记再仔细察看一遍，仿佛这样做会进一步增加洛伦佐先前努力的价值。

是的，这真的就是那块小石头。可是，究竟是怎么把它取出来的呢？这个地方是那么狭小……

▲ 玛蒂尔德进行检查

解读、赋予意义

玛蒂尔德重温了洛伦佐取出小石头的过程，再次体验了这个过程给自己带来的收获。

> 观察与纪录（选择想看到的）

那块小石头似乎已经不很重要了。玛蒂尔德和洛伦佐手牵着手，一起迎接新的挑战，而这些新的挑战将会加深他们之间的尊重和合作，也许还会增添他们之间的友谊。

> 解读、赋予意义

这件事情伴随着小石头的取出已经变得不重要了，玛蒂尔德和洛伦佐从这件事情中各有所得，而他们共同的所得就是加深了他们之间的合作，增进了他们之间的友谊。

▲ 两个孩子手拉手

（资料来源：《Making learning visible：children as individual and group learners》）

作者的话

这是发生在意大利瑞吉欧某托幼中心的一个小故事。

一件看似十分寻常的小事，引起了两个幼童十分简单的互动，如何从夹缝中取出小石头，刺激了幼童与石头的互动以及与人的互动，使幼童有了获取物理经验（有关石头的性质等）和逻辑数理经验（比较夹缝的大小与手的大小、胖瘦之间的关系等）的机会，也有了与他人建立社会关系的机会。

数字必须得数

在买卖游戏中，幼童认识到数字是一个要素，尽管他们也许只是凭自己的直觉理解着数字在数量、代码和价值中的常规意义。

玩商店游戏让幼童得以形象地去理解这些常规意义，考虑事物之间的关系。幼童交换钱币和商品，并以自己的认知和能力进行交流。每个游戏参与者（店主和顾客）都慷慨地向别人提供自己的"财富"，包括"钱币"、想法和能力。

下面这个片段展示了其中一个幼童结合了多种智慧的学习策略：

观察与纪录（选择想看到的）	解读、赋予意义
之前，孩子们已经定好了这些商品的价格，他们把价格印在了标签上，并把标签贴在了商品上面。  ▲ 孩子们的商品	孩子们自己创设了活动环境。

> 观察、纪录（选择想看到的）

参加这个游戏的三个孩子在数运算能力方面有着不同的水平。里卡多能非常熟练地进行数运算，尤其是在换算方面几乎没有什么障碍。亚历山德罗对此则有一些困难。而对西尔维娅来说，她对数是怎么分解的，又是怎么合成的还不是非常清楚。

> 解读、赋予意义

三个同龄幼童数概念的发展水平是不一样的，他们在游戏中以自己的方式与他人互动。

▲ 三个参与游戏的孩子

> 观察与纪录（选择想看到的）

里卡多，也就是店主，为了知道西尔维娅和亚历山德罗各自在买完东西后总共应给自己多少钱，

> 解读、赋予意义

在共同的游戏中，里卡多的数概念发展水平是最高的，他运用自己已经掌握的方法将数字加了起来，而其他两个幼童尚不会运用这个方法。

▲ 里卡多在计算

就用了一种方法把那些数字加了起来，而这种方法让专注地看着他的亚历山德罗和西尔维娅都感到非常困惑。

> 观察与纪录（选择想看到的）

里卡多用食指在每个商品上轻轻地点击着，商品的销售价格是多少，他就在这个商品上点多少次，与此同时，他还大声地唱着数。

就像图片所显示的，如果这个商品的价格是3，里卡多就在它上面轻轻地点3次，同时大声数着：1、2、3；在价格是4的物品上点4次：4、5、6、7；对所有卖出去的物品他都这样处理。然后他说："你们应该付给我12块钱。"

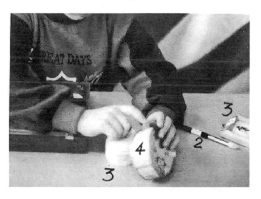

▲ 里卡多的计算方法

> 解读、赋予意义

里卡多运用的方法在成人的眼里太过"幼稚"，却是他自己"发明"的，而且"管用"。

> 观察与纪录（选择想看到的）

对西尔维娅来说，付12块钱并不是一件简单的事。她需要使用她钱包里的"钱币"来算总额。里卡多、亚历山德罗和老师试图帮助她，但西尔维娅似乎还是不能理解要怎么算。

> 解读、赋予意义

西尔维娅是三个人中数概念发展最差的一个，尽管别人帮助她，她还是不明白如何去计算。

但是，西尔维娅在游戏

这时，西尔维娅发现了一个能帮助她克服计算混乱的策略。她开始运用她所看见的里卡多的做法，她左手在"钱币"上轻轻地点着，同时右手也来帮忙，也就是扳着右手手指数数。通过使用这种方法，她成功地付了正确的总额12。

中也"发明"了自己的办法，这个办法既受到里卡多办法的启发（左手点数），又有自己创新的成分（右手帮忙），最后成功地解决了问题。

▲ 西尔维娅计算"钱币"

观察与纪录（选择想看到的）

每个人都感到很开心，因为在这个与数相关的困境中，西尔维娅最终成为了一个胜利者。

解读、赋予意义

在游戏的认知冲突中，西尔维娅以自己的方式学会了如何做加法的问题。

▲ 游戏结果令人高兴

观察与纪录（选择想看到的）

现在亚历山德罗和里卡多已经厌倦了这个游戏，他们想接下来做其他的事情。但是西尔维娅不想放弃轮到她做店主的机会，不想放弃使用她新获得的技能的机会，于是她劝服了另外一位朋友来当顾客。

解读、赋予意义

对于自己的"发明"，西尔维娅似乎很兴奋，她很想将自己发明的方法与别人分享。

▲ 换了游戏伙伴

观察与纪录（选择想看到的）

在各种各样的付款阶段，西尔维娅多次运用了她新获得的方法。对于这个技巧她满怀信心，她甚至试图借用那位顾客的手指把这个技巧解释给顾客听。

解读、赋予意义

西尔维娅满怀信心地在各种场合多次运用了她自己所发明的方法，并希望别人也能运用。

▲ 西尔维娅教授方法

之后，西尔维娅在她和教师的谈论中说道："今天我学到了……你知道是什么吗？我学到了那些数字必须得数。如果你数它们，你就能更好地理解它们，但是你还得扳着你另外一只手的手指数，否则你会出错。如果不用手指，那么计数对我来说会是很困难的。你知道我是怎么学会它的吗？正是我自己的脑袋瓜帮助我弄明白了它……还有里卡多也给了我一丁点儿想法。"

这个数数的策略最初是里卡多使用的，而后西尔维娅也运用了这个策略，接着在相当短的一段时间内，班上的其他孩子都相继采纳了这个策略。可以确信，这个策略之所以能够有成效，不仅是由于手指运动产生的节奏感以及发出的声音的节律性，而且是因为它与幼童的发展进程是相协调的。

幼童在进行选择时经常会涉及审美因素。美观和愉悦被幼童强有力地整合进了知识建构的过程中。

（资料来源：《Making learning visible：children as individual and group learners》）

作者的话

这是哈佛大学零点方案与瑞吉欧儿童的合作研究，所以将"多元智能"的思想也融入其中。从这个来自瑞吉欧教育实践的案例中，人们至少能有以下一些感悟：

第一，三个孩子虽然同龄，但他们的数概念发展水平是不相同的。根据皮亚杰的理论，运算的形成是一个长期的过程，不要急于教给儿童运算，而要让儿童在动手操作中主动建构知识，要帮助儿童发展提出问题的技能。商店的游戏给予西尔维娅数刺激，让她在认知冲突中去解决问题，她对于数概念的建构不是被动接受的，而是自己发明的。

第二，里卡多的方法不是"高明"的，但却是这个年龄段的幼童能够接受的，且正好处在西尔维娅的"最近发展区"，为西尔维娅发明自己的办法提供了"鹰架"。

第三，小组进行的活动让幼童有机会在人与人的关系中进行学习。当幼童与同伴或成人交往时，会发生更多的认知冲突，促进幼童与他人的共同建构。

小水坑

这是意大利瑞吉欧教育实践中的一个经典的案例,在原版《孩子的一百种语言》一书中唯一一个全部使用彩色照片的案例。我曾将自己对这个案例的解读和所赋予的意义与该书的作者进行过面对面直接的交流,得到了他的首肯。

观察与纪录(看想看的内容)

雨停了,孩子们穿上雨鞋,跑到室外,走进水坑,他们观察水坑中自己的倒影。一个女孩仅看到了上身的倒影,这个现象引起了孩子们的好奇。

解读、赋予意义

幼童的生活环境经常会激发他们生成自己感兴趣的活动(环境中处处存在着学习冲突)。

▲ 水坑中有孩子们的倒影

观察与纪录(看想看的内容)

孩子们在水坑里慢慢地走,他们关注着水和倒影的变化。一个孩子说:"水很懒,但我们走了进去,小水波出现了,它变得越来越大。"另一个说:

解读、赋予意义

三个幼童(不同的主体)在水坑里踩着水(作用于同一材料),关注着自己

"我能看到我自己。"第三个说:"我也能。"第一个又说:"水很脏。"

▲ 在水坑中行走的孩子们

的动作以及由动作引起的水和自己在水中的倒影的变化。

在这个活动的过程中,这3个幼童分别在不同的水平上获得不同的经验——第一个孩子始终将水放置于关系中去思考,他比较了自己走动的动作大小与水波大小之间的关系,他似乎还发现了自己在行走与水的干净程度之间存在的关系(逻辑数理经验)。第二和第三个孩子关注的只是自己在水中的倒影(物理经验)。

观察与纪录（看想看的内容）

一个孩子嚷道:"我们是在水底下,我能碰到树顶,因为这是水的世界。"另一个说:"就像生活在水底,我们进入了影子世界。"

▲ 水中倒影

解读、赋予意义

幼童各自用语言表达他们自己在水坑里所看到的和所感受到的事物以及自己的体验。

观察与纪录（看想看的内容）

教师将一面镜子放在地上。一个孩子记得水坑的浑水，他说："这里的颜色好看!"一个女孩在镜子上"竖蜻蜓"（倒立），她说："我掉进了一个无底的世界!"也许，镜子映出的蓝天是无垠的天穹，这是一个通向地球的洞穴。

▲ 镜子是新的活动材料

解读、赋予意义

教师及时为幼童提供了具有挑战性的活动材料——镜子（维果茨基所谓的鹰架教学），让孩子在活动过程中获取有关镜子属性的经验（物理经验）以及有关水坑与镜子之间异同的经验（逻辑数理经验）。

一个幼童记得水坑里的浑水，他说镜子里看到的自己比在水坑里看到的"好看"（逻辑数理经验）。

另一个幼童在镜子上倒立（自发生成了活动），她向别人诉说了她的经验。

在小组活动中，由于幼童的经验和水平不尽相同，可能的学习所得也不尽相同（不同水平上的发展），但是，他们之间有可能会相互影响（合作学习，共同建构）。

观察与纪录（看想看的内容）

孩子们做了一些纸工作品放在镜子旁，纸上面画上了像他们自己的形象，这些作品在镜子里形成了镜像。

解读、赋予意义

以镜子替代水坑（建立相当关系），以硬纸制作的树木和人替代真的树木和人（建立相当关系），使幼童能在自己动手操作中较为容易

▲ 绘画作品在镜子旁

地去获取有关经验,例如纸人或纸树的镜像的性质(物理经验)、纸人或纸树与镜子之间的位置跟它们的镜像的关系(逻辑数理经验)、纸工和水坑对真实事物的表征意义(表征经验)等。虽然原文中没有交代,这样的做法多半是教师对幼童的建议(教师把握在最近发展区内的鹰架教学)。

观察与纪录(看想看的内容）

他们把纸工作放在镜子周围,将镜子作为水坑。一个孩子说:"当你走进水坑,你能看到一切,但是如果你离开了,你看到的会越来越少。"另一个孩子反对,他说:"但是,我把头放得离水很近,我也能看到离开很远的树。"这意味着当离开时,并非越来越少地看到东西,只能看到了自己以外的东西。

解读、赋予意义

由于幼童已有的经验或看问题的视角不同,他们同样作用于同一事物,可能得出完全不同的结论。

第一个幼童在镜子边摆弄纸人或纸树,他将自己所看到的归纳为"当你走进水坑,你能看到一切,但是如果你离开了,你看到的会越来越少",表述了纸人和纸树与镜子之间的位置跟其镜像的关系(逻辑数理经验)。

第二个幼童没有摆弄材料,只是改变了自己看材料的角度,将他所看到的归纳为"我把头放得离水很近,我也能看到离开很远的树",

▲ 讨论

他表述的是观察角度跟所看到的事物的镜像远近之间的关系（逻辑数理经验）。

这两个幼童对同一事物表达了两种不同的观点，创造了一个相互交流的机会（合作学习，共同建构），使每个幼童都有可能从别人的视角思考问题（变化了自己看物体的视角）。

观察与纪录（看想看的内容）

孩子们通过在白纸上画水坑来继续他们的研究，他们将纸工作品放在图画周围。这样，他们必须自己画出之前看到的倒影，因为已经没有镜子了。这个从水坑到镜子、从镜子到绘画的过程是极富想象力的。

解读、赋予意义

以白纸替代水坑来研究（建立相当关系），在白纸上画出树和人的倒影以及这些倒影跟树、人与水坑位置之间的关系（逻辑数理经验），这样的任务更具挑战性，需要幼童有极其丰富的想象力。

虽然原文中没有交代，这样的做法多半是教师对幼童的建议（教师把握在最近发展区内的鹰架教学）。

▲ 用绘画来表达

观察与纪录（看想看的内容）

教师为孩子提供了一个手电筒，这使他们能够探索影子。这种比较帮助孩子认识了影子是什么，

解读、赋予意义

教师为幼童提供手电筒，这一材料会导致影子的

不是什么。

▲ 手电筒的操作

产生，从而使他们能够有机会去探索和比较影子的性质（物理经验）以及影子与之前倒影的异同（逻辑数理经验）。

在活动过程中，教师通过提供有挑战性的活动材料（鹰架教学），让孩子去探索和研究，特别是让幼童有机会把事物放在关系中去考虑，去比较它们的相同与不同，有益于他们的知识建构。

观察与纪录（看想看的内容）

画中既在轮廓线中有详情的形象（倒影），也有无详情的灰色形象（影子）。此外，水坑内倒影的投射角度相对原纸工及其所显示的部分身体来说，显得相当真实。

▲ 孩子们的画

解读、赋予意义

在探索和研究的过程中，幼童已经能够比较准确地表现和表达倒影（有详情的形象）和影子（无详情的灰色形象）的特征，以及倒影与水坑之间的相对位置跟在水坑里所看到的倒影之间的关系。

虽然原文中没有交代，幼童的活动水平达到这样的程度，很有可能有教师积极参与和引导的成分（教师把握在最近发展区内的鹰架教学）。

观察与纪录（看想看的内容）	解读、赋予意义
一个小女孩想画她自己，她决定研究她在镜子里的镜像以改进自己的绘画。她站在镜子上说："我看到了我的裙子。"她抬起了左腿，注视镜子里发生了什么，她看到了自己的整条腿。  ▲ 女孩研究镜子中的自己	一个幼童自发生成了她的活动，研究她自己感兴趣的问题，即"如何去画抬起了左腿的自己的影像"（建立相当关系）。

观察与纪录（看想看的内容）	解读、赋予意义
她谨慎地将所画的左腿弯曲，然后仔细地画了她的整条腿，镜像使她看到了事物的整体。运用绘画的方式，孩子们能使其思考的东西变成可见的东西，这样使他们对光、空间和视点的关系能提出更好的问题。  ▲ 女孩的作品	这个幼童对光、空间和视点之间关系（逻辑数理经验）的把握是有困难的，她在镜子中的自己，使她有可能比较准确地在白纸上画出"抬起了左腿的自己的样子"（建立相当关系）。

> 观察与纪录（看想看的内容）

这个小女孩已能清楚地画出自己的影子和在水坑中的倒影。

▲ 女孩的作品

> 解读、赋予意义

这个幼童在白纸上还能够比较准确地表现和表达自己在水坑中的倒影和影子之间的差别（逻辑数理经验）。

> 观察与纪录（看想看的内容）

孩子们在他们的画中画出了倒影和影子，在一个小水坑中形成了一幅倒影和影子的复合图。

▲ 孩子们的作品

> 解读、赋予意义

这是一幅树木和人在水坑中形成的倒影和影子的复合图。图中比较准确地反映了倒影、影子和水坑的各种特征（物理经验），也反映了在孩子们头脑中创造的光、空间和视点之间的各种关系（逻辑数理经验）。

这幅图的形成，并不说明每个幼童都已达成了把握这些性质和关系的程度。实际上，有的幼童有可能在原有水平上得到提高或改变，但有的孩子在认知水平上可能没有任何提高，但是不管

观察与纪录（看想看的内容）	解读、赋予意义
	如何，每个幼童都在不同程度上获取了经验。 这幅图的形成过程是师幼共同建构的过程，教师的作用不可忽视。
·成人的总结： 孩子们在他们的谈话中逐渐地建构了倒影和影子的特性：影子总是黑色的（有时在黑暗的泥水里），而倒影却有颜色。影子总是跟着人的双脚，而倒影却不一定跟着双腿，特别是当人并不直接在水坑边时。 **·孩子们的总结：** "太阳出来了，影子就会出来，但是你也能看到倒影吗？" "太阳出来时，倒影就消失了。" "不，你错了。倒影并不靠近你，它是深的，有颜色的；而影子则靠着你，没有颜色，它总是黑色的。"	活动结束后，每个幼童通过活动在认知上表现出不同的水平，依据成人的标准，有些幼童的总结是错误的，但是依据建构主义的观点，幼童在建构知识的过程中，在与物和与人的积极互动过程中主动地发展着自我，这才是真正有意义的学习。

（资料来源：《建构主义视野下的学前教育》）

作者的话

这个案例之所以成为瑞吉欧教育实践的经典案例，是因为它与该教育实践的创始人马拉古兹的理念是完全一致的，大致可以概括如下：

第一，学习冲突引发幼童的知识建构。

第二，幼童在学习中逐渐建立相当关系，即用表征物替代实物。

第三，在小组活动中，幼童的经验和发展水平不尽相同，他们的学习是在不同水平上发生的，但是他们之间有可能会发生相互影响。合作学习有益于他们知识、情感和社会性的共同建构。

第四，成人把握在最近发展区内的鹰架教学对幼童的发展会起到"画龙点睛"的关键作用，虽然这种教学有时是"隐性"的。

第五，语言与幼童的思维之间存在密切的关联。

| 理论简介 |

马斯洛

美国心理学家马斯洛是人本主义心理学的创导者。人本主义心理学强调人的尊严、价值、创造力和自我实现，把人的本性的自我实现归结为潜能的发挥，而潜能是一种类似本能的性质。马斯洛的主要贡献在于他提出了需要层次理论。

马斯洛的主要观点：

第一，人有五种基本需要，包括生理的需要（食物、水分、空气、睡眠、性等）、安全的需要（稳定、安全、受保护等）、归属和爱的需要（与他人建立情感联系等）、尊重的需要（自尊、受人尊重）和自我实现的需要（实现自己的潜能），它们是与生俱来的，依次不同的等级或水平，成为激励和指引人行为的力量。

第二，需要层次越低，力量越大，潜力越大。随着需要层次的上升，低级需要的力量相应减弱。在高级需要出现之前，必须先满足低级需要。婴儿有生理的需要和安全的需要，伴随成长，儿童需要的层次会提升，但自我实现的需要在成年后才出现。

第三，低级需要直接关系着个体的生存，得不到满足时直接危及生命；高级需要的满足使人身心健康、充满活力。

"悬崖"上的幼童

有一个经典的心理学研究——"视觉悬崖"实验,是由美国心理学家沃克和吉布森在1961年做的,研究的是婴幼儿的深度知觉。

研究者采用了一种棋盘式的图案,打造出类似悬崖的场景,还在"视觉悬崖"上放了一块"隐藏性"很好的透明玻璃。他们找来了不同月龄段的婴儿,将他们带到"视觉悬崖"边上,在"悬崖"的对面用东西去吸引婴儿爬过去。

研究结果发现,0—3个月的婴儿,会直接从透明玻璃上爬过去,对"悬崖"毫不畏惧,而4—6个月的婴儿,则会绕过"视觉悬崖",从安全的地方爬过去。

这个研究证明了,4—6个月的婴幼儿已经开始有了深度知觉,会下意识地避开危险的地方,以确保自己的安全。

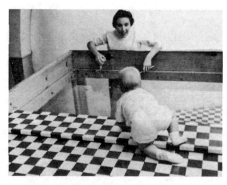

▲ 心理学实验——"视觉悬崖"

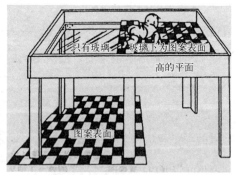

▲ "视觉悬崖"示意图

韩国某电视节目设计了一个类似该实验场景的环节,在一个具有"视觉悬崖"环境中,让幼童和妈妈处在视觉悬崖的两边,看看幼童在妈妈不同反应的情况下是否会有不同的表现:

| 观察与纪录（看想看的内容） | 解读、赋予意义 |

第一组情况是妈妈没有任何表情地看向幼童。幼童在爬向妈妈的过程中发现了"危险"（视觉悬崖加上火球效果）。这时候，幼童看着面无表情的妈妈，一直在"悬崖"边停留，不敢向前，过了一会儿，幼童原路返回了。

幼童在爬向妈妈的过程中发现了"危险"，他发现不但有"悬崖"，而且还有"火"，下意识地出于自我保护，没有去冒险，且原路往回爬了。

▲ 妈妈无笑容

▲ 有"危险"

| 观察与纪录（看想看的内容） | 解读、赋予意义 |

在接下来的实验中，再一次让幼童爬过"悬崖"，只不过这一次，在幼童面对"悬崖"的危险

妈妈温暖的笑容和对自己的名字呼唤，满足了幼童

时,妈妈流露出了温暖的笑容,并亲切地叫着幼童的名字,招手让幼童过去。

　　结果让人惊讶,幼童虽然也看到了"悬崖",但是在看到妈妈的笑容和行动后,毫不犹豫地就朝着妈妈的方向爬去。

极大的心理需要,使其忘却了其他的一切,向自己的妈妈爬去。

▲ 妈妈有笑容

▲ 幼童爬过

观察与纪录(看想看的内容)

　　妈妈的爱给了幼童行动的动力,他爬到了妈妈那里,投入到妈妈的怀里,妈妈的爱对幼童而言是最为重要的。

解读、赋予意义

亲情(爱)更重要。

▲ 幼童爬向妈妈

作者的话

　　诚如马斯洛所言，在人的需要中，归属和爱的需要属于比较高层次的需要，能给幼童带来比低级需要更高层的满足，使其产生更为强烈的行为动机。父母的正面情绪对幼童而言，具有强大的影响力和感染力，是一种特殊的感情关系，幼童可以从父母身上传递过来的这些正面的、安全的情感信息里汲取勇气和面对困难的力量，使自身行为产生巨大的能量。

谁来当老师

在上海市市区某幼儿园中,离园前,几个孩子围成一圈,在玩"谁来当老师"的游戏。

观察与纪录(看想看的内容)

在这些幼童中,红红是一个特别引人注目的人,她的说话语气和身体姿势,让人感到她就像一个小老师。

谁都想当老师,特别是红红,更急于要求大家让她当老师。

很显然,最初红红低估了别人想当老师的想法,或者她太急于要表达自己想当老师的愿望,她对大家说:"谁想当老师,谁就当老师。"

▲"谁真正、真正喜欢当老师,谁就当老师。"

别人给她的回应是每个人都想当老师。她的这

解读、赋予意义

每个幼童都期望自己能当上受人尊重的老师。

红红很聪明,她的聪明有时也会给人带来"麻烦",如:有时即使犯了错,还想尽办法为自己"狡辩",在群体中,幼童之间的矛盾和问题也常常来自她。但是,她有时却又表现得很可爱,人小鬼大,善于变通。

个提议没有达成她原有的目的。她马上改口说："谁真正、真正喜欢当老师,谁就当老师。"也许在她的眼里,只有她才是"真正、真正喜欢当老师"的。然而,出乎她的意料,每个人都表达了自己真正、真正喜欢当老师的愿望。

观察与纪录(看想看的内容)

强强发言了,他说:"我们假装来上课,谁举手最多,谁就来当老师。现在请回答小猴怎样才能吃到树上的葡萄。"

强强的提议让大家有点措手不及,在大家还没有反应过来以前,强强就理所当然地当上了老师,事实上,有些幼童甚至还没有察觉到他已经当上了老师。

解读、赋予意义

强强并不是强势的幼童,但是却很智慧地让自己在不知不觉中当上了老师。

▲ 强强理所当然地当上了老师

观察与纪录(看想看的内容)

强强以"老师"的身份让"学生"通过举手发言的方式"回答"问题。由于红红平时的"威信",强强先请红红发言。红红以"学生"的身份回答了"老师"

解读、赋予意义

红红为了满足自己当老师的需求,不断变换"手法",她也许懂得自己要能

的提问,也有的幼童对"老师"的问题提出了质疑。也许这时,红红已经意识到了自己扮演了不愿扮演的"学生"角色,当别人质疑"老师"时,红红马上觉得有机可乘,以"老师提出的问题不好""这个老师太凶了"等理由将老师"弹劾"了。

谁来当老师的争论仍在继续。红红提议:"谁坐得最好,谁最听话,谁就可以第一个当老师。"只有一个幼童赞同这个提议,开始坐得规规矩矩的,其他幼童对她的提议没有任何反应。在这种情形下,红红的这个办法又失败了。

当上老师,需要不断去尝试,必须与别人沟通和妥协。

▲"谁坐得最好,谁最听话,谁就可以第一个当老师。"

观察与纪录(看想看的内容)

这时,红红又想出了一个新的主意,她说:"我有一个好办法,叫爸爸妈妈做小朋友不就行了吗?我们都当老师。"接着,她就像老师一般地分配起任务来了:"你做中(二)班的,我做中(三)班的……"

这个办法似乎没有引起太大麻烦,因为它满足了每个人当老师的愿望。

解读、赋予意义

红红在"碰壁"中不断变化策略,为的是满足自己的需要。

幼童开始想如何当老师的事了。夏夏与红红坐在一起,夏夏对红红说:"我们俩都是老师,老师有两个。"她开始像老师一般地关心"学生"了,她把红红当作自己意想中的"学生",用手去抚摸了她的头发。红红从心底里就不愿接受大家都当老师的事实,夏夏的这个动作让红红抓住了难得的机会,打破了他们暂时达成的一致。红红故意夸大事实地大声嚷道:"你干什么拉我头发?难道老师可以拉人的头发?真没知识!"

▲"你干什么拉我头发?难道老师可以拉人的头发?"

观察与纪录(看想看的内容)

夏夏或许是为了弥补自己"没知识"的行为,她不再争当老师,而是想请红红坐到老师的位置上,但是,老师的位置已被另一个孩子抢占去了。

这时的红红真有点耐不住性子了,她大声吆喝着:"大家坐成一排,谁的声音轻,谁坐得好,谁就当老师。"有个幼童再次提出:"每个人都是老师。"红红马上接口说:"不对,应该是谁坐得好,谁就当老师。"接着,红红就像一个老师,一一地

解读、赋予意义

表面上,红红没有当上老师,但是事实上红红一直在活动中起着"主导"作用,她当了真正意义上的老师,她的内心是满足的。

"有没有当上了老师",或"谁当上了老师",其实并不重要。重要的是,通过这类活动,幼童获得了经

给大家分配座位。

结果,谁也没当成老师,但是,事实上红红一直在活动中起着"主导"作用,她当了真正意义上的老师。

▲ 她当了真正意义上的老师

验,使他们在成长过程中学习了如何调节自己的行为,使自己很好地适应社会。

(由上海儿童世界基金会普陀幼儿园供稿)

作者的话

"老师",这个称呼和职业在幼童的心中是至高无上的,是受人尊重的,能当上"老师",哪怕是在游戏这个非现实的情景中当上"老师",也是每个幼童内心的需要和追求。在"谁来当老师"这个幼童自发的游戏活动中,每个人都表现出自己想当老师的强烈愿望,在这种发自内心的动机的驱动下,各人都以自己独特的方式想方设法地争取当上老师。

从马斯洛的视角看,受人尊重的需要是一种较为高级的基本需要,它的满足能激励和指引人的行为。在游戏的虚拟情景中,幼童也在尝试着如何去满足这样的需要。

受人尊重和自尊等的需要的满足发生在人与人之间的关系之中,涉及幼童的交流、沟通、争论、妥协和分享等能力。幼童在自发游戏中不断地在进行着这种社会化过程。

| 理论简介 |

儿童朴素理论

儿童朴素理论（又称儿童天真理论）主要源自认知的特殊性观和朴素的理论观。儿童朴素理论不同于皮亚杰的"领域一般性理论"，而是一种"领域特殊性理论"，涉及朴素物理理论、朴素生物理论和朴素心理理论等。

儿童朴素理论的主要观点：

第一，领域特殊知识的获得对于儿童在这一领域内问题解决和其他信息加工活动具有巨大而普遍的影响。在婴儿期，这些理论非常简单，之后儿童朴素理论逐渐变得复杂。

第二，理论不同于其他类型的心理表征，理论是解释性的，能够回答"为什么"的问题。儿童朴素理论是儿童对某些特殊领域所发生的现象、事件的解释、说明和预测。

第三，儿童在各个领域所获得的知识具有理论的基本性质，是非正式的直觉"理论"。儿童思维发展的差异主要体现于儿童关于世界的直觉"理论"之上。

第四，儿童朴素理论不如科学家的科学理论那样精确和连贯，但它们却具有相似之处，其中之一是二者都不断经受检验和修正。

第五，儿童认知发展就是其自己理论的建立、变化和发展，是各领域内一系列朴素理论的形成、发展和改变的过程。

菜死了

在参观蔬菜大棚的过程中，一群山东省青岛市黄岛区的幼童讨论了蔬菜的生死问题。下面是对他们讨论的部分纪录：

观察与纪录（看想看的内容）

陈松杰发现了一株死了的西红柿。

"你们看，这株西红柿死了。"

"不是死了，是蔫了。"

"蔫了就是死了。"

"这株西红柿还没有死。你看，这里还是活的。"

"哪里还是活的？"

"这里。我爸爸说，里边干了才是死了。这里是湿的，就是没有死。"

"一定是死了，要不放到这里干什么？"

"我知道了。这一株西红柿的叶子已经死了，因为它的叶子已经蔫了；但是它的茎还没有死，因为这里还没有干。"

"这么说，它既是死的又是活的？"

"它是有点死了。"

……

"你看，这里有一个掉到地上的西红柿。我想

解读、赋予意义

西红柿死了还是活着，这是一个连成人都难以辩明白的事情。

幼童以其自己的经验和思维方式，分别提出了三种意见，看似都有道理。

正方意见：西红柿死了。

"蔫了就是死了。""没在树上就是死了。""这里有一个掉到地上的西红柿。我想它也死了。"

反方意见：西红柿没有死。

"这里是湿的，就是没有死。""它还是活的。它里边有水。""烂了才是死了。"

中间方意见：西红柿有点死。

"这一株西红柿的叶子已经死了，因为它的叶子已经蔫了；但是它的茎还没有

它也死了。"

"它还是活的。它里边有水。"

死，因为这里边还没有干。""这么说，它既是死的又是活的？""它是有点死了。"

▲ 幼童观察西红柿

▲ 幼童观察西红柿

▲ 幼童观察西红柿

"它没在树上就是死了。"

"是活的。烂了才是死了。"

"这个西红柿还可以吃的,没有烂。"

"如果你吃它,你就是在吃活的东西。"

……

(由山东省青岛市黄岛区办事处中心幼儿园供稿)

作者的话

生与死是生物的两种截然相反的状态。对同一生命体而言,生当拥有生的诸多属性,死当意味着诸多生的属性的丧失。幼童不甚明白这类学术化的论述。

幼童对生与死的理解基于他们的直觉思维,也基于他们的已有经验,他们创造了自己的"朴素理论",并振振有词地去解释生和死这类难以解释的现象,他们的"理论"看似可笑,却有一定的哲理。

幼童对于生与死有不同的理解,创造了三种不同的"理论",各有其"理论依据",在互相交流、互相质疑中不断经受检验和修正。

你住在地球上,那里怎么样[1]

儿童自小就被告知人是生活在地球上的,但是,他们心目中的地球与成人心中的是不一样的。

有个成人,手拿着一些有关人与地球关系的图片,分别给一些4岁左右的幼童、6岁左右的幼童、8岁左右儿童以及10岁左右的少年看,并对他们问了一个同样的问题:"你住在地球上,那里怎么样?"以下是他们手指着的图片,并认定自己住在地球上,是图片上所示的样子:

对一些4岁左右的幼童发问:"你住在地球上,那里怎么样?"

有人答:"地球是圆的。"

问:"人站在地球上,笔直往前走,会不会掉下去呀?"

有人答:"会的。"(解读:他或许会想起马戏团里的小熊,站在一个圆圆的大木球上,往前走去,战战兢兢,一不小心就会掉下来。)

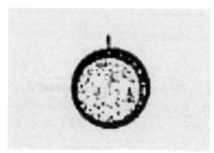 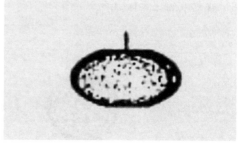

▲ 4岁左右的幼童所认为的地球　　▲ 6岁左右的幼童所认为的地球

---

[1] Vosniadou S. Universal and culture-specific properties of children's mental models of the Earth[M]. Hirschfeld L A, Gelman S A. Mapping the mind: domain specificity in cognition and culture. Cambridge: Cambridge University Press, 1994.

向一些 6 岁左右的幼童发问：

"你住在地球上，那里怎么样？"

有人答："地球是圆的，我住的地方是平的。"（解读：他的生活经验告诉他，自己住在平地上。）

向一些 8 岁左右的儿童发问："你住在地球上，那里怎么样？"

有人答："地球是圆的，我住的地方是平的。"

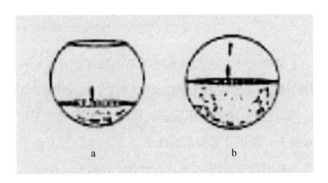

▲ 8 岁左右的儿童所认为的地球

向一些 10 岁左右的少年发问："你住在地球上，那里怎么样？"

有人答："地球是圆的，我住的地方是平的。"

有人答："我住的地方是圆的。"（解读：受地球是圆的影响，认为自己住的地方既是平的，又是圆的。）

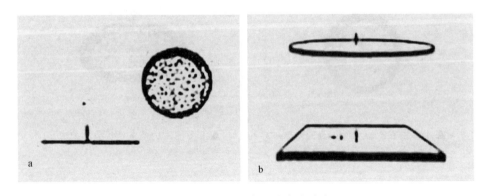

▲ 10 岁左右的少年所认为的地球

也有人答:"我住的地方是方的。"(解读:受自己生活经验的影响。古人受自己生活经验的影响,认为天是圆的,地是方的。)

作 者 的 话

儿童真正认识地球的科学概念需要经由一个漫长而又艰难的过程,是在学校教育中通过学习物理学科中的"万有引力"后才可能真正明白。

幼童不可能懂得"为什么人生活在地球上,而自己又站在平地上""为什么地球在转,人的头不会被转晕""为什么有人生活在地球的'上面',有人生活在地球的'下面',下面的人不会掉下去?"

幼童活在自己的认知世界中,按照自己的理解和想象,创造了自己的"理论",解释了"为什么人生活在地球上,而自己又站在平地上"等一类问题。

虽然幼童创造的"理论"不如科学家的科学理论那样精确和连贯,却具有相似之处,幼童认知的发展就是其自己理论的建立、变化和发展,是其各领域内一系列朴素理论的形成、发展和改变的过程。

小猫是怎样诞生的

幼童从来没有见过小猫诞生,也无法明白小猫诞生的科学道理,他们会怎样去思考"小猫是怎样诞生的"这个问题?

树上长了果子,有的幼童可能会想,小猫也许是从树上长出来的。

有个幼童在纸上画了一棵长满树叶的猫树,树上有各种各样的猫。来了个母猫,她伸出爪子抓住了大树,又走来了一个大公猫,他是母猫的丈夫。夜里,母猫又来到大树下,她张开大口,选出最喜欢的种子,然后说:"我要像这种的大黑猫。"于是从树上落下了一颗种子。这个幼童在画了这个过程后继续了他的绘画,他想,既然小猫是从地上长出来的,那么小猫出生的过程就是种子发芽的过程。

下面这些画,是他在纸上画的小猫从种子变成猫的整个过程:

这是一颗圆圆的种子,像个小球……

理论对幼童的解读　271

它长出了牙齿，这条腿的毛较多，还有条腿在后面……

……这里快长出另一边的牙齿，有一点后腿和前爪。

瞧，另一边脸上长出可以咬东西的牙齿，肚子快圆了，爪子长了点，另一个爪子也长了……

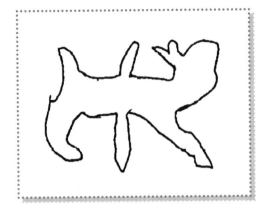

……有点像一个小猫了,但还是个很小的猫,毛正要长出来……快好了。

现在长出了长长的胡子,很大的嘴巴,长长的尾巴……,这就是刚出生的小猫。

(资料来源:《孩子的一百种语言》)

作者的话

　　幼童没有见过小猫是怎样诞生的,也无法明白小猫诞生的过程,但是他们会根据自己已有的生活经验(如看到过果子从树上长出,听说过小猫是猫爸爸、妈妈生的等),以令成人难以置信的方式创造出了自己的"理论"。

　　幼童用绘画的方式表达了难以用语言讲述明白的道理,恰似成人创造理论时同样的"逻辑":从产生疑问,到提出假设,再到建构能解决问题的"理论"。

　　好奇与想象,是幼童探究和表达的动力。

传真机

意大利瑞吉欧的 Villetta 学校与美国华盛顿特区的示范早教中心的一些五六岁幼童之间发生了联系，使相隔如此遥远的幼童之间能分享兴趣、想法、经验并建立新的友谊。经过一段时间的交流，许多信息、礼物、磁带和录像在两个学校之间寄来寄去，这种交流使他们发现并感受了两种文化之间的差异。然而，幼童产生了一个疑惑，那就是如果要等上 10 天时间才能收到一封回信，那么他们之间交流会变得越来越弱，能否找到一种更迅速便捷的方式呢？

有个幼童提出可以用火箭送信，有个幼童提出派个老鹰送信，还有个幼童认为可以叫风去送信。有个叫卢卡的幼童提出，可以把信放在电话机里，因为他曾在电视里看到过人们把一封信放到一个电话机的小沟槽里，接着就可以把信送到别人的手里了，在这个电话机里有一个打印机，打印机可能把信复印了一份，然后原件还留在那里，而复印件到达了一个风很大的地方，风会让信飞到想要送达的地方。

卢卡的想法引发了大家的讨论，有个幼童说，这个东西叫"传真"，它不是电话机，因为上面写着东西的纸张可以从这里面穿过。这时，卢卡突然想起他在爸爸的办公室里看到过传真机。

第二天，卢卡的爸爸被邀请到学校来了，他对幼童说，传真机是一种电话，它读取你要发送的信息，然后把它们送到你们朋友的传真上。卢卡爸爸的话引发了幼童的进一步讨论，他们似乎对传真机是如何工作的、人是如何使用传真机的等问题，比在信中写些什么内容更感兴趣。

以下是几个幼童对于传真机是如何工作的问题提出的自己的"理论"：

索菲娅：
传真机就像个电话—打印机。你把纸张放入底部的槽里。在传真机里面有许多特殊的邮票、可以用来写字和绘画的铅笔与钢笔。在传真机里面有许多会流出颜料的小孔，这些小孔会使纸上留下字迹。

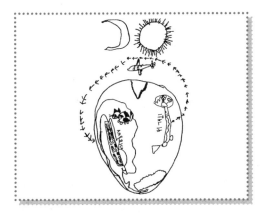

索菲娅：
也许我们的传真纸可以搭上飞机，飞到我们华盛顿的朋友那里。它从意大利出发，完好无损地到了美国。

罗伯塔：
我认为传真走了很长很长的路。它是自己飞过去的。现在，我要对此进行解释：这边是传真，这边是华盛顿，它们中间隔着有鲨鱼的海洋，纸张在传真机里面。那么，一张有图画的纸留在我们这边，另一张写有英文的纸飞到空中，飞机把它带到美国去。当它从传真机里出来的时候，它变得非常小，而当它到达美国后又会变大，这样美国的小朋友就能读到那张纸。白天传真纸从这里出发，晚上它就到达那里。

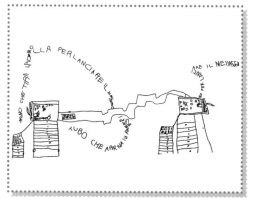

阿洛伊西娅：
我认为，在传真机里面有一根很长的管子，这个管子一直通到美国。在管子里面有一个弹簧，它能很快地发射信息；在传真机里面有一只假手会按动弹簧并发射信息。

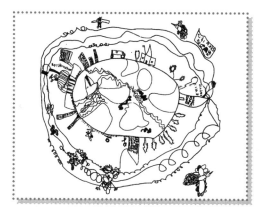

卢卡：
我们的信息从我们的学校出发，然后进入空中。随着风吹飘得很高，跟着小鸟和飞机在云层中旅行。它在全世界走了一圈，最后停留在美国的学校。

（资料来源：《Making learning visible：children as individual and group learners》）

作者的话

　　幼童是不可能真正明白传真机的工作原理的，但是他们有自己的生活经验，例如电话能传播声音，火箭、风和老鹰等比人送东西更快，管子能传递东西，管子中若有弹簧就会使东西传得更快等。他们会在自己已有经验的基础上创造自己的"理论"，这些"理论"看似幼稚，却有合理的成分，富有想象力和创造性，能用于解释他们头脑中所产生的疑虑。

　　幼童绘画的表现力胜过语言的表现力，许多还不能用语言表达、表现的内容，通过绘画都被淋漓尽致地表达出来了。

| 理论简介 |

文化人类学

文化人类学强调文化相对性，探讨如何从语言、族群、经济与政治体系、家庭与亲属、婚姻、性别、宗教、艺术、媒体与体育等多个维度，表现人类在历史时空中的文化多样性，探讨这些维度在当代世界的转型方式与表现形式，包括全球经济体系、殖民主义、全球化、环境变迁与土著居民运动等热点议题，倡导平等与自由及多元文化主义，并对后殖民压迫持批评的态度。文化人类学的研究方法注重"质"而非"量"，对现象的观察多是"特例"而非"通识"。文化人类学体系庞杂，有多种理论。

与儿童及其发展有关的文化人类学的主要观点：

第一，在不同的社会中，塑造童年的社会文化是不同的，没有对某一赋予童年以意义的社会文化背景有充分的了解，对于童年的理解就是不可能的。儿童处于"文化之网"中，不同的文化塑造了不同的儿童，儿童的思维和行为是文化的产物，它们在普适意义上的推广和运用都是不合理的，有时甚至是危险的。

第二，关注不同文化环境中儿童的文化习得差异，特别是性别、族群、阶层等因素的影响。

第三，不仅涉及宏观、抽象的文化研究，也涉及微观、具体的文化研究，因而关于不同文化背景下儿童的研究能发现关于儿童的具体情况，所研究的儿童是具体的，能够详细描述出儿童的具体情况。

故事大王

在上海市市区某幼儿园中,十五分钟的户外活动后,幼童回到活动室,在地上围坐成半圆形。

子煜站在王老师的旁边,接着说:"我今天给大家讲一个故事,叫'咕咚'":

"一天,一只猫头鹰听到池塘里发出了奇怪的声音'咕咚'。它感到很害怕,它把这件事告诉了其他的动物。那些来调查过的动物都认为池塘里有一只怪物。最后,一只狮子也来池塘边调查,它发现原来是池塘附近的树上成熟的瓜掉进水里发出的声音,大家都松了一口气。"

子煜讲完故事,向大家鞠了一躬并说"谢谢大家",然后走回去和大家坐在了一起。幼童开始讨论他们今天听到的故事。王老师把大家的注意力引到了讨论子煜能否成为"故事大王"上:

观察与纪录(看想看的内容)

王老师:"云琪说子煜讲的故事与我们以前在录音中听到的故事是一样的。你们觉得跟录音里的一样吗?"

几个幼童同时说:"不一样。"

王老师:"故事中的猫头鹰在干什么?"

几个幼童:"在抓老鼠。"

王老师:"子煜用了一个词,很好听的。他说原来是一颗什么样的瓜落进了水里啦?"

几个幼童异口同声:"木瓜。"

解读、赋予意义

这是一个发生在幼儿园中的集体活动,教师让一个4岁多的幼童为大家讲故事,同时还通过讲述故事的过程,让大家评选该幼童能否成为"故事大王"。

教师的提问引发了幼童对讲述者的批评,而讲述者则对别人的批评提出了不同意见。教师成为了不同意见

王老师:"什么样子的木瓜呀?"

子煜:"我没说'木瓜'。"

王老师:"他没说木瓜,他说是一个瓜。什么样的瓜?"

子煜:"熟瓜。"

王老师:"对了,他说是一个成熟的瓜。"

的协调者和评判者。教师的言行反映的是中国教师典型的价值观和行为,要培养的是能适合中国文化的未来中国人。

▲ 子煜给大家讲故事,并让其他人评选他能否成为"故事大王"

观察与纪录(看想看的内容)

然后,王老师问大家:"那么,今天这个故事大王可以给他当吗?"有的说"可以",有的说"不可以"。

王老师:"好,说'可以'的小朋友请举手,我们看看有多少人说'可以'。有多少人同意他当故事大王?(转向子煜)你来数数票数吧。"(子煜数了数举着的手,告诉大家有 18 个人表示同意)。

王老师:"18 个!同意的人多不多啊?"

24 个人中有 18 个人投了赞同票,子煜荣获"故事大王"的称号,随即他把自己的名字写到了红色的故事大王光荣榜上,这上面已经有很多幼童的名字了。

王老师:"很好,今天的故事大王是要给他当的。但是还有几个小朋友没举手赞同,让我们听听

解读、赋予意义

教师发起了评选故事大王的议程和方法,幼童通过举手表决表达了自己的意见,有的幼童投了反对票,还提出了批评意见。

24 个幼童投票,18 个幼童赞成。点数 18,还要弄清楚 18 票超过了半数,这对于有些 4 岁多的幼童是个挑战。但是在集体活动中,数概念掌握得较好的幼童解决了这个问题,而没有掌握这样数概念的幼童则经

他们的理由,好不好?"

一个男孩:"他讲的句子中,有的词很清楚,有的不清楚。"

另一男孩:"我觉得他讲得有点听不清。"

历了认知冲突,获得了经验,有可能在日常的数刺激下掌握这样的概念。

▲ 大家举手表决子煜是否能当"故事大王"

观察与纪录(看想看的内容)

王老师:"子煜可以当这个故事大王,(转向子煜)但是下次你讲故事时,要再大声一点,再清楚一点。好,现在你来想想看,明天让谁来讲故事。"

子煜:"我想请云琪明天来讲故事。"

解读、赋予意义

故事讲述者获得了"故事大王"的称号,教师指明他改正缺点的方向。他还有机会根据自己的意愿选择明天的故事讲述者(他会权衡利弊进行选择)。

▲ 请出明天的故事讲述者

王老师:"云琪,你明天来讲故事,有准备吗?"

(女孩点头同意)

(资料来源:《重访三种文化中的幼儿园》)

作者的话

文化人类学研究人类各民族创造的文化,揭示人类文化的本质,强调文化相对性,倡导性别平等,批评后殖民压迫,提倡多元文化。中华文化不同于其他文化,因为它们有不同的价值观,在中国人眼中有价值的东西,在其他国家人的眼中可能有不同的理解和认同,反之亦然。对于"故事大王"的不同价值判断,充分说明了这个观点(见本文附录)。

中国的幼童自出生那一天开始,就生活在中华文化的宏观环境之中,无时无刻不受中华文化的熏陶,他们的一言一行都是自己所在文化的反映。在本案例中,每个幼童以及他与别人之间的关系,其背后反映的都是文化的价值(例如小组互动、规则制定、投票、民主实践、倾听、反思性思考、数学学习和语言技巧的改进等)。

集体、小组活动有益于幼童知识和文化的建构。在师幼互动、幼幼互动中,幼童按照社会文化的规则,主动建构了与他人的关系(如少数服从多数、尊重别人选择的故事讲述者等),建构了数概念(点数及对数的认同、计算超过半数的数量等)。

附录:不同文化背景中的人,对"故事大王"的不同观点

• 很多中国的学前教育工作者对于该活动在促进民主原则上所起到的作用印象深刻。如一位老师评论道:"同伴交流中的社会性来自倾听相互的故事。老师尊重孩子的想法,讲究民主。同时孩子们也学习怎样制定规则,遵守选举规则,少数服从多数,通过小组讨论发表自己的观点,并为自己的想法据理力争。

- 故事大王活动在美国和日本幼儿的教育同行中引起了大量的讨论。在美国幼儿教育中，儿童批评同伴讲故事被普遍认为是不合适的。在日本，老师鼓励儿童自我批评，但基本上不鼓励相互批评。许多日本评论家说，故事大王活动虽然给人印象深刻，但还是让人感觉不舒服，因为强调批评同伴的表现有些让人难以接受。……大多数美国教育工作者对故事大王的片段表示吃惊，其主要原因是考虑到儿童自尊心的脆弱。

- 批评与自我批评长期以来一直是中国人日常生活中随处可见的一个现象。……在中国的家庭、邻里、学校、商务活动及社会生活中，批评是比较常见的一种行为，批评他人并没有像在美国、日本和其他一些国家的文化中那样动辄就让人难受。……在中国进行的实地调查，给我们提供了许多机会观察老师组织相互批评和小组讨论，他们称这种讨论为"切磋"（通过交流意见来相互学习）。

（资料来源：《重访三种文化中的幼儿园》）

美国幼童 vs. 危地马拉幼童

美国文化人类学家罗高福曾长期深入到危地马拉的印第安人居住的小镇，参与该社区的日常活动，追踪研究这些家庭在他们特有的文化社区里养育儿童的过程。

罗高福等人研究了幼童的许多方面，例如婴儿的睡眠安排，两岁幼童参与社区活动、个人选择和责任培养，幼童的记忆力、分类能力、计划活动，社会福利活动以及其他各种学习活动等，其中高频率出现的一个词汇是"活动"，即罗高福说的"社会文化活动"。

以下是罗高福对美国中产阶级与危地马拉印第安人两个不同文化社区养育儿童的方式以及幼童行为所做的对比研究。

观察与纪录（看想看的内容）	解读、赋予意义
· 美国中产阶级 在美国母亲中，大多数新生婴儿在父母的房间中过夜，但是没有一家会把新生婴儿放在父母自己的床上过夜，通常在婴儿3—6个月的时候就会把他放在自己的房间里度过长夜。父母不认为出生不久就在夜晚长时间地与母亲分离会对婴儿造成很大的心理压力。有的父母说，夜晚让婴儿自己独处，使他养成习惯，白天要和婴儿分开就不会太困难，有助于减少婴儿对父母的依赖。 幼童稍大一些，美国母亲在幼童睡前常有一整	对美国父母来说，让3—6个月的孩子与自己睡觉时分开有助于孩子发展，为其独立作了准备，他们说"我（3个月的）孩子已经大了，能自己独处"或"孩子用不着总是看着"。罗高福等人认为，父母让婴儿与自己分房过夜的理由，"都与其文化社区的价值观念和育儿目标相关，即与将来的

套活动，如洗澡、穿睡衣、看书、讲故事和唱催眠曲。帮助幼童入睡并不是一件简单的事，于是要运用转换性活动，例如，通过成人读故事让幼童进入独立房间，逐渐转向通过玩具或物体寻找依赖和信任。这种依赖关系会延续到青少年期，或在成年期转入隐秘。

- **危地马拉印第安人**

在危地马拉的文化社区中，母亲在幼童出生到2岁时都一直与他合用一张床一起睡觉。有多个幼童的家庭，常是婴幼儿和母亲睡，大一些的幼童与父亲睡。没有母亲会觉得夜里喂奶是件难事，只需转身，幼童就有能喝到奶。

幼童稍大一些，母亲在他该睡觉时就让他睡了，没有更多的活动，幼童的入睡过程相对也较短。无疑，家庭早期的睡眠安排对婴幼儿及其发展会有持久的影响。在危地马拉的文化社区中，幼童每日常规中没有像在美国常见的那种转换性活动，如入睡前的各种步骤，也没有运用给予幼童安全感的玩具或小毯子。

社会公民应是什么样的相关"。

婴幼儿与母亲同眠中所发展的关系，对幼童领会成人话中的道理、观察周围的社会环境，以及遵守规矩都是有帮助的。

在危地马拉，父母觉得带幼童睡觉是全家活动的一部分，是必然的选择，也是从小教育幼童的方式，而很多美国父母则认为带着婴幼儿睡觉会有碍夫妻关系，会有碍个人愿望，也会有碍幼童独立个性的发展。从不同文化的睡眠安排比较中，可以看到在养育婴幼儿过程中培养幼童人际关系的不同目标和价值观。无论是哪种婴幼儿的入睡和度夜方式，都紧密地与特定文化的价值观和社会中的人的目标相联系，从这种文化生态的角度来看，所谓适合儿童发展的方法有很多说法，但其实都是某种文化的体现，而不完全是建立在客观研究基础上的科学道理。对婴幼儿的睡眠安排，也涉及幼童个体独立性、家庭成员的互相依靠性以及家庭生活中的自理自立等问题。

> 观察与纪录（看想看的内容）

·美国中产阶级

一方面，美国母亲认为婴幼儿可以独处；但另一方面，美国母亲不与一两岁的幼儿讲道理，认为在这个发展阶段道理是不能教的。结果，母亲对孩子的自制能力和自主能力并不信任，如幼童不能动用锋利的工具，不能玩可能被吞咽而造成窒息的东西，成人非常小心地控制这些东西。

美国幼童的日常生活不仅与成人的相隔离，而且儿童之间也因年龄不同而相互隔离。这种普遍存在的相互隔离状态在幼童的日常游戏中都能得到体现，例如，成人指导幼童的游戏，期望幼童突出个人特点，突出竞争，至少在观念上强调培养幼童自主和自制的必要性，但是他们并不参与幼童的活动。幼童的活动方式和目标都聚焦于幼童。不过，成人并不把幼童当作他们社会活动中的参与者，除了保护、抚养和让幼童做自己的事外，幼童没有机会观察、参与成人的活动。

·危地马拉印第安人

危地马拉的母亲一方面认为幼童尚未独立，不能以任何形式与家庭活动分离；另一方面，与一两岁的幼童讲要遵守的规矩是常事，母亲认为幼童能懂得基本的社会规则，实地观察也显示在这种社会化的过程中幼童似乎能够自制，能够相当自由而又

> 解读、赋予意义

在文化观念上强调独立和文化行为上抑制独立是矛盾的统一。一方面，美国父母想要培养提高幼童的自主和自制，另一方面他们常常依靠加强对幼童服从的要求，对幼童进行限制。在很多非工业化或后工业化的文化社区里，从小就开始培养幼童自愿服从成人的要求，并不是通过强制要求的服从进行的，而是通过成长过程中的相互联系、依靠和信任进行的。罗高福等人通过比较研究，把两种不同文化社区中的这种矛盾的统一描述出来，其聚焦点是：父母和年龄大些的孩子如何与两岁的幼童相处。

十分小心地使用利器，不会随意把易造成窒息的物体放入嘴中。母亲并不因为这些事情而时时刻刻感到紧张，她们觉得幼儿可以信任，生活中观察到的幼童行为也显示幼儿确实可以信任。

在一些非西方文化的国家里，幼童与成人相处的时间会多很多，成人要求幼童主动观察、倾听、参与成人的各种生活和生产活动，他们把幼童培养成为能够合作、相互支持的文化社区成员。

观察与纪录（看想看的内容）

·美国中产阶级

美国父母常常要求年幼的幼儿像年长的儿童一样遵守一些规则，诸如分享大家都爱不释手的玩具等。尽管父母相信幼童还小，尚未懂事，不了解分享的道理，但是，他们还是要求幼童这样去做。

·危地马拉印第安人

危地马拉家庭对两岁左右的幼童并没有太高的要求，例如，父母和哥哥姐姐都对幼童想要独占玩具的愿望给予充分尊重，没有要求幼童一定要遵守和执行规则，不管他们是能够理解，还是不能够理解。父母认为，不应强迫要求幼童去做他不愿意的事，在生活中不应强迫他人去服从。

解读、赋予意义

美国父母有意提倡幼儿能够独立自主，但实际上，他们却往往不顾幼儿的愿望和理解，要求幼儿服从。与此不同，虽然危地马拉父母主张培养幼儿对自己的依赖感，但是通过尊重幼儿的愿望，启发幼儿自愿合作来达到这个目的的，例如父母和哥哥姐姐都认为幼儿有优先权去玩想玩的玩具，他们并不认为幼儿必须分享，他们通过与幼儿共同活动把幼儿引向合作。据此，罗高福认为，在对待幼儿的做法上，美国父母确立自己权威，要求幼儿服从的做法，久而久之是一种控制和反控制的矛盾，特别是在幼儿两岁左右，开始对什么都可以说"不"时，美国父母形容两岁孩子的一个通常说法是"可怕的两岁"。但是，世界上很多文化社区的父母在形容婴幼儿的语汇里并没有类似的说法，也不认为两岁这个阶段是个教养上会发生困难的阶段。美国的这种对幼儿发展方面的做法，体现了它的育儿价值观念着意于解决个体独立和强制服从之间的矛盾，它与危地马拉文化社区的育儿价值观念——自制自立和自愿服从形成了鲜明的对照。

观察与纪录（看想看的内容）

· **美国中产阶级**

美国中产阶级家庭中的活动，多是以垂直参与的形式出现，幼童和成人是隔离开的，大多数家庭活动都是由成人指挥支配的，成人和幼童之间各自该做的事和应负的责任似乎是井水不犯河水的。

正规教育中的传统方法依赖于这种垂直组织活动，教师安排预设并实施儿童的活动。换言之，正规学校环境体现了与西方文化社区中的家庭十分相似的活动组织形式，因此家庭的做法为的正是使孩子适应正规学校的生活。在学校中，教师通常要求学生独立完成学习任务，父母对子女为上学做准备所

解读、赋予意义

社会文化活动有不同的组织结构：水平组织形式和垂直组织形式。在水平组织形式中，通常没有一个领头的人物，而在垂直组织形式中，会有人指挥或控制其他人的行动。

美国家庭中的活动，多是以垂直组织形式出现，大多数家庭活动都是由成人指挥支配的，为的是以后适应传统的学校教育；而在危地

提出的各种要求，基本上都与父母自己在学校生活中的经验有关，那就是受过正规学校教育的父母通常更多地让自己的孩子参与垂直组织活动。

· **危地马拉印第安人**

在危地马拉家庭中，活动以水平组织形式的活动为主，互动常常以一种相互协助的方式进行，幼童与成人在一起的时间很多，所做的决定通常是经由一家人协商而达成共识，与之相应的是大家有一种共有的责任感和各自要参与做的事情。

对于在以水平家庭活动组织形式为主的幼童来说，适应正规学校教育中的活动是有困难的，因为他们习惯通过与同伴协商合作来解决问题。

马拉家庭中，活动则以水平组织形式为主，其互动常常以一种相互协助的方式进行。

作者的话

罗高福认为，虽然把幼童作为抽象的、有数据支撑的研究对象有很多用处，但是，这类研究忽略了人的文化生活本质。换言之，把幼童每日活动和具体生活环境从其心理发展中剥离开来，而只去关注抽象的、具有普遍特征的幼童，这是有缺陷的。罗高福强调了社会环境在儿童发展中的重要作用，尝试了多种研究文化社区和文化过程的方法，也提出文化心理学对认识幼童的意义。

研究幼童时，必须把其周围的具体社会实践活动作为整个研究中不可缺少的一部分；同样，要想改变幼童的活动方式，需要理解和处理个人活动所面临的各种情形。在不同的文化社区中，塑造童年的文化是不相同的，没有对某一赋予童年以意义的社区文化有充分的了解，对于童年的理解就是不可能的。

玩具熊争夺大战

▲ 小松谷保育院

小松谷保育院位于日本京都一座有着三百年历史的佛教寺院内。当年（2002年），在新楼的第一层活动室有12个婴儿，14个学步童，第二层活动室有22个3岁幼童、17个4岁幼童和25个5岁幼童。新楼后面连着专为幼童准备热餐饮的厨房，还有幼童吃午餐用的餐厅。

以下是关于该保育院内发生的一场"玩具熊争夺大战"：

观察与纪录（看想看的内容）

早上室内自由活动时，奈绪一进教室就跑到装有毛绒动物和娃娃的玩具箱前，一把抓走了她最喜爱的玩具熊。过了几分钟，她放下玩具熊去和别的女孩子一起玩。忽然，奈绪和一对叫丽子和圣子的双胞胎姐妹发生了冲突，争夺起那只玩具熊。丽子警告奈绪休想从她们这里把小熊夺走。满眼泪水的奈绪哭喃道："丽子和圣子是大坏蛋。"

圣子说："你自己把小熊扔了，是你自己的错，我们把它拿走是应该的。"

时间过去了，森田老师宣布自由活动的时间结束了。

解读、赋予意义

这是发生在一个日本保育园的情景，奈绪、丽子和圣子三个女童为了争夺玩具熊而发生了冲突。教师对幼童的争夺没有理睬。

▲ 第一次争夺玩具熊

观察与纪录（看想看的内容）

第二次自由活动开始，幼童间又发生了纠纷。奈绪和阳子及那对双胞胎姐妹——丽子和圣子，相互推搡着争抢玩具熊。

丽子在阳子和圣子的帮助下成功抢到了玩具熊，但当奈绪想要再次从丽子手中夺回玩具熊时，双胞胎姐妹齐上阵，从后面拽住奈绪的衣服。幼童在地板上扭打成了一团，连推带拉互不相让。从教室的另一边传来了森田老师的声音："嘿！嘿！"可是她却没有走过来阻止这场争斗。

解读、赋予意义

幼童之间的第二次争夺更为激烈，甚至在地板上扭打成一团。

森田老师还是没有太多干涉。在她眼中，女童的这种行为只是游戏，而不是打架，是她们在社会互动中实现社会化。

▲ 第二次争夺玩具熊

> 观察与纪录（看想看的内容）

最终，丽子带着玩具熊从抢夺的人堆中挣脱出来，把小熊塞到衣服里面（看起来像个孕妇），然后爬到桌子下面，这样奈绪就更难碰到她了。丽子对奈绪说："住手，它不是你的，是我的。"

真纪劝丽子把玩具熊还给奈绪。丽子从桌子下面伸出头来，奈绪对她说："把小熊还给我。"圣子、丽子和真纪凑在一起商量着该怎么办。丽子对圣子说："你应该训斥一下奈绪。"

> 解读、赋予意义

在争夺玩具熊的过程中，奈绪成了输家。

真纪劝丽子把玩具熊还给奈绪，但是需要奈绪"付出代价"。

▲ 丽子带着玩具熊藏了起来

> 观察与纪录（看想看的内容）

圣子转身对奈绪厉声道："是你不对，你不能就这样一下把小熊抢走。"奈绪说："是我先拿到的。"圣子说："你一旦把它放下，就不该你玩了。"丽子把奈绪带到教室的另一处，对她说："再那样做是不行的，明白吗？做个保证吧？"

> 解读、赋予意义

幼童在商议如何妥善解决争执。年龄较长的幼童以教训、说服的方式让奈绪懂得社会交往的规则，让奈绪切身体会违背这些规则是行不通的。

▲ 幼童进行商讨

观察与纪录（看想看的内容）

两个小女孩伸出各自的小指头钩在一起，两个胳膊像拉锯一样摆动，同时嘴里说着："说话算数，要不然，千根银针扎嗓子！"然后丽子用胳膊搂着奈绪的肩膀说："懂了吧？那就好。"森田老师一直在这几个不断争夺玩具熊的女孩边上忙碌着，而对这些女孩的争吵没有过多理会。不一会儿，她告诉孩子们把东西收拾好，该去吃午饭了。

解读、赋予意义

幼童确认了"协议"。

丽子"教训"了奈绪，以后要懂得"规矩"。

森田老师对这些事情似乎还是置若罔闻，没有给予过多理会，因为她深信不干预幼童，是培养能适合日本社会的日本人应该做的。

▲ 幼童达成一致

观察与纪录（看想看的内容）

丽子搂着奈绪，又揉揉她的后背，把她带到门口正在排队的幼童中。森田老师来到队伍的前面说可以走了，幼童快步下楼，从旁门出去走到后面的餐厅。

解读、赋予意义

丽子搂着奈绪，似乎刚才的事情并没有发生过。

森田老师也似乎觉得什么事情都没有发生，因为这样的故事在小松谷保育园每天都会上演。

▲ 幼童相互搂着

（资料来源：《重访三种文化中的幼儿园》）

作者的话

日本文化不同于其他文化，因为它们有自己的价值观，在日本人眼中有价值的东西，在其他文化的人群眼里可能有不同的看法，反之亦然。对于"争夺玩具熊大战"的不同价值判断，充分说明了这个观点（见本文附录）。

日本幼童自出生那一天开始，就生活在日本文化的宏观环境之中，无时无刻不受日本文化的熏陶，他们的一言一行都是自己所在文化的反映。在"争夺玩具熊大战"中，每个幼童及其与别人之间的关系，其背后反映的都是文化的价值（例如通过游戏和活动让幼童实现社会化、要采用观察等待的策略、不要干预幼童之间的纠纷等）。

附录：不同文化背景中的人，对"争夺玩具熊大战"的不同观点

- 不干预孩子之间的纠纷被许多日本人认为是年龄较大的儿童对班上最不成熟的同伴进行的一次社会化教育。森田老师和其他小松谷保育园的教职工之所以这样看待，是因为这种看法和传统的日本儿童社会化理论相辅相成，同时也是日本老师所熟悉的日本"文化脚本"中特有的台词。日本专家土居健郎认为奈绪表现出这样的行为是希望得到关注和接纳，只是表现方式较为笨拙，好在同伴都能明白这种方式并给予她反馈。在与奈绪争吵打架、纠正她的行为时，同伴仍选择接纳她，而不是对她置之不理或排斥她。森田老师说，幼童为玩具熊争抢的情景每天都有发生，而小松谷保育园的教职员工把这种行为看作是游戏，而不是打架。在打架中才有受害者和攻击者这些概念，在游戏中就没有。因此，问题不是"谁先动手的"，而是"谁先发起社会互动的"，不论是谁发起的，一旦游戏开始，幼童的努力是要阻止奈绪自己独占玩具熊的自私欲望以及纠正她的行为，然后再安慰她。许多日本人认为，当代日本幼童需要接受学前教育的主要目的是使他们有机会体验家庭所不能给予的较高层次的、更复杂的社会生活，成人的干涉可能有碍于幼童对这种复杂社会生活的体验。

- 许多中国人和美国人认为，森田老师不干预的做法是一种失误，或是她对此不注意。她的失误在于不能保护孩子们免受伤害，也在于对班里各种事件的发生缺乏敏感意识，对孩子们缺乏关心，缺乏对他们社会能力发展的关注。

- 与中、美两国的同行相比，日本幼儿教育工作者赋予孩子的肢体语言行为以更多价值，给予更多宽容。许多日本观众认为，幼童的这些扭打与其说是行为失控，不如说这些幼童做事的方式就是这个年龄儿童特点的表现；与其说这些幼童行为差劲，不如说他们积极地发展着社会性，只是用了不成熟、幼稚的方式。

(资料来源：《重访三种文化中的幼儿园》)

原始思维与幼童学习

引言

在研究幼童时，人们常将幼童与原始人类进行比较，从原始人类留下的"遗迹"中去寻找原始人类所思所为的轨迹及其原因，并以此去推测、演绎和解读幼童。

人们之所以这样做，是因为幼童与原始人类的思维和行为有许多相似的地方。

婴儿基本处于潜意识的混沌之中，具有浓重的原始和幻想色彩。伴随着年龄的增长，他们逐步进入非理性的、以象征物为媒介的直觉思维状态中，这种状态可以追溯到数百万年以前的原始人类身上。幼童的幻想、游戏、绘画等都是这种状态的体现。

以下从文字、数与数字、音乐、绘画、科学等角度，以原始人类在这些领域的特征作为线索，探究幼童的思维与行为表现以及他们的学习特征。

早期的人类文字

随着人类文明的发展，人需要阅读和书写文字。例如，据考证，古埃及人和苏美尔人为了社会交往，特别是记录商业交易而各自发明了自己的文字，这些都属于早期的人类文字。后来，文字被用于记录历史事件、传播宗教思想、书写信件等。

公元前 3100 年，古埃及人用写有象形文字的骨片和象牙片来标注商品，这些是古老的文字存在的证据。象形文字（神圣的符号）用表现日常事物的图形来代表事物、语义范围和发音。

公元前 3200 年，苏美尔人在黏土板上书写楔形文字。最初的符号是动物和器物的图案，后来简化为楔形图案。这种图案符号是用削尖的芦苇秆在湿黏土上压印而成的，每次压印都产生一个楔形，得到的图形符号表示了它的发音、语义范围和所表征的事物。楔形文字最初是图画式的象形文字，随着图形的简化和符号意义的增加，逐渐发展成表意文字。

▲ 苏美尔人的楔形文字　　　　　　▲ 苏美尔人的楔形文字

世界上几种古老的文字，包括象形文字、楔形文字、玛雅文字、古印度文字等，其原始形态都是图画，图画孕育了原始文字的雏形，后来逐渐出现了初期文字。每一个文字都是一幅可读的图画。对于在蒙昧中创造文明的古人来说，周围的一切都是具体的、形象的，古人凭借对具体形象的感受、识辨、判断、记忆等来把握周围的各种对象。

公元前 1300 年，中国人在甲骨上刻写文字，使用一种用来"表意"的图形符号来表示意义和事物。这种文字中没有表示发音的符号。

公元前 1000 年左右，腓尼基人开始使用字母，文字开始出现了巨大的进步。腓尼基人借用古埃及人的一些象形文字，简化了苏美尔人的若干楔形文字，将数千个不同的图形变为简单而便于书写的 22 个字母。这是一种表示辅音符号（无元音）的文字体系，其优势在于只有 22 个字母，让人很容易学会这种文字的读写方法。

▲ 腓尼基人使用的 22 个字母

后来，古希腊人运用并发展了腓尼基字母，还出现了元音符号，在全世界范围内传播。这套文字体系又被古罗马人（以拉丁语为官方语言）采用，他们对其稍加改动，变成了当今全世界都在使用的罗马字母。

西方人与中国人的思维方式不同，西方人的思维是抽象的、理性的，而中国人的思维是形象的、感性的。有人说，中西文字的差异是造成中西两种不同思维方式的一个重要原因；也有人说，中西两种不同思维方式是造成中西产生

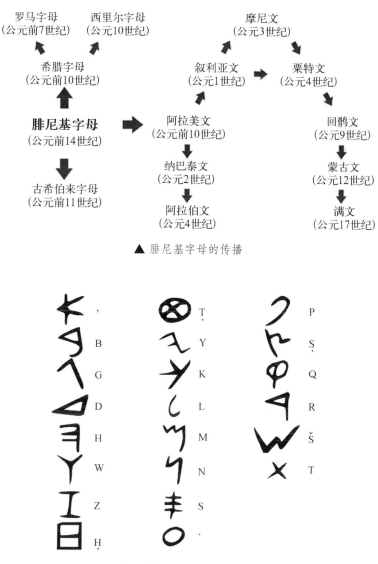

▲ 腓尼基字母的传播

▲ 腓尼基字母向罗马字母的演变

了两种不同文字的一个重要原因。其实应该说，这两者是互为因果的。

由腓尼基字母发展而来的西方语言，其书写形式是字母文字，这种文字既不表形，也不表意，而是表音，它完全割断了文字与形象的直接联系，是一种纯粹记录语音的符号。具体地说，在字母文字中，单个的字母多半没有语义，单个字母及其组合被用作一种带有普遍意义的符号，对某一事物的本质进行抽象，并建立起"一一对应"的抽象关系，由此形成了语言。因此，这种纯粹记录语音的字母文字逐渐形成了西方人长于抽象思维的特点。

古希腊人在字母的基础上创立了语法学，并在对语法结构的进一步形式化研究上创立了逻辑学，这样，语言学就成为了"人文科学"和"自然科学"之间的一门独立学科。亚里士多德创立的形式逻辑学为西方科学的发展奠定了思维基础，这就是西方学者普遍认为语言和思维相互依赖的原因，例如哲学家黑格尔就声称："思维形式首先表现和记载在人们的语言里。"

尽管早期先出现的文字是象形文字，即使是腓尼基字母，主要也是依据这一类图画文字制定的，而这些图画与人头脑中与生俱来的图式是一致的，包括在涂鸦线的基础上发展的图形、曼陀罗式的图形等。但是，腓尼基字母的进一步发展走了"表音"而不"表形"或"表意"的路线，成为了与汉字完全不同的文字体系。

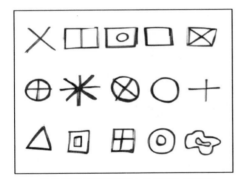
a. 幼童在涂鸦线的基础上自发产生的图形

b. 腓尼基人创造的字母

▲ 幼童自发产生的图形与腓尼基人字母的比较图

不同文字对幼童思维的发展起了不同的作用，意味着不同地区幼童的思维发展会受到外界语言环境的影响。因此，对于我国的幼童而言，加强逻辑思维训练是十分必要的。

▲ 腓尼基人的字母的发音

汉字的发展

汉字在五千年的中华文明史中，始终被使用着，并发展着，从未中断，这在人类历史上是独一无二的，它保存了人类历史上最为丰富的文明产物。

汉字是世界上最优秀的文字形式之一。汉字隐含着东方思维的方式，融入了具象、隐喻和会意的思维形态，成为了中华民族精神的载体，在历史的长河中，照亮了中华民族执着前行的光辉历程。

我国在原始社会末期就出现了最原始的文字。尽管世界上几种古老的文字，其原始形态都是图画，这是因为古人凭借对具体形象的感受、辨识、判断和记忆创造了文字，需依靠图画使文字的意义更具直观性，但是这种特征在古代中国文字的构形中表现得尤为明显。

我国自古就有"书画同源"一说，因为最早的文字来源就是图画，汉字的起源就是原始的图画，逐渐地从原始图画变成了一种"表意符号"，具备了简单文字的特征。汉字经历了在形态上逐渐由图形变为笔画、象形变为象征、复杂变为简单，在造字原则上从表形、表意到形声同义的演变过程。

目前的考古还没有发现夏朝有文字，但在商朝，甲骨文已是相当成熟的文字体系了。甲骨文是在龟甲或兽骨上镌刻的一种文字，主要用于王室占卜记事。甲骨文是由"表意符号"演变而成的，象形程度高，被认为是汉字的第一种形式。已被发现的甲骨文字大约有五千个，其中能被辨认出来的接近一千五百个。

我国东汉文字学家许慎在全部汉字中整理出五百四十个"文"，这是衍生出来的全部汉字的字源，将这些"文"作为将汉字分门别类的"部首"，衍生出来的有九千三百五十三个"字"，由此形成了中国历史上乃至人类历史上第一部字典——《说文解字》。

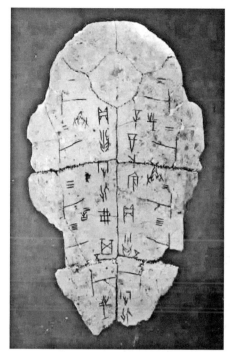

▲ 刻在龟壳上的甲骨文

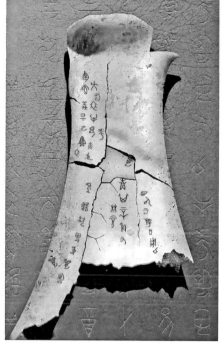

▲ 刻在兽骨上的甲骨文

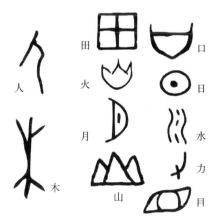

▲ 甲骨文象形程度高

例如，以"水"作为"文"，生出了"江河湖海"等四百六十八个"字"，让人望文生义，以水为部首的字都与水有关。

我国学者将《说文解字》中的部首排名，发现衍生字数最多的前十名依次是：水、草、木、手、心、糸、言、人、女、金，这大抵因为中华文明源于黄河流域，水边草木茂盛，人类赖以生存。

我国有学者在研究中，发现有七千六百一十一个汉字和一百个甲骨文有直接的进化关联，换言之，一百个甲骨文参与构造了全部汉字的百分之八十多。于是，他们设想只要熟悉这一百个甲骨文，就可为理解百分之八十的汉字打下基础；他们认为这一百个甲骨文就是古人观察宇宙人生的一百幅简笔画；他们更进一步推演如若先让幼童画以这一百个甲骨文为基础的简笔画，对幼童以后学习汉字是有意义的。

我认为古人创造了汉字，其来源有两个方面，其一是与生俱来的印刻在古人头脑中的"符号系统"，它也许是人的"基因"自然表达的结果，幼童早年自发生成的图形就是明证；其二是古人的生活经验给予他们对真实世界的认识，以及他们对现实与未来生活的追求，这两者兼顾、融合和妥协，并随文字需要从象形变为象征的发展中逐渐演变而成。简而言之，汉字的创造和演变，是自古至今生活在中华土地上的中国人先天与后天各种因素相互作用的结果。

真实世界的太阳

从甲骨文到现代汉字，"日"字的演变过程

幼童自发的图形

▲"日"字的演变过程和幼童的画

由于汉字的起源就是原始的图画，而且原始的图画与幼童与生俱来的"符号系统"又相对一致，故学习汉字更依赖直觉思维，而非逻辑思维。因此，对

▲ "鸟"字的演变过程和幼童的画

丁处于直觉思维阶段的幼童而言，学习"因形求义"的汉字比学习较依赖逻辑思维的西方文字更为容易。

数和数字从何而来

大约在 300 万年前，原始人就已经采用在绳子上打结的方法来计算数量，并以绳结的大小来表示猎物的大小。有了这种所谓的结绳法，人类才将数真正从外在的事物中抽象出来，使之成为一种能被用于计算和区分事物的概念，而不再跟事物的具体特征相关联。数就这样被发明了。

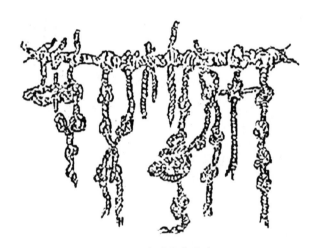

▲ 古人发明的结绳法

古人发明了多种多样的结绳法，能被他们用于解决生产和生活中的各种问题。例如，利用在不同位置打结来达成进位的目的；又如，绳结的尺寸、颜色和形状都可用以记录有关庄稼、产量、租税、人口等资料与信息，黄色的绳就可表示黄金或玉米等。

结绳法不但在远古时候被使用，而且被一些民族沿用了下来。我国宋朝有人记载："鞑靼无文字，每调发军马，即结草为约，使人传达，急于星火。"说的是用结草来调发军马，传达要调的人数。我国藏族、彝族、高山族等民族虽都有文字，但是迄今还有人使用这种方法来表示数量。

虽然无法考证，但是可以推测远古时候的人类最初开始计数时，很有可能先使用的是手。每个人都有一双手、十个手指头，手指为人提供了十分方便的计数工具。人在数数时可通过手指帮助记忆，或用手指相互交流与数量有关的信息。对于远古时候的古人而言，手指与数字之间的关联不可分割。在英语中，"数字"就是拉丁语中的"digit"（手指）。

有学者推测，人们习惯运用"十进制"，可能就跟人有十个手指有关。远古时候的人用手指数数，十个手指能够帮助达成计数的目的。他们假设，如果人只有八个手指，那么古人很有可能就使用"八进制"了。

运用手指数小于十的数是比较容易的，但是如何数大于十的数呢？古人还发明了使用身体的不同部位以表示大于十的数的很多种不同方法。直至今天，世界上有些地方的人依然在用他们的身体来表示数。

在巴布亚新几内亚的部落中，据说至少有900种不同的体系。很多部落用手指，但是并不是"十进制"的。例如，有一个部落手指脚趾并用，运用"二十进制"，在他们的系统中，"十"就是"两只手"，"十五"就是"两只手和一只脚"，而"二十"则是"一个人"。

又如，巴布亚新几内亚的巴卢卡部落用到了身上的22个部位，但是同一个手指可以用以单独或联合表示"2、3、4、19、20、21"，为了避免混淆，他们在说这些数字的时候，总要指着相应的身体部位。

到了五六千年前，由于驯养动物、种植农作物以及交换物品的需要，人们发展了数字作为数的标记。那时，古巴比伦（底格里斯河和幼发拉底河流域）的人们开始制作黏土代币作为交易的凭证，不同形状的黏土代币表示不同的物品，一个椭圆形代币可以代表　袋小麦，一个圆形代币可以代表一罐油。如若一次交易需要很多代币时，人们就用黏土把代币包裹起来，并在黏土包上用削尖的木棍刻上不同的符号，以此表示包裹里有些什么。后来，人们想到了更简单的办法，即将符号刻在黏土上就表示了交易的内容。人们从河边挖出湿的黏土，并在上面做标记，等到黏土被晒干变硬时，标记就相对长久地固定了。通过这种标记方式,人们不仅发明了数字,还发明了代表数以外的楔形文字。可以说,这种所谓的楔形文字的出现是由数字引发的。在古巴比伦,一个符号代表1,5个符号代表5,一个符号向右倒代表10,到60时又回到原来的符号。这种标记数的方式使用的是"六十进制"。

古埃及人采用"十进制",数字是"象形文字",线条表示1、10和100,一朵莲花表示1 000,一根手指表示10 000,一只青蛙表示100 000,一个神则表示1 000 000。

殷商时代(公元前14—前11世纪)的甲骨文中已有13个有关数的符号,最小的是"一",最大的数是"万",一、十、百、千、万都各有符号,并已蕴含着"十进制"的萌芽。

▲ 在黏土块上面做标记代表数

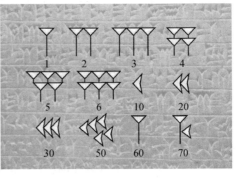

▲ 古巴比伦人运用的代表数的符号

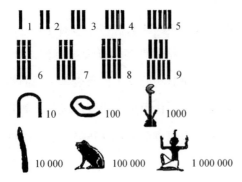

▲ 古埃及人运用的代表数的符号

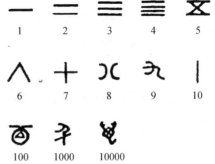

▲ 甲骨文中的13个有关数的符号

罗马数字流行于由罗马帝国统治时期的欧洲，以"十进制"计数，用罗马数字表示，持续用了两千多年，直至今天。

古印度数字是古印度人在公元前 200 年发明的，后来在亚洲经商的阿拉伯人学会了这些数字，并将它们带到了欧洲，故被欧洲人称为阿拉伯数字。这种数字只有 10 个符号，书写起来既省时间，又省空间，计算起来也很方便，因此成为现在全世界通用的数字。人们发现在古印度数字中，有几个角，就代表了是什么数。

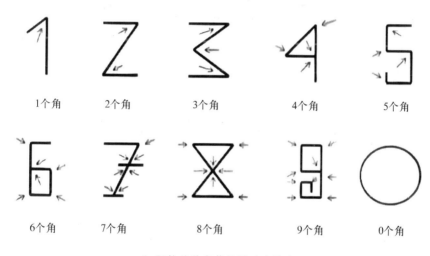

▲ 阿拉伯数字符号及对应的角

从人类文明起始时，人们就与数以及数字联系在一起了。作为数的标记，人类最初的数字都是简单的线条和点。

追溯人类文明史中数及数字的发明过程，有益于人们理解幼童头脑中数概念的发展、形成，理解他们对代表数的标记的运用。

有些人都认为，幼童数概念的建立需要经历从实物、图片到符号表征的转变过程，因此，可以先通过实物、图片中含有数的意义的图片，让幼儿感受数的存在，然后建立数量多少的意识，最终从表象向抽象的数字符号过渡，从而形成数概念。根据这样的"逻辑"，可先让 3 岁左右的幼童学习唱数，从 1 到 9 将数字背诵熟练；在 4 岁以后，让幼童先后将所背诵的数字与具体的实物（如 1

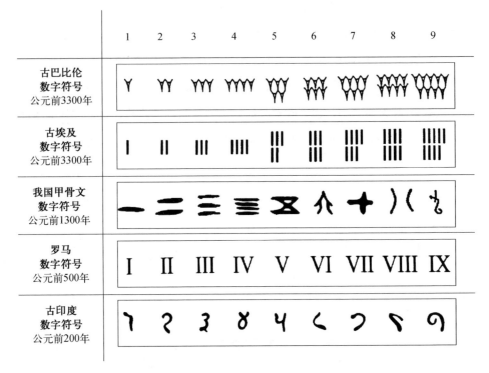

▲ 在历史进程中几种主要的数字符号

个苹果、2个苹果等）和抽象的图片（图片上画5个梨，1个梨包含在5个梨之中）联系在一起，形成一一对应的关系，并知道2个苹果比1个苹果多，5个梨包含了1个梨（类包含）；之后，可以用1—9等更抽象的纯数字符号取代实物或图片。

但是，回溯人类运用数的发展过程，可以看到数学不是自然的一部分，而是自然之外的另一套事物重新组成的集合，是脱离实物而由人在自己脑中创造出来的事物之间的关系。数学超越了自然宇宙，其空间远大于人类所生活的这个自然宇宙。作为口语和文字的数字，只是代表这种关系的标记而已。

同发明数以前的原始人类一样，幼童是没有数概念的，他们可以随着年岁的增长，感受和识别客观世界的万物，但是很难感受到有关这些事物之间的关系，这是需要自己用头脑建立起来的。例如，一个3岁的幼童，懂得这是苹果、那是梨是相对容易的，但是要让他理解一共2个水果，那就比较困难，因为2个水果是由一个苹果与一个梨根据加法规则而建立起来的关系，这种关系并非客观存在的。

借助人类的数概念发展及数标记运用过程这一视角，去思考幼童数概念发展及数标记运用的问题，大致可以提出以下一些想法：

第一，幼童获得数概念以及运用数标记是其内在的需要，是个"艰难"的过程，就如同原始人类因为有需要才导致他们"伤脑筋"地去"自找麻烦"，苦苦地去思索和探究，而且经由了很长的过程，才有了数概念和数标记一样。

第二，幼童获得数概念以及运用数标记，与其在日常生活中经常受到数刺激有关，与幼童有意无意地用手指及身体做游戏等有关，就如同原始人类建立数概念之初遇到实际问题，使用手指来帮助记忆，用画线、系绳来计数一样。

第三，幼童获得数概念，依赖自己的主动建构，而数标记的运用只是他对已经建立在头脑中的数概念的认同。这就是皮亚杰所说的："假定儿童只是从教学中获得数的观念和其他数学概念，那是一种极大的误解。相反，在相当程度上，儿童是自己独立地、自发地发展这些观念和概念的……。"

当看到一个幼童在用手指帮助自己数数或计数时，千万不要去打扰他，因为人们无法知道这个幼童在运用什么方法建构着自己的数概念，他心中的逻辑和概念可能与成人是不一样的。

当看到一个幼童在游戏中做"标记"，运用自己创造的符号标记他们的所感所思，千万不要去打扰他，因为人们无法知道这个幼童所用的标记代表的是什么意义，他给予自己创造的符号以自己的意义。

"0"看似简单，却难以掌握

在一般人眼里，0与1、2、3、4、5、6、7、8、9没有大的区别，但是实际上，古人发明"0"不是一件容易的事情，在时间上至少比发明其他数字要晚许多年。有人赞同这样的说法："0"的发明是对人类文明的一个伟大贡献。

"0"，看似简单，作用却非凡。在阿拉伯数字中，"0"的意义非常丰富，它表示"没有"，又表示位值计数中的空位，例如，把一个"0"放在一个数字的末尾，就等于把它扩大了十倍；"0"还与其他数一样，也是一个独立的数，可以独立参与运算。例如，"0"是介于－1和1之间的整数，是正数和负数的分界，是偶数，是最小的自然数，也是有理数；"0"没有倒数，"0"的相反数是"0"，"0"的绝对值是"0"；"0"的平方是"0"，"0"的平方根是"0"；"0"乘任何数都等于"0"，除"0"之外任何数的"0"次幂都等于"1"；"0"不能作为分数中的分母或除数出现，"0"的所有倍数都是"0"，"0"除以任何非零实数都等于"0"……

古巴比伦人通过在黏土上的楔形标记之间留下小裂缝来表示"0"，但是他们并没有把裂缝当作数字。

我国古代的筹算数码中就用空位表示"0"，例如"608"，可以用"⊥ ┬"来表示。

尽管古希腊人在数学上卓有成就，但是他们不认同"0"，甚至认为这是魔鬼数字，因为逻辑不通。古希腊哲学家亚里士多德认为"0"所代表的虚空的概念是非法的，会导致不可理解的结果。在古罗马数字中也没有"0"，罗马教皇甚至明令禁止使用表示空位的符号。

据考证，"0"是由古印度人发明的。公元前3世纪，古印度人发明了数字符号 1—9，却没有数字符号"0"，他们就用空位表示。一千多年后，到了印度笈多王朝，出现了"0"，当时是用"·"表示的，这在一份古代的数学文献——《巴克沙利手稿》中可以发现。在印度瓜廖尔市发现的一块公元 876 年的瓜廖尔石碑上，已记有数字"0"，瓜廖尔数系后来逐渐被发展为人们今天使用的 0、1、2、3、4、5、6、7、8、9。

中世纪印度数学家婆什迦罗在《算法本源》中对负数和零的运算法则已经作了论述，提出分母为"0"的分数表示一个无穷大的量。

中世纪印度数学家婆罗摩笈多也在《婆罗摩笈多修正体系》中比较完整地叙述了 0 的运算法则："负数减去零是负数；正数减去零是正数；零减去零什么也没有；零乘负数、正数或零都是零。"

后来，包括"0"在内的阿拉伯数字被世界各国接受和运用，逐渐成为一种国际通用的数字语言，在古代、近代和现代科学的发展中扮演了极其重要的角色。之所以称"0"的发明是人类的一项伟大发明，是因为如果没有"0"，人们就无法进行完整的运算，整个数学的体系也是不完善的。

幼童掌握数字"0"，也比懂得其他数字困难得多。

"0"这一数字不难写，据说古印度人使用鹅卵石在沙地上进行计算，而圆圈"0"就是留在沙地上的痕迹，古印度人用自己的智慧赋予了圆圈"0"这个符号以解决人类普遍性问题的意义。

幼童会画圆，是在涂鸦的基础上自发生成的，不需要任何人去教。但是他们所画的圆只是他们与生俱来的一种自发、自然的表现，并不代表任何意义，只是他们在后来的生活中接触了纷繁复杂的客观世界，逐渐认同了他们所画的圆可以象征苹果、大饼、气球等。

幼童认识从"1"到"9"的数字所表征的意义，是比较困难的，因为需要幼童主观地将事物之间的关系抽象出来。但是，在这个抽象过程中，幼童至少还能在数字符号与实物之间建立一一对应关系，虽然幼童抽象意义的获得与实物本身的属性之间并没有关系，但是这个过程毕竟比较接近他们的直觉思维特征。

但是要让幼童认识他们所画的圆圈"0"代表的是"没有",这意味着数字符号与实物之间没有联系,需要幼童完全的抽象思维,需要他们去想象"0"代表不了任何东西,这对幼童而言是十分困难的,这与古人为什么经历了那么长时间才发明"0"是一个道理,这也与古希腊人认为"0"是不合逻辑的、非法的,古罗马人不明白既然没有东西要数,那么为什么还要有个数字,都是一个道理。

其实,"0"的意义不只是"没有",还可表示位值计数中的空位,还可独立参与运算等。如果说,部分的幼童还有可能较快懂得"0"可以代表"没有"的意义,那么后几种意义一般需要到学龄期才能真正明白。

我国学者曾做过相关研究,研究结果表明,学前至小学中低年级儿童对"0"的概念的理解、应用"0"进行加减乘除运算的能力是不断提高的,但是,对于把"0"作为除数或被除数的理解要落后于将其作为乘数或被乘数使用的理解。[1]

这个研究虽然没有得出应用"0"进行加减乘除运算的能力是什么年龄阶段才能获得的结论,因为人与人之间存在很大的差异,但是一般而言,这一能力的获得在学龄期才开始慢慢实现,且有一个循序渐进的过程。

---

[1] 周仁来,张环,林崇德. 儿童"零"概念形成的实验研究[J]. 心理学探新,2003 (01): 29—32.

原始人类的音乐与幼童的音乐[①]

从广义上说,所谓五声音阶,意指由五个音所构成的音阶,即在一个八度内取五个不同的音,可以组成一个五声音阶,例如将第四音和第七音去掉,由其他的音可构成一个五声音阶。

五声音阶被使用在不同形态的音乐中,例如摇滚、蓝调等。在我国古代音律中,有宫、商、角、徵、羽这五个基本音阶,"宫"音代表天子,统帅众音,"商"音代表臣子,"角"音代表百姓,"徵"音代表政事,"羽"音代表万物。与七个音阶比较,古代音律中的"五音"相当于 do、re、mi、sol、la,少去了半音递升的"fa"和"si"。岳飞作词的《满江红》全曲、江南小调《茉莉花》都是五声音阶的乐曲。

人类创造的音乐文明,历史比发明文字更为长久。考古学家通过史前遗物证实,从 200 万—300 万年前开始至 1 万年前为止的旧石器时期,已经出现了四声音阶音乐,到新石器时期则发展成为五声音阶音乐,这是音乐从蒙昧时代发展到文明时代的分水岭。

四声音阶主要体现在劳动号子中,是当时最高的音乐形式。之后,出于表达、表现更为复杂情绪的需要,逐渐发展为五声音阶。对出土骨笛、陶埙等器乐的研究,可以证明这一观点。

我国贾湖遗址所在地贾湖村隶属于河南舞阳县北舞渡镇,至少在一万年前就已有古代人类在那里繁衍生息。那里所发现的骨笛,管身多用鹫鹰的翅膀骨制作而成。英国《自然》杂志曾刊登过介绍贾湖骨笛的文章,标题是《世界上

[①] 本文主要参考:阮婷.3—6 岁儿童五声音乐能力发展特征及其教育价值研究[D].上海:华东师范大学,2017.

至今仍可演奏的最早乐器》,这批骨笛是新石器时代的产物,距今已有大约9 000年的历史了,它们能奏出完整的五声音阶。

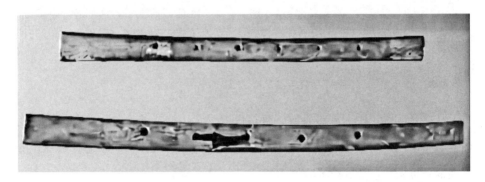

▲ 贾湖遗址341号墓的骨笛,能奏出四声音阶和五声音阶

陶埙在古代主要为诱捕猎物所用,是我国原始的闭口吹奏乐器,用陶土捏制,外形有椭圆形、橄榄形和管形等,中间为空,在我国很多文化遗址中都有出土。在考古学中,陶埙是可用以追寻原始人类最初的音阶概念、乐律思维以及音响乐律发展的素材,在从新石器时期到夏商时期的长达三四千年的历史中,陶埙的音孔从无到有,最终发展到五音孔。陶埙的发展给人以提示:(1)早期陶埙中出现的小三度音程可能是音阶出现的源头;(2)音阶的发展与一个音孔到五个音孔的陶埙音高的发展过程是同步的;(3)三音孔陶埙构成了"羽、宫、商、角"的结构,而后来的陶埙几乎完整地显现了所有的音高;(4)早期陶埙的音列结构显现的是中华民族五声音阶的乐学思维。①

研究原始人类音乐发展的历程,也可从人类学的视角展开。

例如,基诺族是我国的一个少数民族,聚居地位于我国云南西双版纳的中部基诺山。基诺族有着本民族独特的原生竹鸣乐器和与之相应的完整的音乐文化,竹鸣乐器是在基诺族原始狩猎音响器的基础上逐渐形成的一类乐器。基诺族民歌的旋律大多呈现完整的五声音阶,具有明显的中国五声调式音乐体系的特征。

---

① 陈其射. 中国古代乐律学概论[M]. 杭州:浙江大学出版社,2011.

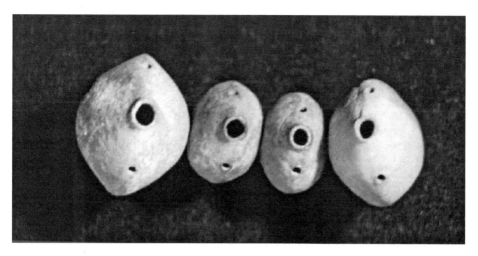

▲ 甘肃玉门火烧沟陶埙的吹孔和音孔

又如，畲族也是我国的一个少数民族，散居在我国福建省、浙江省、江西省、广东省以及安徽省等。畲族人没有自己的文字，畲族文化与音乐的传承主要是通过口传身授的方式。畲族人称民歌为"歌言"，畲族歌言中保留了极为久远的历史记忆，在封闭的山区中，畲族原始歌言的音调形式等保留得依然十分清晰，从中可以洞见人类原始时期音乐的特征，堪称音乐的"活化石"。在畲族音乐中，闽浙调是在畲族最大的聚居区域——闽浙交界地带广泛流行的畲族歌言音调，属于五声音阶商调式。

如若将人类音乐的发展与个体幼童音乐的发展进行比较，可以发现两者有类似的发展轨迹。具体地说，人类音乐的发展呈现了从五声音阶到七声音阶的过程，而每个个体所表现的音乐发展复演了这个过程。也就是说，幼童所表现的音乐是五声音阶，随着年龄的增长才逐渐变为七声音阶。这就是儿童歌曲大部分都是五声音阶的道理，如由人民音乐出版社出版的《中国民间儿童歌曲集》收录的229首的儿童歌曲中，有201首属于五声音阶的歌曲，几乎占到了88%。

国外有学者把婴幼儿时期自发而本能"创作"的"歌曲"称为"本能歌"，区别于"咿呀之语"：1岁幼童的"本能歌"，表现为下行的小三度音程；2岁左右，"本能歌"开始演变为"轮廓歌"，类似由早期幼童绘画中由自发生成的涂鸦演变成的"蝌蚪人",只有大体上的构架,被称为"近似歌唱";大约到了2岁半时,在"轮廓歌"音程(两个乐音之间的音高)的关系中,出现了四度和五度音程,但大二度和小三度仍是主要的,经常出现的是同音的反复;3岁后幼儿的自发歌曲开始走向内容的充实和完善。

幼童五声音阶的发展与我国考古证据以及基诺族人、畲族人的五声音阶发展具有相似性,可以推测作为原始人类的人与处于个体早期发展阶段的幼童,自发产生初始"音乐"的机制是类似的。

整体上,音乐从五声音阶发展到了七声音阶,而幼童的音乐也是如此。幼童音乐发展中需要经历由幼童五声音阶发展向七声音阶的过程,且在早期以五声音阶发展为主。

研究表明,幼童在4岁左右的五声音阶表现能力呈快速发展的态势。这样的结论使音乐教育家发展了一些基于这种思考的教育、教学。例如,匈牙利音乐教育家佐尔坦·柯达伊创建了柯达伊教学法,提出了将"儿童自然发展法"作为其课程的依据,以五声音阶的匈牙利民族音乐作为教学的切入点,贯穿于幼童的音乐教学中。又如,德国音乐教育家卡尔·奥尔夫创立了奥尔夫教学法,同样认为应从儿童身心特点和认知规律出发选择音乐教育的材料,他选择的是以 sol、mi 二音入手,并用五声音阶为儿童创作歌曲。

原始人类的岩画与幼童的绘画

原始人类留下了大量的岩画，如阿根廷拉斯马诺斯洞穴、西班牙阿尔塔米拉洞穴、印度比姆贝卡石窟、法国拉斯科洞穴、澳大利亚卡卡杜国家公园等地中，均能找到痕迹；在我国，也在云南沧源和宁夏贺兰山发现了痕迹。根据考古的发现，世界上发现岩画的遗址遍及五大洲的150多个国家。

原始人类为什么会在岩石上画画？这是无从考证的问题，各种设想都有，有关于原始人类想要传递、传承有关信息的说法，也有与原始人类的信仰有关的说法。其中，至少有些想法是可以肯定的，那就是刻画在岩石上的痕迹被长久地保存了下来，可以让后人看到。此外，原始人类居住在洞穴中，也便于他们在岩石上作画。有人称这些岩画是原始艺术创作，可称为"洞窟艺术"，这也许只是后人的想法，原始人类作画，可能只是他们想要表达、表现自己的所思、所想和所为，就像幼童绘画，并没有清晰的目的，只是出于原始的冲动，表达、表现自我而已。

有人将原始人类的岩画称为"人类童年的画"，这是有道理的。比较一下原始人类的岩画和幼童的绘画，可以发现两者有许多共同之处，其中最为突出的一点，就是都出于原始思维，而他们的画作只是他们思维的表达、表现，只是他们思维的标记符号。

原始人类和现代的幼童都属于人类。人类经由万千年的进化，许多不同于动物的行为和发展的潜在能力都已经印刻在基因之中了。原始人类与现代人之间的时间距离，在人类进化和发展的历史上只是很小的一段。作为"人类童年"的原始人类，跟处于个体童年的幼童，其基因的显性表达必然有其共同之处：较少受到外在环境，特别是较少受到文化的影响，较多是基因自然表达的结果。

全世界的幼童，不分国籍，不分肤色，不管使用的是什么语言，也不管自然地理、社会和文化等方面的差异，在绘画方面都会经历类似的发展阶段，都有类似的表现形式，这并非偶然，不得不用人类基因的自然表达来作解释。

▲ 一个中国幼童的画①　　　　　▲ 一个巴西幼童的画②

▲ 一个密克罗尼西亚（西太平洋岛　　▲ 史前岩画（左图）与幼童绘画（右图）
　屿）幼童的画③

同样，比较世界各地发现的原始人类岩画与幼童的画作，也可以发现它们都有惊人地相似的表现形式，这也非偶然，这也不得不用人类基因的自然表达来作解释。

---

① 朱家雄. 儿童绘画心理与绘画指导[M]. 上海：上海教育出版社，1991.
② Brittain W L. Creativity, art and the young child[M]. New York：Macmillan，1979.
③ Brittain W L. Creativity, art and the young child[M]. New York：Macmillan，1979.

无论是原始人类的岩画，还是幼童的画作，其主要都是他们头脑中已有图式的外在显现。原始人类与幼童之间没有任何沟通，也不可能有任何沟通，其画作居然如出一辙，应该被解释为两者头脑中已有图式是类似的，是作为人类印刻在基因里的"信息"的展现。

曼陀罗是一个神奇的图形，它貌不惊人，以椭圆、矩形与十字形构成的结合体居多，却可能就是印刻在人类基因里的一种图式，由此英国哲学家里德把曼陀罗看作是几十万年以来残留在人类内心深处的原型遗迹中的一种。曼陀罗、小太阳和蝌蚪人在原始人岩画与幼童画作中都频繁出现。

在我国云南省的沧源佤族自治县，发现了新石器时代晚期距今3000多年的岩画，这是我国所发现的最古老的岩画之一。在我国宁夏回族自治区的贺兰县境内，也发现了古代北方西戎、匈奴、鲜卑、突厥、党项等古人遗留下来的岩画，创作时间在公元前770—前476年（春秋时期），延续到公元1038—1227年（西夏时期）。

这些画刻在山崖上的岩画都是古人的画作，如若将它们与幼童自发生成的图形相比较，可谓惟妙惟肖。例如，贺兰山岩画的曼陀罗与幼童自发生成的曼陀罗、贺兰山岩画的"太阳神"与幼童自发生成的小太阳、沧源岩画的人和动物与幼童自发生成的正面画人、侧面画动物的图形，都会让人感觉到不可思议。

▲ 贺兰山岩画　　　　　　　　▲ 幼童自发生成的曼陀罗

▲ 贺兰山岩画

▲ 幼童自发生成的小太阳①

▲ 沧源岩画

▲ 幼童自发生成的人和动物图形

---

① [美]鲁道夫·阿恩海姆.艺术与视知觉[M].滕守尧,朱疆源,译.北京:中国社会科学出版社,1984.

原始人类的科学与幼童的科学

哲学家和科学家都曾试图给"科学"作一个能够充分反映其本质的定义，但是终难达共识。

在梵语中，"科学"一词是指"特殊的智慧"。

在英语中，"科学"一词来源于拉丁文"scientia"，意为"知识""学问"。

1888年，达尔文在《生活信件》一书中指出："科学就是整理事实，以便从中得到普遍的规律或结论。"达尔文的定义指出了科学的内涵，即事实与规律。

世界各国的工具书对于"科学"这个词汇的解释有共同之处，也有差异。

我国的《辞海》对科学的定义为："运用范畴、定理、定律等思维形式反映现实世界各种现象的本质的规律的知识体系。"

法国的《百科全书》对科学的定义为："科学首先不同于常识，科学通过分类，以寻求事物之中的条理。此外，科学通过揭示支配事物的规律，以求说明事物。"

苏联的《大百科全书》对科学的定义为："人类活动的一个范畴，科学的职能是总结关于客观世界的知识，并使之系统化。"这个定义将科学定义为动态活动，是获取知识的过程，而非只是知识本身。①

综上所述，可将"科学"看作为"建立在实践基础上，经过实践验证，具有严密逻辑论证的，关于客观世界在各个领域的事物现象的本质、特性、必然联系或运动规律的理性认识、知识体系"。②

一般认为，科学具有这样的特征：（1）理性、客观；（2）可证伪（虽无法知

---

① 周川. 科学的教育价值[M]. 南京：江苏教育出版社，1993.
② 周川. 科学的教育价值[M]. 南京：江苏教育出版社，1993.

道是否正确，但可证明其错误）；（3）普遍性、必然性；（4）对规律的追求，有动态性。

纵观科学发展的历史，可以看到科学的发展有赖于探究科学的人所具有的三种品质：（1）有强烈的好奇心；（2）信赖理性知识；（3）认知活动少受、不受风俗习惯的妨碍。古巴比伦人也有科学，但他们受制于星象学，科学发展极其受阻；古埃及人和中国的祖先也有科学，但阻碍科学发展的外界因素也太多。相比较而言，古希腊人稍许符合这些品质一些，这就是有人认为古代的科学起源于古希腊的原因。

例如，人类认识宇宙经历了极为漫长的过程，从亚里士多德、托勒密到哥白尼，他们都有自己对宇宙的观点与看法，有自己的理论架构，并且其理论主导了一段较长的历史时期。在两千多年以前，无论是东方还是西方，皆认为地球是宇宙的中心，一切星辰都围绕地球运转。亚里士多德在公元前四世纪提出了"地心说"。在我国，早在殷末周初时期，就出现了"盖天说"，指天圆如张盖，地方如棋局，我国早期的神话故事就是以"盖天说"为依据的。十六世纪，哥白尼提出了"日心说"，但他的学说被教会列为"邪说"，他的书被教会列为禁书。直到1608年，意大利科学家伽利略用自己制作的第一个天文望远镜望向了太空，看到了太阳系内的近距离天体以及天文现象，才改变了天文学的进程。后来，威廉·赫歇尔用他制造的望远镜望向了更远的太空，观测到更遥远的昏暗天体，记录了2 500个星云、星团，累计观测到十余万颗恒星，建立了历史上第一个银河系模型，证实了银河系为扁平状的圆盘。可以说，这样不断探究、不断发现的过程是永无止境的。

对于幼童而言，其头脑中的科学是什么？幼童的科学与成人的科学有何不同？他们的科学与原始人类头脑中的科学有何异同？

从儿童心理学的视角看，幼童头脑中根本不可能有与成人同样的科学概念。皮亚杰从发生认识论的立场出发，强调的是幼儿的自发概念，只有自发概念才能反映幼儿的思维，而非自发概念则体现了幼儿掌握成人思维的程度和性质。

维果茨基也有类似的说法，他认为，幼儿科学概念的发展经历着不同于日常概念发展的独立道路，所谓的日常概念，与皮亚杰所谓的自发概念有相近之处，指的是在日常生活中自然形成的，不一定能正确反映事物的本质；而所谓的科学概念，则与皮亚杰所谓的非自发概念也相一致，是比较确切反映事物本质特征的，是儿童在掌握成人所授予的知识体系中发展起来的。由是，维果茨基得出这样的结论："科学概念的发展只有达到学校年龄并具有一定的水平时才是可能的。"[①] 但是他进一步说：这并非说，对幼儿实施的科学教育没有价值，"幼儿头脑里产生的高级类型的科学概念正是来自以前存在的较初级的和基本的概括类型，绝不是由外部植入幼儿意识的"。[②]

人们对幼童头脑中的"科学"有这样的假设：幼童与原始人类的思维有相似之处；个体发展可能重复种系发展的整个过程，因此可以从对早期人类科学思维发展的特点出发，给予人们了解幼童认识世界的特征以重要的启示。

对原始人类思维的研究表明，他们的思维表现为一种直观的、混沌性的整体思维，这一时期包括了整个前逻辑思维（亦称"原始思维"）和前逻辑思维向逻辑思维过渡的漫长的历史发展。

所谓思维的直观性，是指思维具有的感性具体性，即思维还没有从感性具体的物体中分离出来，一切思想意识的发生，都是由某种具体的刺激物所引起的；一切"思想"经验的交流，都要借助某种具体的或形象的实物、坐标、手势等媒介才可实现。例如，原始人类没有抽象的"头"的概念，他们只能理解"你的头，我的头"等具体的实物。

所谓思维的混沌性，是指思维不分化，处于混元状态。原始人类的思维是三维混元思维，这种思维会导致原始人类在眼中看到的是三维混元世界。在三维混元世界里，万事万物——从客观的、实在的对象，到主观的幻想或画像，都同时具有三种意义：（1）自身的形象（实物的世界）；（2）观念性质（灵神的世界）；（3）它对主体的意义，即或利或弊（善恶的世界）。

---

① [苏] 维果茨基. 维果茨基论著选[M]. 余震球, 选译. 北京：人民教育出版社，1994.
② [苏] 维果茨基. 维果茨基论著选[M]. 余震球, 选译. 北京：人民教育出版社，1994.

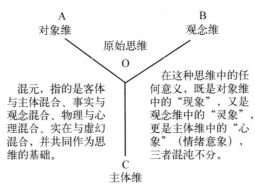

▲ 原始的三维混元思维

三维混元思维会给人带来想象的空间，而这种想象是随意的和主观的，他们可以将并无关联的事物随意联系在一起，主观地猜测它们之间存在着因果关联。例如，他们可以将"打雷"这样一种自然现象与人敲鼓这样一件完全不相干的事情联系在一起，认定天上打雷是因为雷公在敲鼓。

三维混元思维会给人带来思维形式的"一统性"，即不加区分概念、判断、推理等，而是统一地将思维隐含在某个具体的认识物之中。例如，在北美的一些部落里，仍然存在着一种"象征性的语言"，当两个部落要发生冲突时，一个部落就会送去一把"战斧"，以示对另一个部落的挑战，而另一个部落如果接受挑战，就要把斧头拾起，如果将斧头掩埋，则表示"和平的确立"。因此，这两个部落沟通的信息，既是某种实物（认识的客体），又是某种思想、意识。作为意识的表达者，斧头既可以表示"挑战"这个概念，也可表示"这是向我们部落挑战"的判断，还可表示"凡是有部落送来战斧就是向我们挑战，这个部落送来了战斧，所以，这个部落是向我们挑战"的推理。

三维混元思维还会给人带来思维成果的笼统性。原始人类还没有关于知识的分类概念，他们将各种不同的知识混杂在一起，即将各种知识都混聚于某个混沌的认识整体里。例如，在原始人类表现他们思想的"图腾"中，包含有宗教、自然、历史、哲学、艺术等各方面的知识。

幼童的思维多少带有三维混元思维的特征——直观、混沌。有一段一个成人与一个六岁幼儿关于"太阳"的对话,从这段对话中可以看出,这个幼童对"太阳"这样一个自然物体进行想象的随意性和主观性,对概念、判断、推理等不加区分的一统性,以及将各种知识混杂在一起的笼统性等。

成人:太阳是怎么才有的呢?

儿童:它生命开始时就有了。

成人:总是只有一个太阳吗?

儿童:不。

成人:那它是怎样开始有的呢?

儿童:从它懂事开始就有了。

成人:它是用什么东西做的?

儿童:火。

成人:它是怎么做成的呢?

儿童:因为那里着火了。

成人:天空里怎么会有火呢?

儿童:它是用火柴点着的。

成人:火柴是从哪里来的?

儿童:神扔下的。

在三元混元思维中,对象维中的"现象"、观念维中的"灵象"和主体维中的"心象"是不分的,万物都是有生命的。

早在1872年,英国著名人类学家泰勒在《原始文化》[①] 一书中创立了宗教起源于"万物有灵论"的学说,认为灵魂观念是一切宗教观念中最重要、最基本的观念之一。在原始社会旧石器时代的中期或晚期,原始人类的知识极其贫乏,对观察到的一些生理现象不能作科学的解释,认为睡眠、疾病、死亡等是因为某种生命力离开了身体;在梦中,人原地不动却可作长途旅行、与远方的

---

① [英]泰勒.原始文化:神话、哲学、宗教、语言、艺术和习俗发展之研究[M].连树声,译.桂林:广西师范大学出版社,2005.

或故去的亲友见面谈话，这是因为人的化身在进行真实的活动。他们把死亡和梦幻看作独立于身体的生命力的活动和作用，这种生命力就是最初的灵魂观念。原始人类运用类比方法，把灵魂对象化、客观化，并推及其他事物，认为动物、植物、山水石等非生物，以及雷雨电等自然现象都与自己一样，是有意志、有灵魂的，于是就产生了"万物有灵"的观念。这种观念又被称为泛灵论，流传范围很广，影响很大，不仅是宗教的起源之一，而且还出现在不少的哲学体系中，柏拉图、亚里士多德以及中世纪的经院哲学等都以此来解释灵魂和肉体的关系。

皮亚杰在研究儿童思维的过程中发现，儿童在心理发展的某些阶段也存在着泛灵论的特征。儿童把无生命的物体看作是有生命、有意向的物体的认识倾向，主要表现在认识对象和解释因果关系两方面。随着年龄的增长，泛灵论所涉及的范围逐渐缩小。皮亚杰指出，4—6岁儿童把一切事物都看成和人一样是有生命、有意识、活的东西，常把玩具当作活的伙伴，与它们游戏、交谈；6—8岁儿童把有生命的范围限制在能活动的事物上；8岁以后，儿童开始把有生命的范围限于自己能使之活动的东西上；再大一些，儿童才仅将动物和植物看成是有生命的。皮亚杰认为，前运算时期的儿童处于主观世界与物质宇宙尚未分化的混沌状态，缺乏必要的知识，对事物之间的物理因果关系和逻辑数理因果关系一无所知，所以思维常是泛灵倾向的。

美国心理学家霍尔则认为，儿童在个体意识发展的过程中，重演了人类意识发展所经历的阶段和过程，这个过程或多或少地伴随着某种自发的宗教意识的出现。儿童的泛灵论就是自发宗教意识的特征之一。

也有人不同意皮亚杰和霍尔的观点，认为儿童虽具有泛灵思想，但并不普遍；认为霍尔的复演论有牵强之处。

文学、艺术作品与幼童

引言

文学和艺术作品能给人以美感，文学家、艺术家创作了文学和艺术作品，他们的作品源于生活，高于生活，其创作是一个由俗至雅的过程。

与幼童有关的文学和艺术作品有两类，其一主要是为幼童而创作的，这类作品包括儿童文学、儿童电影、儿童剧、童话、绘本等，其二主要是为所有人所欣赏而创作的，其精神内涵涉及幼童，以幼童为创作的题材，这两类作品有时很难完全区分开来。

但凡涉及幼童的文学和艺术作品，其创作者都需要通过艺术构思，在头脑中将幼童的审美意象物态化，在外部结构、内部结构和深层结构三个层次上，通过艺术语言、艺术形象和艺术意蕴，创作出审美鉴赏的对象。

优秀的幼童的文学和艺术作品，首先应该是不以"成人的经验或成人的老成、老到为前提"的作品，这样，创作者与幼童之间的"隔阂"才会被消除；其次，也应该能勾起成人对自己童年的"乡愁"，诱发创作者自己对淳朴幼童世界的渴望。

与其他作品的创作者不同，涉及幼童的文学和艺术作品的创作者都要热爱其创作内容中自己所欣赏和理解的幼童，并努力去认识幼童，只有这样，才有可能在其作品中将难以解读的幼童抽提为高于生活的艺术形象。

在本部分内容中，我选择了一些大师的经典艺术作品，以说明这些大师与幼童心灵上的相通之处，通过挖掘深层结构上的哲学和艺术的意蕴，让读者理解幼童的精神世界；在本部分内容中，我也选择了一些为幼童创作的作品，从我的视角解读这些作品是如何表现幼童的心理特征和行为的，同时也多少试图去理解创作者所具有的"童心"。

《快乐的人》

叶圣陶是我国著名的作家和教育家,江苏苏州人。他著有多篇小说、散文和童话,他的童话《稻草人》被誉为我国文学史上最早为儿童创作的文学作品之一。

《快乐的人》是《稻草人》这本童话集中的一篇童话,讲述的是一个快乐的人的故事,因为他被一层幕围着,致使他看到了、想到了与众不同的世界,虽然他受到了蒙骗,或者"自欺欺人",但是他不自知,始终过得非常快乐。

叶圣陶的《快乐的人》给人留下了极大的想象空间,不同的人可以给予不同的解读,赋予不同的意义。有人会思考怎样的生活是"最快乐"的,快乐到底是喜剧还是悲剧,人世间到底有没有"快乐的人",这样一些富有哲理的问题。作为幼儿教育工作者的我,更多会思考的是"幼童原本就是快乐的人","他们本来的世界应该是快乐的","长大后他们的快乐的变化"……

以下是叶圣陶的《快乐的人》的故事梗概:

> 一个被一层透明的幕给包围着的人,在幕里生活,他觉得事事快乐、时时快乐,他隔着这层幕所看到的一切,也都处处快乐、样样快乐。
>
> 有一次,两个骗子来到他家,说要为穷人捐款,结果快乐的人慷慨地给了他们一块黄金,骗子不动声色地拿走了。妻子看到这种情况,非常生气,本想骂他,但看见他仍然在笑,一点也没感觉到自己被骗了,于是她的怒气也就消了。
>
> 他在田间看到养蚕的人昼夜不停地采了桑叶去喂蚕,他们得给桑树林的主人付了钱才能采,贫困难倒了养蚕的人。他隔着幕,嗅不出桑树林里

钱的臭气，只觉得满心快乐，将眼前的这一切看得如诗一般的美好。

他在纺织厂看到女工干活，早出晚归，辛苦不堪，工厂发出混污的气息，凝成惨淡的景象。因为他周身围着幕，一点也觉察不到混污和颓丧，只觉得眼前的一切都十分有趣，他反复吟唱自己的新诗，似乎周遭的一切都与他相呼应。

他走出工厂，很多人涌向了他，向他欢呼、行礼。这些人探知他带着很多黄金，想骗到手，找了个建造快乐纪念塔的借口。因为他周身围着一层幕，想到的只是纪念塔的雄伟和塔落成后的快乐，他又一次受骗了。

后来传说他死了，害的是什么病，谁都讲不清楚，有人说："他并不是害病死的。有一个恶神在地面游行，要使地面上没有一个快乐的人，忽然查出了他，就把他的透明无质的幕轻轻地刺破了。"

《快乐的人》中的好句摘抄：

- 他周身包围着一层极薄的幕，这是天生的，没有谁给他围上，他自己也不曾围上。……他被这么一件东西包围着，但是他自己不知道被这么一件东西包围着。

- 他在这层幕里过他的生活，觉得事事快乐，时时快乐。他隔着这层幕看环绕他的一切，又觉得处处快乐，样样快乐。

- 他捐了一大块黄金，觉得非常快乐，他闭着眼睛想："这两位客人拿了我的黄金，飞一般地跑到受灾的同胞那边，把黄金分给他们。……这多么快活！"他又想："我能得到这样的快活，都靠这两位客人。"他快活极了，对着镜子里的自己只是笑。

- 他高兴地喊着，就把带来的大块黄金都交给了他们。他们欢呼了一阵，……他呢，欢欢喜喜地回到家里，只是设想那快乐纪念塔怎么精美，怎么雄伟；落成的那一天怎么热闹，怎么快乐。这天夜里，他的妻子听见他在梦中发狂般地欢呼。

作者的话

在童话《快乐的人》中，如果将快乐的人想象成一个幼童，那是恰如其分的，幼童原本就是这样一个快乐的人。

我从本书写作的目的出发，主要关注和赋予如下意义：

(1) 幼童活在他自己的世界里。

在《快乐的人》中，一开头就有这样的话："他周身包围着一层极薄的幕，这是天生的"。幼童之所以让人感到神奇，就是因为他被这么一件与生俱来的东西包围着，通过它，他看到的、感受到的和想到的世界与成人不同，他入生就是快乐的。

在童话中，快乐的人对那些贪得无厌、坑蒙拐骗的人，那些桑树林中的无奈、欺凌和奴役，那些工厂环境的混浊和颓丧，都不存在。快乐的人就像一个涉世未深的幼童，眼里是一汪清水，没有一粒灰尘或沙粒。

幼童与快乐的人一样，整日生活在自身的快乐之中，这也许就是许多历尽沧桑的人所感叹的人生追求。

(2) 是"恶神"剥夺了幼童的快乐。

在《快乐的人》中，故事的结尾是这样的：一个恶神要使地面上没有快乐的人，查出了他，就把他的幕刺破了。如果将快乐的人比作事事快乐、时时快乐、处处快乐、样样快乐的幼童，那么刺破幼童天生的"极薄的幕"的"恶神"，就是剥夺幼童快乐的"恶神"——成人强加在幼童身上的种种"枷锁"。

《小王子》

安托万·德·圣埃克苏佩里，1900年生于法国，幼时爱遐想，后来参加了空军，成为一名飞行员，还留给后人许多文学作品，童话《小王子》是其中最有影响力的一部。

《小王子》讲述的是一个来自外星球的小王子在撒哈拉沙漠偶遇一名落难飞行员的故事。故事从小王子的视角，揭示了成人的空虚、盲目、愚蠢、僵化、教条，用幼童简单、天真的语言书写了人类孤独、漂泊的命运，表达了对真善美的赞美。诚如圣埃克苏佩里在献辞中所说，这本书是献给"长成了大人的从前那个孩子"。该童话于1943年首次出版，后被翻译成100多种语言，据称是全球最畅销的书籍之一。

童话常常赋予无生命的东西以生命，大多涉及超自然因素的神灵鬼怪。《小王子》虽是圣埃克苏佩里在几个月里一气呵成的作品，但却是他许多年生活和情感的积累，富有哲理，是一部全世界儿童和许多成人都喜爱看与听的童话。

以下是童话《小王子》的故事梗概：

童话的叙述者是个飞行员，他告诉读者，在大人世界找不到一个说话投机的人，因为大人都太讲实际了。接着，这个飞行员讲述了六年前他因飞机故障而迫降在撒哈拉沙漠，从而遇见小王子的故事：

有一天，一颗玫瑰花的种子飘落到小王子的星球上，并生根、发芽、成熟。以前，小王子从来没见过玫瑰花，他对这一朵有些虚荣的玫瑰花很好奇，并对她唯命是从，但他当时还太小，并不明白她表面虚荣但背后藏有爱意，他的心受到了伤害。于是，小王子决定离开她，离开他自己居住的小星球，开始了遨游太空的旅行。

小王子先后访问了六个行星，他遇见了霸道的国王、爱慕虚荣的人、忧郁的酒鬼、忙得不可开交的商人、忠于职守的点灯人和足不出户的地理学家，各种经历和见闻使他陷入忧伤，他感到大人们都太荒唐可笑、太不正常了。只有在点灯人的星球上，他才找到一个可以作为朋友的人，但点灯人的天地又太过狭小，除了点灯人自己，不可能容下第二个人。在地理学家的指点下，孤单的小王子来到人类居住的地球。小王子发现了人类缺乏想象力，只知像鹦鹉那样重复别人讲过的话。这时，小王子越来越思念自己星球上的那朵玫瑰花。

在经历了伤心和失落后，小王子遇到一只"等待爱与被爱的小狐狸"，小王子用耐心"征服"了小狐狸，并与它结成了亲密的朋友。小狐狸把自己心中的秘密作为礼物送给了小王子，这个秘密是：一个人只有用心去看，才能看到真实。从小狐狸那里，小王子领悟到了生命的本质，明白了爱的真谛，知道了要用心灵去感知世界。用这个秘密，小王子在撒哈拉大沙漠与遇险的飞行员一起找到了生命的泉水。最后，小王子在蛇的帮助下离开地球，重新回到他自己的 B612 号小行星上。

飞行员和小王子在沙漠中共同拥有过一段极为珍贵的友谊。当小王子离开地球时，飞行员非常悲伤。他一直非常怀念他们共度的时光。他为纪念小王子而写下了这篇童话。

《小王子》中的经典句子摘抄：

- 小王子：人不应该听花说些什么，只要欣赏她们，闻闻花就够了。
- 小王子：你们很美，……但是很空虚，没有人会为你们而死，没错，一般过路的人，可能会认为我的玫瑰花和你们很像，但她只要一朵花就胜过你们全部，因为她是我灌溉的那朵玫瑰花；她是那朵我放在玻璃罩下面，让我保护不被风吹袭，而且为她打死毛毛虫的玫瑰花；因为，她是那朵我愿意倾听她发牢骚吹嘘甚至沉默的玫瑰花；因为，她是我的玫瑰花。

- 小王子：因为有一朵我们看不到的花，星星才显得如此美丽。沙漠美丽，因为沙漠某处隐藏着一口井。

- 小王子：人吗？我想大概有六七个吧，几年前看到过他们，但我不知道在哪能找到他们，风把他们吹散了，他们没有根，活得很辛苦。

- 小王子：夜里，你要抬头仰望满天的星星，我那颗实在太小了，我都没法指给你看它在哪。这样倒也好，我的星星，对你来说就是满天星星中的一颗。所以，你会爱这满天的星星，所有的星星都会是你的朋友。

- 小狐狸：驯养的意思，就是建立关系，这是常常被人遗忘的事情。

- 小狐狸：你只能了解你驯养的东西。人类不再有时间去了解事情了，他们总是到商店里买现在的东西。但是却没有一家商店贩卖友谊，所以人类没有真正的朋友，如果你不需要一个朋友，就驯养我吧！

- 小狐狸：对我而言，你只不过是个小男孩，就像其他千万个小男孩一样。我不需要你，你也同样用不着我。对你来说。我也只不过是只狐狸，就跟其他千万只狐狸一样。然而，如果你驯养我，我们将会彼此需要，对我而言，你将是宇宙中唯一的了，我对你来说，也是世界上唯一的了。

- 小狐狸：如果你驯养我，那我的生命就充满阳光，你的脚步声会变得跟其他人的不一样。其他人的脚步声会让我迅速躲到地底下，而你的脚步声则会像音乐一样，把我召唤出洞穴。

- ……

作者的话

童话《小王子》是圣埃克苏佩里发自内心所思、所感和所讲的故事，看似是他的幻想，却蕴含了他丰富的人生感悟，带着人们去寻回幼童时代纯真的梦想、真挚的友谊，以及生命中最宝贵却最容易被忽略和遗忘的真情。

我从本书写作的目的出发，主要关注和赋予如下意义：

（1）幼童与成人是完全不同的。

在《小王子》中，有一句经典的话："只有小孩子知道自己在找什么。他们把时间花费在洋娃娃身上。因此对他们而言，洋娃娃就变得很重要。一旦有人将洋娃娃拿走，他们就会号啕大哭……"

在《小王子》中，通过小王子、小狐狸等的话，说出了成人是空虚、盲目、愚蠢、荒唐、僵化、教条的；是缺乏想象力，只知像鹦鹉那样重复别人讲过的话的；是只对数字感兴趣，总到商店里买现在的东西，而不在乎友谊的；不知道在哪能找到他们，风把他们吹散了，他们没有根，活得很辛苦……

（2）幼童对爱的理解是逐步深刻的。

在童话中，小王子对爱的象征物——玫瑰花的理解经历了一个从表面到内在的过程：

起初，他不明白玫瑰花表面虚荣但深藏爱意，"她其实是不愿意让小王子看到自己哭泣"，他离开她，开始了远行。

后来他才感悟到"我总以为自己很富有，拥有一朵世上独一无二的花，实际上，我所拥有的不过是一朵普通的玫瑰花而已"，"我的花生命是短暂的，她只有四根刺可以保护自己，抵御世界，我却将她独自留在我的星球上了"，"花总是表里不一，而我太年轻了，不知道该怎样爱护她"……

小狐狸在此过程中给了小王子很多启示："看那些玫瑰花吧！到时你就明白你的玫瑰花仍是举世无双的一朵花。""这是我的一个秘密，再简单不过的秘密，一个人只有用心去看，才能看到真实。事情的真相只用眼睛是看不见的。""人们早已忘记了这个道理。可是你不应将它遗忘。""你必须永远对自己所驯服的东西负责。你要对你的玫瑰花负责。""星星真美，因为有一朵看不见的花。"

最后，"对一朵玫瑰花的感情——甚至他睡着了，那朵玫瑰花的影子，仍像灯光一样照亮他的生命"。

（3）幼童对建立友情的迫切需求。

在童话中，小王子与小狐狸、飞行员等建立的友情真切又感人："你知道——当你感觉到悲伤的时候，就会喜欢看落日……""麦田和我没有任何关联，真令人沮丧。不过，你有金黄色的头发。想想看，如果你驯服了我，那该有多好啊！小麦也是金黄色的，那会使我想起你。我会喜欢听麦田里的风声……""每一个人都有自己的星星，但其中的含义却因人而异。……不过，星星本身是沉默的。你——只有你——了解这些星星与众不同的含义……""因为忘记自己的朋友是一件悲哀的事情，并不是每个人都有朋友，如果我忘记了小王子，那我就会变得和那些除了对数字感兴趣，对其他事都漠不关心的大人们一样了……"

《地板下的小人》

玛丽·诺顿是英国儿童文学作家,她的童年主要在英国贝德福德郡的乡村庄园里度过,1943 年她开始写童话,《地板下的小人》是其中闻名于世的一篇。

《地板下的小人》讲了一个让人感伤的故事:在一座古宅的地板下面偷偷地住着"迷你小人"一家,他们战战兢兢地过日子,生怕被人发现,但最终还是没有躲过,被人赶走了。《地板下的小人》是诺顿 1952 年写成的,曾多次获得儿童文学大奖,使诺顿成为二战以后儿童文学领域的著名作家。

以下是玛丽·诺顿的童话《地板下的小人》的故事梗概:

> 在一座古老的庄园里,偷偷地住着迷你小人一家——爸爸波德、妈妈霍米莉和女儿阿丽埃蒂,他们的身高只有几厘米,住在地板下面,专门"借用"地面上大人的东西,以此为生。他们整天提心吊胆地过日子,唯恐被地上生活的大人发现。
>
> 波德虽然上了岁数,腿脚不灵便,但任劳任怨,变着法儿到地上去"借东西"以充实家用;霍米莉像所有女人一样爱慕虚荣,希望能有更漂亮的地毯,更丰盛的晚餐,甚至喜欢一个毫无用途的装饰柜子,她老打发波德去"借"这"借"那,过后又担心他会被大人看见。他们会用邮票装饰墙,火柴盒做五斗柜,吸墨纸做地毯,别针做门栓,小盖碗做澡盆……食物就更不用愁了,人们掉下的土豆渣、面包屑,就够他们吃上半年,他们还会划着自己的"小船"在人们的汤锅里钓肉渣吃……。阿丽埃蒂对地上的世界充满了好奇和向往,她很孤单,没有人能理解她,与她说话和玩耍。

古宅来了个小男孩,他与阿丽埃蒂的第一次见面是在院子里的草坪上,被看见的恐惧过后,阿丽埃蒂与他成了朋友,男孩送给他们家许多东西,两个孩子常常一起读书、聊天。但是有朋友相伴的时光总是甜蜜又短暂,虽然他们的日子过得非常小心,免得被迫搬家,但是终于有一天,女厨师发现了地板下这一家人的秘密,叫来了警察和狗,想把他们像耗子一样给消灭掉。小男孩只能冒着风险弄开了通风格栅,为他们逃离庄园打开了一条生路……

《地板下的小人》中的好句摘抄:

- 噢,当她跑过地上的石板时,它们冒起了一股暖气……使人愉快的阳光照在她的脸上和手上……四周和头顶上空空荡荡,大得可怕!波德最后抓住她,拉住她,拍拍她的肩。"好了,好了……"他说,"透过气来吧——好孩子!"

- 阿丽埃蒂把头向旁边点点。"就在那里——在前门旁边!"她高兴地竖起脚尖在青苔上跳舞,不过霍米莉在里面看不见她的脚尖。她如今是在格栅的另一边——她终于来到了外面——从外面朝里面看!

- 阿丽埃蒂随便看了一眼前门台阶,接着轻松得像跳舞一样,蹬着她红色的软鞋向那些花瓣跑去。它们卷起来像贝壳,一碰就摇摇荡荡。她捡起几瓣,一片一片叠起来……一片又一片……就像搭纸牌城。接着,她把它们撒掉。波德又回到台阶顶上来,朝路上看。"你不要走远了。"过了一会儿,他说。她只看见他的嘴动,对他笑笑作为回答,她太远了,听不见他的声音。

- 阿丽埃蒂跑着去了。路上的石子嵌得很紧,她那双轻软的鞋子简直像没碰着它们。跑跑可是多么有趣啊——在地板底下不能跑,只能走,只能弯腰屈背地走,只能爬——就是不能跑。

- 一只绿色的甲虫给阳光照着,在石子上向她爬过来。她用手指轻轻地按着它的壳，它停下不动，戒备地等着，她一松手，它又很快地爬了起来。一只蚂蚁急急忙忙地弯曲前进。她在它前面跳着舞逗它，把脚伸出来。它看着她，进退两难，摇晃着触角，接着像退让似的，生气地拐弯走开。

- 在一块树皮上，她找到一只土鳖，于是用她摇晃着的花去轻轻地碰它。土鳖马上蜷缩成一个球，轻轻地落到草根之间去。但她懂得土鳖。家里的地板下面也有很多。看到她玩它们，霍米莉就要骂她，因为霍米莉说它们有一股旧刀的气味。

- "又是风又是新鲜空气，孩子会长野的。想想阿丽埃蒂吧！"霍米莉说，"想想我们一直怎么养大她的。她还小。她会没命的。"

- 阿丽埃蒂的眼睛睁大了。"噢，不……"她开口说。听说她是对的，她大吃一惊。对的总是爸爸妈妈而不是孩子。孩子可以信口开河地说，阿丽埃蒂知道，乐就乐在把话说出来——不过她一直知道他们说了没事而又是错的。

- "我可怜的孩子。"霍米莉说，"可别这样随便说借东西的事。你不知道……谢谢天，你永远不会知道。"她把嗓子压低，成了可怕的耳语："上面是个什么样子……"

- 波德坐在那里闷闷不乐地看着地板；阿丽埃蒂哆嗦了一下，用皱被单把身体裹得更紧；霍米莉慢慢地吸了一口长气。

- 盖着被单、躺得笔直的阿丽埃蒂听到焦急的说话声高低起伏。她听到她自己的名字，她听到霍米莉叫道："他们吃的是坚果和浆果！"过了一会儿，她又听见出自肺腑的叫声："我们怎么办？"

- 阿丽埃蒂把汤放下一会儿，看着地上差不多有她膝盖高的茶杯；在她低下来的脸上有一种梦幻的、秘密的什么东西。"我们不能搬走吗？"最后她大胆地说出来，轻轻地。

作者的话

　　诺顿有童年乡间生活的经历，童话《地板下的小人》的背景是乡间的一处幽静、偏僻的旧宅，宅内通常只有年迈的主人和几个仆人，日子过得十分刻板和寂寞，民间传说这样的老宅是地板下小人的至爱居所。作者在她童话中的想象和她生活中的现实之间也许并不存在界限，因为她拥有幼童的心灵，能自如地穿梭其中。

　　我从本书写作的目的出发，主要关注和赋予如下意义：

　　(1) 幼童对周遭环境的认识。

　　阿丽埃蒂是个可爱的女孩，在父母的保护下长大，但是地板下的"安乐窝"对她而言几乎就是监狱，囚禁一般的生活使她产生强烈的愿望，渴望外出呼吸新鲜的空气，沐浴和煦的阳光，渴望去奔跑、去拥抱她向往的世界。那个小小的通风格栅给予了她实现自己的梦想机会，使她的天性得到了释放，使她那种天真、自由、活泼、激情得以淋漓尽致地发挥出来。

　　地板下的"监狱"之所以给阿丽埃蒂带来的是囚禁般的生活，是因为它在"地下"，是个"见不得人"的地方，是个不能给人带来安全感的地方：古宅主人德赖弗太太和仆人的守旧、冷漠、刻板、无情，猫狗等的奴性、戾气、粗暴、凶恶，地下迷你小人聊以为生的方式——"借用"东西与地上人接纳度之间的冲突等，使这个"监狱"无时无刻不充斥着紧张、对峙、惊恐和胁迫的气氛，也使长期在这样环境中生活的霍米莉形成了特定的性格和行为。

　　童话中对阿丽埃蒂的描述，生动地诠释了对于幼童而言，他们怎么看待周遭的环境。

　　(2) 幼童渴望友情和信赖。

　　住在古宅里的那个寂寞的小男孩整日在老屋里游荡，翻动着屋里那些乱七八糟的破旧东西。他发现了地板下藏着一些像自己一样生活着的人，日子虽过得简陋，但是安逸、幸福的一家子，着实让他又惊又喜。

被小男孩看见了的阿丽埃蒂，在心中将小男孩从令他们一家恐慌不安、瑟瑟发抖的人，变成了值得她信赖的人，并与他建立了纯洁、和谐、朴素和温暖的友情，这是她内心高层次的需要。他们之间可以主动、坦率地询问和回答，可以毫无顾忌地诉说和交流，阿丽埃蒂信赖小男孩，小男孩怜惜阿丽埃蒂，直到德赖弗太太要用烟熏死阿丽埃蒂一家人，小男孩无奈之下还是用尽全身的力气放走了他们。

在《地板下的小人》中，人们更能感受到友情与相互信赖对于幼童而言是价值无限的。

《罐头里的小孩》

克里斯蒂娜·涅斯特林格生于1936年,是当代奥地利非常受欢迎的儿童文学作家,出版过大量儿童文学作品,多次获得过儿童文学奖项。

《罐头里的小孩》讲述的是一个由工厂生产的康拉德来到人间的故事,其寓意是"孩子是一个有独一无二个性的人,而不是一个按照统一标准制造的工业产品"。

涅斯特林格的童话《罐头里的小孩》会让人们去思考一系列的问题:"期望中的孩子应该是怎样的?""按照理想标准设计和生产的机器人是否就是期望中的孩子?""成人眼中的'好'与'坏'是否就是正确的?"……

以下是涅斯特林格的童话《罐头里的小孩》的故事梗概:

> 巴达洛蒂有填写订购单和优惠卡的嗜好。有一天,她收到了一个罐头盒子,她不知道罐头是她预定的,还是别人赠送的。她发现罐头里居然有一个小孩。
>
> 这个小孩名叫康拉德,是由一个工厂生产的,并给他编好了程序,他的行动都由体内的程序预设。巴达洛蒂很慌张,心里还有点犹豫。这时,康拉德按规定说了一声:"我来了,你高兴吗?妈妈!"巴达洛蒂招架不住了,心里顿时泛起了母爱。
>
> 巴达洛蒂没当过妈妈,把康拇德打扮成了洋娃娃。康拉德很懂事,他告诉巴达洛蒂自己该穿什么,该做什么,要熟悉哪些小朋友,并与他们一起去玩。这一对母子之间的关系被颠倒过来了,巴达洛蒂听着康拉德的话抚养孩子。不过康拉德也不是一直那么乖巧和守规矩的,和这样一个妈妈在一起,也不可能完全照着程序来。

巴达洛蒂的药剂师男朋友特别喜欢守规矩懂礼貌的康拉德，想当他的爸爸。小姑娘金迪是康拉德的好朋友，是个调皮的小孩，她在学校里保护着康拉德，当他在别人面前因为不懂得"生存法则"而受到欺负时，她会挺身而出。

后来，工厂发现他们寄错了人，提出要把康拉德收回去。可是康拉德与巴达洛蒂、金迪都已经建立起深厚的感情了。

巴达洛蒂想了个绝招，把康拉德变得调皮，让他变成一个"坏孩子"，还让金迪成为康拉德的榜样，让他的行为变得出格，不守程序预设的规矩。

厂里的人见到了康拉德，认定他是个残次品，因为他们生产的都是乖孩子，他们放弃了收回的打算。

康拉德和金迪、巴达洛蒂都开心极了，而不开心的是药剂师男朋友，因为他想要的好孩子不见了。

《罐头里的小孩》中的好句摘抄：

- 康拉德甚至知道"父母是在小孩子乖乖听话的时候，才亲吻他们"，巴达洛蒂才不管呢，什么时候想亲康拉德，就马上亲他。

- 巴达洛蒂太太想出了一个绝妙的方案：尽快让康拉德变"坏"，彻底改变产品！这个改造性教育计划由金迪负责实施。

- 金迪说："康拉德，这很简单！现行教育普遍遵循的原则是，孩子做得正确就会受到夸奖、表扬；孩子做错了什么就要挨骂、受责备。简单地说，好就夸奖，坏就处罚，这你听明白了吗？"康拉德听明白了。"那么，我们俩现在要做的，"金迪讲解着，"就是要学会把这个原则颠倒过来。这就是说，坏的就夸奖，好的就处罚。"

- 要知道全新的康拉德是怎样的，听听"法定父母"的评价就知道了："这样的孩子，真是太可怕了！我们还不如去买一条狗呢！"罐头厂的厂长也断然否定这是本厂的产品，带着蓝衣小分队灰溜溜地撤走了。

- "我必须得永远像现在这样吗?"药剂师先生:"不,绝不能这样!"
"那我必须得恢复到以前吗?"巴达洛蒂叫道:"不,绝不能那样!"
别担心,金迪说了:"两样我们都能做!"

作者的话

在童话《罐头里的小孩》中,居然将"好孩子"与"坏孩子"的"标准"给颠倒了,这一颠倒,会让人们思考很多。

我从本书写作的目的出发,主要关注和赋予如下意义:

(1) 真正的好孩子,并不需要太过完美。

工厂设计和生产的幼童是按照一定的标准复制而成的,在各个方面都符合大众眼中的标准:相貌、品行皆优,顺从听话。康拉德就是符合这种标准的小孩,他不说谎话,不做坏事,一举一动都合乎世俗规矩,是抚养人期望中培养小孩的模板。但是,也许是他太过"优秀",反而显得不通情理,不能合群,受人嫉妒、排斥。

幼童就是幼童,不是在同一标准下复制而成的产品,每个幼童都是独一无二的个体,而不是按照某个预设的程序去完成工作的工具。

童话中,康拉德所谓的变"坏",并不是变成了没有道德、无法无天的小孩,而是摆脱了程序的束缚,成为了一个有个性的小孩。

真正的幼童,并不需要太过完美,而是会有这样那样的缺点和不足,就是这样一些"好"与"坏"的结合,才会使幼童在成长的过程中真正成为一个"有血有肉""有情有义"的人。

(2) 要成为"两样我们都能做"的人。

童话的结尾必然涉及"理想中的孩子应该是怎样的"这个问题,人们可以想到的是"既不是药剂师期望的,也不是巴达洛蒂为了避免康拉德被工厂召回而通过努力达成的",而应是金迪所说的介于两者之间的。

古诗与幼童

在我国古诗中,以幼童为写作对象的古诗相对较少,但也有一些佳作为人们所熟知,并流传至今。这些古诗描绘了幼童的天真童趣,表现了幼童的活泼可爱,让人诵读时朗朗上口、爱不释手。

下面选出了8首古诗,从这些古诗的字里行间中,可以感受到古代诗人对幼童心理特征及其生活的理解。

池上

【唐】白居易

小娃撑小艇,偷采白莲回。

不解藏踪迹,浮萍一道开。

译文

一个幼童独自一人撑着小船去荷塘,在塘里玩累了还偷偷地采了一些白莲,放在小船上,然后又独自撑船回来。他自以为神不知,鬼不觉,无人知晓,但却不懂得掩藏自己的行踪,没注意到在他的小船划过的地方,浮萍已被船儿荡开,在水面上留下了一条长长的痕迹。

解读、赋予意义

《池上》描述了一个幼童偷采白莲的情景,有景有色,有行动描写,有心理刻画,细致逼真,富有情趣;特别对幼童那种"顾此失彼"的描述,更是入木三分,跃然纸上。

小儿垂钓

【唐】胡令能

蓬头稚子学垂纶,侧坐莓苔草映身。
路人借问遥招手,怕得鱼惊不应人。

译文

诗人到乡村去拜访朋友,忘记了朋友家的位置,只见远处有个钓鱼的幼童,头发蓬乱,侧坐在河边草丛旁,像大人一般在钓鱼。诗人向幼童招手并大声向他问路,幼童连忙向他摆了摆手做了个嘘声动作,生怕他的声音把鱼吓跑了。

解读、赋予意义

这首诗的语言浅显易懂,内容构思精巧,生活情趣浓厚。《小儿垂钓》是胡令能的代表作品,短短数语,将幼童的专注以及诗人与幼童之间的互动表现得活灵活现、惟妙惟肖。

喜韩少府见访

【唐】胡令能

忽闻梅福来相访,笑著荷衣出草堂。
儿童不惯见车马,走入芦花深处藏。

译文

突然听到韩梅福前来拜访的消息,诗人赶快穿上荷衣走出草堂笑迎客人。平常有客来访,幼童都爱过来凑热闹,而这次都吓得跑到芦苇荡的深处躲藏了起来,原来村里的幼童很少见过官员的车马来到时的排场。

解读、赋予意义

在胡令能的这首《喜韩少府见访》中,前两句表达了诗人迎客的喜悦心情,后两句则描写了普通家庭的幼童因为没见过世面,胆小怕生的心态,也道出了官员在幼童心里的印象。

溪居即事

【唐】崔道融

篱外谁家不系船,春风吹入钓鱼湾。
小童疑是有村客,急向柴门去却关。

> 译文

在篱笆的外面,不知是谁家的船只没有系好,被春风吹走了,一直漂进了钓鱼湾。在院子里玩耍的一个幼童看到了有只小船漂了进来,还以为有客人来访,不用家人叫唤,自己急忙跑了出去,打开了柴门。

> 解读、赋予意义

《溪居即事》朴素自然,平淡疏野,让人感受到浓郁的乡村生活气息。"疑""急"二字,生动地刻画出幼童好奇、兴奋、急切、粗心的心态,表现了一个热情、淳朴、天真、可爱的幼童形象。

宿新市徐公店

【宋】杨万里

篱落疏疏一径深,树头新绿未成阴。
儿童急走追黄蝶,飞入菜花无处寻。

> 译文

诗人投宿新市徐公店,正值春光尚好,树木吐出了嫩芽,他信步走到村子边,在稀稀疏疏的篱笆边有一条小路通向远方。他正观赏乡村美景时,看到几个幼童在追赶着翩翩起舞的蝴蝶,可是蝴蝶却隐入了黄色的花之中,根本就分不清是蝴蝶还是花了。

> **解读、赋予意义**

《宿新市徐公店》描绘了幼童捕蝶的欢乐场面,"急走""追"贴切地将幼童在追抓蝴蝶过程中的心态刻画得惟妙惟肖,而"飞入菜花无处寻"又提升了游戏的挑战性和趣味性。

舟过安仁

【宋】杨万里

一叶渔船两小童,收篙停棹坐船中。

怪生无雨都张伞,不是遮头是使风。

> **译文**

一艘小渔船上有两个幼童,他们把撑船的竹篙船桨收了起来,坐在船里不再动弹。难怪天没有下雨他们却张开了伞,原来他们不是为了用伞遮雨,而是将伞当作帆用,让小船向前开去。

> **解读、赋予意义**

杨万里的《舟过安仁》浅白如话,却充满情趣,描述了两个普通小渔童的"童稚行为",表现了幼童在其鲜活的生活中迸发出来的奇思妙想和行动。

稚子弄冰

【宋】杨万里

稚子金盆脱晓冰,彩丝穿取当银钲。

敲成玉磬穿林响,忽作玻璃碎地声。

> **译文**

早晨,家里的幼童早早就起床了,他搬出了铜盆,使冻结在铜盆里的冰块脱落下来,用彩线将冰块穿了起来当作乐器,敲出的声音像玉磬一般。美妙的声音穿过了树林,忽然冰串落地敲碎了,发出了美玉摔碎般的声音。

> 解读、赋予意义

《稚子弄冰》描绘了幼童冬日玩冰的趣事，整首诗突出了"稚"字，稚气使幼童忘却严冬的寒冷，保持活力和快乐。诗人与幼童心心相通，才将幼童"脱冰作戏"的场景演绎得如此生动。

所见

【清】袁枚

牧童骑黄牛，歌声振林樾。

意欲捕鸣蝉，忽然闭口立。

> 译义

诗人看到一个牧童骑在黄牛背上唱歌，歌声清脆、动听，在树林里回响。这时，树林里响起一片蝉鸣声，牧童想要捉蝉来玩，于是他忽然停止了唱歌，轻手轻脚准备爬上树去捉那正在唱歌的蝉。

> 解读、赋予意义

袁枚的《所见》是一首反映幼童生活的诗。在诗中，他描述了夏日幼童捕蝉时的情景，反映了牧童悠然自得的田园生活，描述了充满童趣的生活画面。

作者的话

童年是什么？幼童有哪些不同于成人的特别之处？古人在古诗中用最简短、最精练的诗句，咏诵了他们心目中的幼童。这里，仅以所选的 8 首古诗为材料加以说明。

幼童是快乐的，尤其是在游戏时。在杨万里的《宿新市徐公店》中，"儿童急走追黄蝶，飞入菜花无处寻"将一群快乐的幼童追捕蝴蝶的情景描述得栩栩如生。

幼童是天真的，常让人忍俊不禁。在白居易的《池上》中，"小娃撑小艇，偷采白莲回"，讲述了幼童傻傻地不知道掩藏自己行动的踪迹，让人更觉其天真可爱。

幼童是机智的，会自主解决问题。在袁枚的《所见》中，"意欲捕鸣蝉，忽然闭口立"，说的是幼童为了抓住蝉，该做什么，该怎么做，自己掌握得十分清晰。

幼童是专心的，特别是能将注意力聚焦在他感兴趣的事物上。在胡令能的《小儿垂钓》中，"路人借问遥招手，怕得鱼惊不应人"，刻画了专心致志垂钓的幼童，容不得别人打扰。

幼童是有创造性思维的，常会奇思妙想。在杨万里的《舟过安仁》中，"怪生无雨都张伞，不是遮头是使风"，讲的是两个幼童将伞当成帆，替代了竹篙船桨，既省力又好玩。

幼童是顽皮的，但却是真正地在学习。在杨万里的《稚子弄冰》中，"敲成玉磬穿林响，忽作玻璃碎地声"，说的是幼童不失时机地抓住游戏的机会，虽尝试失败，但获取了经验。

幼童是好客的，渴望与人交往。在崔道融《溪居即事》中，"小童疑是有村客，急向柴门去却关"，讲述了幼童以为有客人来了，于是迫不及待地打开了柴门迎客。

幼童是腼腆的，有强烈的安全需求。在胡令能的《喜韩少府见访》中，"儿童不惯见车马，走入芦花深处藏"，说的是幼童由于涉世不深，对官员等的来访有强烈的不安全感。

池塘里的鱼儿

李欧·李奥尼是美国儿童文学作家、画家，出生于荷兰阿姆斯特丹。他开创了一个绘本的新时代，创作的故事生动有趣又富含哲理，被誉为"二十世纪的伊索"。很多儿童为他的作品着迷，深爱着故事中的那些经典形象，因为他善于解读儿童，所以他的作品非常贴近儿童。《鱼就是鱼》就是他以"童我合一"的浪漫方式表达了"幼童就是幼童"的观点，阐述了幼童鲜明的心理特点。

改编故事《鱼就是鱼》 | 解读、赋予意义

从前，在树林旁边的池塘里游着一条小鱼，还有一只蝌蚪，他们在水草之间游来游去，形影不离。

一天早上，蝌蚪发现一夜之间自己已经长出两条小小的腿。他说："你看你看，我是一只青蛙。"小鱼说："胡说八道，你昨天晚上还跟我一样是条小鱼。"他们吵来吵去，最后蝌蚪说："青蛙就是青蛙，鱼就是鱼。就是这样。"在接下来的几个星期里，蝌蚪又长出小小的前腿，而且它的尾巴越来越短了。

一天，他变成了青蛙，决定爬出池塘，爬到岸上。

小鱼也在慢慢长大，他常常在想他那个朋友，他到哪儿去了呢？日子一天天过去，青蛙都没有回来。直到有一天，青蛙开心地跳进池塘里，溅出水花。小

将两个不同年龄的幼童分别比喻为鱼和蝌蚪，他们看到的世界以及对世界的认识有许多共同的地方，比如，鱼和蝌蚪看到他们生活的池塘里所有的一切都是一样。

一个年长一些的幼童由儿童（蝌蚪）长成了少年（青蛙），他进入了另一个世界（上了岸），而另一个幼童（鱼）却依然还在幼童阶

鱼问："你到哪儿去了？"青蛙说："我差不多全世界都去过了，我看到很多的鸟了。"接着，青蛙告诉小鱼有关小鸟的事：鸟有翅膀，有两只脚，还有很多颜色。小鱼兴奋地问："还有呢？"青蛙回答说："牛，牛有牛角，有四条腿，会吃草；还有牛奶，粉红色的袋子里装满了牛奶；还有人，有男人、女人和小孩。"

青蛙不断地讲着讲着。小鱼心中的图像是明亮而多彩多姿的。他想到那些有趣的事物：长着翅膀的鱼、长着两个角和四条腿的鱼，还有男鱼、女鱼和小孩鱼……他睡不着了。哇，如果他能像他的朋友一样跳来跳去，就可以看到那个缤纷的世界了，那该有多好啊！

日子一天天过去，青蛙已经离开了，小鱼决定无论如何都要亲眼去看看这个世界，因此有一天，他用力地跳出水面，来到了岸上，那里空气不够，他几乎不能呼吸，只能大呼救命。正巧这时候，青蛙就在附近，他看见小鱼，连忙使尽全力将他推回了池塘。

受到惊吓的小鱼在水里漂了一会儿，然后他深深地吸了一口气，让清凉的水流过他的鳃。他又觉得自己轻飘飘的，可以爱去哪儿就去哪儿了，前前后后，上上下下，就像以前一样。阳光从上面照下来，照射在水草之间，发出明亮的色彩。这个世界是最美的！青蛙坐在荷叶上看着他，他对着青蛙微

段，还是生活在原来的世界里。

他们两个人（鱼和青蛙）之间的沟通变得困难了。在他们不同的"世界"里，少年（青蛙）所看到的鸟、牛和人，与幼童（鱼）头脑中想象的鸟、牛和人是完全不一样的。

换言之，还活在原来世界里的幼童（鱼活在水里），他对自己所在世界的认识是以自身的经验为基础的（在水中的生活经验）：鸟是长着翅膀的鱼，牛是有两个角和四条腿的鱼，还有男鱼、女鱼和小孩鱼。

让处于幼童（鱼）阶段的人到少年（青蛙）或成人（比青蛙更高级的动物）的"世界"去生活，那是会"窒息"的。

幼童（鱼）活在自己的世界里才是适合的，因为幼童就是幼童（鱼就是鱼）。

笑着说:"你说得对,鱼就是鱼。"

(资料来源:《鱼就是鱼》)

作者的话

"鱼就是鱼"寓意"幼童就是幼童","鱼生活在水中"寓意"幼童生活在不同于非幼童的世界里"。

幼童的生活经验与其他人不同,对世界的认识也就不同,就像生活在池塘里的鱼,其所认识的事物与青蛙不同,例如它认为鸟是长着翅膀的鱼,牛是有两个角和四条腿的鱼,还有男鱼、女鱼和小孩鱼一样。幼童的认识来自他自己的生活经验,他会用他自己已有的经验去"同化"外部的事物,即以自己的方式解释外部的世界。

要求鱼像青蛙一般地认识鸟、牛和人,那是不可能的,将鱼硬是放在岸上,就会让鱼死去。同样,要求幼童像成人一般地生活和学习也是不行的,会让幼童心理上"窒息"。

《两个月亮》

旅日学者刘乡英女士编写了绘本故事《小熊赏月》,以"我"观幼童、"童我合一"的方式解读幼童,将小熊(幼童)的心理写得惟妙惟肖。中国故事《猴子捞月亮》深入人心,我在此基础上将刘乡英女士的《小熊赏月》略作改编,成为故事《两个月亮》,为的是既保持《小熊赏月》的故事原意,又能更顺应读者的阅读习惯。

改编故事《两个月亮》

一天晚上,小猴子看见了湖里有个大大的月亮,他想,天上的月亮怎么跑到湖里去了呢?他抬头一看,天上的月亮还在。他自言自语地说:"哦,原来有两个月亮!"

过了一会儿,小猴子走到湖边,用自己的手去捞湖里的月亮,他边捞边说:"我要把这个月亮带回家去,挂在我的家里!"可是,小猴子的手刚一碰到水面上的月亮,月亮就碎了,他的手怎么也抓不住月亮。

小猴子想了想,不一会儿,他明白了:"月亮太软了,用手是捞不上来的,我就拿水盆来捞吧。"他从家里拿来了一个水盆,又到湖里去捞月亮了。这次,小猴子真的捞到了月亮,月亮就在小猴子端着的水盆里。

解读、赋予意义

幼童(小猴子)在湖边上玩耍,他实实在在地看到了两个月亮,于是就会认为一共有两个月亮:一个在天上,另一个在湖里。幼童不懂得"湖里的月亮不是真正的月亮,而是天上月亮的倒影"这个科学道理。

幼童(小猴子)相信用水盆捞起来的月亮就是另一个月亮,也相信任何人都能捞起月亮。

小猴子小心地端着水盆回家了,他想,我把月亮放在家里,晚上就不用点灯了。他越想越得意。

小猴子把月亮捧回了家,可是他一进屋,月亮就不见了。小猴子心里觉得很奇怪:"月亮刚刚还在,怎么一下就不见了呢?"小猴子一脸懊丧,捧着水盆走出了屋,这时月亮又回到水盆里来了。猴子高兴起来了,捧着水盆又走进了屋,但水盆里的月亮再次不见了。

小猴子走出了屋,抬头看了一下天空,只见天上的月亮高高地挂在那里。小猴子突然明白了:"原来我水盆里的这个月亮是不想离开天上的那个月亮!"

小猴子把水盆放在了屋外面的地上,他看着,数着,天上一个月亮,地上一个月亮,一共有两个月亮。

幼童(小猴子)用水盆捞起了月亮后,没有回头再去看湖里的月亮,否则他也许会说:"哦,原来有三个月亮!"幼童的发展特征决定了他关注的是眼前发生的事情,而不关注其他事情。

幼童(小猴子)一进屋,他发现月亮不见了;一出屋,他发现月亮又回来了。他相信月亮就在他身边,而且非常神秘。

(根据刘乡英的故事《小熊赏月》改编)

作者的话

幼童在湖边看到有两个月亮,就会认为天上一个月亮,湖中一个月亮,这是他实实在在看到的,是与他的直觉思维一致的,是他能够接受的。他不懂得湖里的月亮是天上月亮的倒影,即使跟他解释,他也不会懂得。在这个前提下,故事所发生的一切就不难理解了:小猴子会认为,湖里的月亮是能用水盆捞起来的,而且还会神秘地跑回去;湖里的月亮不想离开天上的月亮,所以被捞起的月亮只能放在屋外面……

与传统的《猴子捞月亮》的故事相比,《两个月亮》似乎更贴近幼童的心理,故事十分深刻又生动形象地诠释了幼童的思维和行为。

成人对"湖里的月亮是天上月亮的倒影"的认识，就是从幼童那种"自以为是"的解释中修正和发展而来的，就如现代人对于雷电的认识是从古人原先认为的"雷公在天上打鼓"逐步修正而来的一般。

齐白石与幼童

齐白石，祖籍安徽宿州砀山，生于湖南长沙府湘潭（今湖南省湘潭市），近现代中国绘画大师。

齐白石擅画花鸟、虫鱼、山水、人物，笔墨雄浑滋润，色彩浓艳明快，造型简练生动，意境淳厚朴实，特别是所画的鱼虾虫蟹，妙趣横生。

人们在评论齐白石时说，他70岁画得最精彩，80岁最天真，90岁以后的画像幼童。

齐白石年少清苦，中晚年遭遇时代变迁，饱经世事沧桑，但是他骨子里饱含着童年意趣，经历磨难后仍能保持一颗纯真的童心。童年的清苦生活反而让他深切地感受到生活中那些美好的、有生命力的东西，他笔下那些感人的小生命和朴素的山花野草，正是来自他童年时期的强烈感受。齐白石将他与生俱来的艺术情思融入对童年时光的美好回忆中，使他酿造出了个性鲜明、独一无二的艺术美酒。

齐白石做过雕花匠人，但却摆脱了应物象形的束缚，只是将严谨工整的写实技巧为己所用；他继承了明清以来的大写意，又不止于文人意气，在"似与不似"、文人画和画工画之间寻找到了最佳平衡点，实现了从匠气到灵气的艺术升华。他的每一幅画都充盈着生命力，渗透了挥之不去、趣从中来的童心。

在齐白石的画作中，人们可以看到的是一位对大自然充满无尽好奇的幼童，拿着画笔在不断画下自己的所见所感。他的一生"为万虫写照，为百花传神"，他笔下的"田间捉蛐蛐儿""水塘捞鱼虾"都是对童年记忆的注解和写实。例如，齐白石所画的石榴叶子，用淡墨绘就不规则的椭圆形，即行即止，再用浓墨一笔勾勒，就像是幼童涂鸦，一笔万千；他所画的荷塘，荷叶删繁就简，是幼童般的符号和思维表达；即使是画老鼠，也将它们画得非常可爱，偷油吃、与猫逗，或者示丰年，没有丝毫阴暗、肮脏、恶心、憎恶之感。所有这些，都是他潜意识里童心的体现。

齐白石晚年的作品就像儿童画，完全不遵循章法，就是幼童在涂鸦。艺术源于生活，高于生活，齐白石的画作回归人性，出于潜意识，来自生活，富有童趣，表现的是艺术家返璞归真后，对人生更高意境的追求。

齐白石的画：《砖纹若鸟稿》

1919年的一天，齐白石和他的徒弟张伯任去北京法源寺，他们在寺中说话时，齐白石忽然看到地砖上有一个石浆印很像一只鸟，觉得特别有趣，就随手找了一张纸，蹲在地上，照着样子描了下来，并在小鸟的翅膀上写下了"真有天然之趣"几个字，这就是《砖纹若鸟稿》。

画中的鸟，有着圆圆的眼睛和呆萌的眼神，此外就只有一个简单的轮廓，但是齐白石却将它带在身边近四十年。

有人认为这幅画是幼童的水平，其实却是齐白

解读、赋予意义

齐白石曾说："我绝不画我没有见过的东西。"他笔下的形象都来自生活。他认为"不似之似，天趣自然"，方为神品。

这幅画是齐白石创作生涯中的具有历史意义的一个转折点，奠定了他的作品基调，即没有一般文人那般清冷孤逸，而是有着鲜活的乡土气息和生活的情趣。

可以说，这幅《砖纹若鸟稿》看似不起眼，却是齐白石艺术生涯的核心灵魂。

▲ 齐白石的画：《砖纹若鸟稿》(1919)

石在灵感闪现时捕捉到的第一感觉，极富童趣。齐白石去世后，家属将其作品捐赠给国家，如今这幅画留在北京画院，成为镇院之宝。

齐白石的画：《葡萄》

齐白石晚年曾画过多幅葡萄的画，葡萄是他九十岁以后常见的绘画题材。葡萄籽多，可寓意"多子多福"；葡萄长在藤条、叶片之间，晶莹别透，犹如一串串蓝色的明珠，呈现出蓬勃的生机。

该画以浓淡相参、酣畅淋漓的笔墨充分表现了枝蔓斜垂的动势和葡萄晶莹别透的情态，藤条刚韧，果实累累，表现了齐白石的内在心情，抒发了其个人情感。

解读、赋予意义

齐白石的这幅晚年作品，在视觉上给人一种幼童画的感觉，若细细品味，可以发现他的画浑厚而均衡，率意之中蕴藏了天真。

齐白石笔下的葡萄，追求一种稚拙之感，表现天然的童真之趣，甚至运用了类似幼童的符号系统，结合自己的主观意识，巧妙地处理了画面的虚实关系，使画面表现出了生机盎然之象。

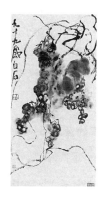

▲ 齐白石的画：《葡萄》①

齐白石的画：《五童纸鸢图》

在齐白石的《五童纸鸢图》中，五个天真活泼的幼童围成一圈，正在放飞风筝，他们神情不一，

解读、赋予意义

画面中，居中偏右的是《五童纸鸢图》整图，为了

---

① 编者注：没有查到这幅画被赋予什么名称，且用《葡萄》命名之。齐白石享年93岁，但在画中却标以99岁所画，在他的画作中多有此现象，原因有多种解释，但是可以确定的是，该画是其晚年的画作。

姿态各异,整幅画活灵活现。

▲ 齐白石的画:《五童纸鸢图》(整图与分解图)(1940)

让读者能看清楚幼童的神情,我将相应位置的5个幼童的形象分别放大。

齐白石以自己独有的童心,捕捉到了群童放风筝时的童趣,飞上天空的风筝与地面上的幼童相互呼应,显出疏密开合的变化,形成孤与众的对比,让人童心萌生,复归于"天真无邪"的岁月。

这幅《五童纸鸢图》是齐白石晚年所画的。左上角款识约为90岁时补题,重题款字上有"天真"二字,点出了这幅画的主题。

作者的话

毕加索对齐白石敬佩不已,并曾临摹齐白石的画。两位东西方艺术巨匠相隔万里,却心有灵犀,他们的相通之处正是他们都有难得的童心。一旦回归人性,潜在意识得以表现,他们的画作就能表现童真,就能展现艺术背后的共同魅力。

齐白石的画很多体现了虾、蟹、蝉、蝶、鱼、鸟,水墨淋漓,洋溢着自然界生机勃勃的气息,富有创造精神。

齐白石的画富有强大的艺术感染力,他的画源于生活,朴实清新,会激发起人们对自然、对人生的热爱,以及对真善美的追求。

齐白石的画天真烂漫,童心未泯,画中的小动物和花草等都是他亲身看到过的,都是他童心的体现,都表达了他对人性的尊重。

丰子恺与幼童

丰子恺生于浙江省崇德县石门湾（今浙江省嘉兴市桐乡市石门镇石门湾），我国现代书画家、文学家、散文家，被誉为"现代中国最艺术的艺术家""中国现代漫画鼻祖"。

巴金评说丰子恺："一个与世无争、无所不爱的人，一颗纯洁无垢的孩子的心。"

丰子恺的画作多以儿童作为题材，幽默风趣，反映社会现象，漫画以"曲高和众"的艺术主张和"小中能见大，弦外有余音"的艺术特色而备受世人青睐。

郁达夫评丰子恺："人家只晓得他的漫画入神，殊不知他的散文，清幽玄妙，灵达处反远出在他的画笔之上。"

丰子恺认定自己是"儿童的崇拜者"，他的心"为四事所占据了，"天上的神明与星辰，人间的艺术和儿童"。

丰子恺自述："孟子曾说，'大人者，不失其赤子之心者也'。所谓赤子之心，就是孩子的本来的心，这心是从世外带来的，不是经过这世间的造作后的心。"

丰子恺还说："我的孩子们！我憧憬于你们的生活，每天不止一次！我想委屈地说出来，使你们自己晓得。可惜到你们懂得我的话的时候，你们将不复是可以使我憧憬的人了。这是何等可悲哀的事啊！"

丰子恺的散文《忆儿时》节选如下：

我回忆儿时，有三件不能忘却的事。

第一件是养蚕。那是我五六岁时、我祖母在日的事。我祖母是一个豪爽而善于享乐的人，良辰佳节不肯轻轻放过。养蚕也每年大规模地举行。其实，我长大后才晓得，祖母的养蚕并非专为图利，时贵的年头常要蚀本；然而她喜欢这暮春的点缀，故每年大规模地举行。我所喜欢的是，最初是蚕落地铺。那时我们的三开间的厅上、地上统是蚕，架着经纬的跳板；以便通行及饲叶。蒋五伯挑了担到地里去采叶，我与诸姐跟了去，去吃桑仁。蚕落地铺的时候，桑葚很紫而甜了，比杨梅好吃得多。我们吃饱之后，又用一张大叶做一只碗，来了一碗桑仁，跟了蒋五伯回来。蒋五伯饲蚕，我就可以走跳板为戏乐，常常失足翻落地铺里，压死许多蚕宝宝，祖母忙喊蒋五伯抱我起来，不许我再走。然而这满屋的跳板，像棋盘街一样，又很低，走起来一点也不怕，真是有趣。这真是一年一度的难得的乐事！所以虽然祖母禁止，我总是每天要去走。

蚕上山之后，全家静静守护，那时不许小孩子们噪了，我暂时感到沉闷。然而过了几天，采茧，做丝，热闹的空气又浓起来。我们每年照例请牛桥头七娘娘来做丝。蒋五伯每天买枇杷和软糕来给采茧、做丝、烧火的人吃。大家认为现在是辛苦而有希望的时候，应该享受这点心，都不客气地取食，我也无功受禄地天天吃多量的枇杷与软糕，这又是乐事。

七娘娘做丝休息的时候，捧了水烟筒，伸出她左手上的短少半段的小指给我看，对我说：做丝的时候，丝车后面，是万万不可走近去的。她的小指，便是小时候不留心被丝车轴棒轧脱的。她又说："小团团不可走近丝车后面去，只管坐在我身旁，吃枇杷，吃软糕。还有做丝做出来的蚕蛹，叫妈妈油炒一炒，真好吃哩！"然而我始终不要吃蚕蛹，大概是我爸爸和诸姐都不吃的缘故。我所乐的，只是那时候家里的非常的空气。日常固定不动的堂窗、长台、八仙椅子，都收拾去，而变成不常见的丝车、匾、缸。又不断地公然地可以吃小食。

丝做好后，蒋五伯口中唱着"要吃枇杷，来年蚕罢"，收拾丝车，恢复一切陈设。我感到一种兴尽的寂寥。然而对于这种变换，倒也觉得新奇而有趣。

……

第二件不能忘却的事，是父亲的中秋赏月。而赏月之乐的中心，在于吃蟹。

我的父亲中了举人之后，科举就废，他无事在家，每天吃酒，看书。他不要吃羊、牛、猪肉，而喜欢吃鱼、虾之类。而对于蟹。尤其喜欢。自七八月起直到冬天，父亲平日的晚酌规定吃一只蟹，一碗隔壁豆腐店里买来的开锅热豆腐干。……一只盛热豆腐干的碎瓷盖碗，一把水烟筒，一本书，桌子角上一只端坐的老猫，我脑中这印象非常深刻，到现在还可以清楚地浮现出来。我在旁边看，有时他给我一只蟹脚或半块豆腐干。然我喜欢蟹脚。蟹的味道真好，我们五个姊妹兄弟，都喜欢吃，也是为了父亲喜欢吃的缘故。只有母亲与我们相反，喜欢吃肉，而不喜欢又不会吃蟹，吃的时候常常被蟹螯上的刺刺开手指，出血；而且抉剔得很不干净，父亲常常说她是外行。父亲说：吃蟹是风雅的事。吃法也要内行才懂得。先折蟹脚，后开蟹斗……脚上的拳头（即关节）里的肉怎样可以吃干净，脐里的肉怎样可以剔出……脚爪可以当作剔肉的针……蟹螯上的骨头可拼成一只很好看的蝴蝶……父亲吃蟹真是内行，吃得非常干净。所以陈妈妈说："老爷吃下来的蟹壳，真是蟹壳。"

蟹的储藏所，就在天井角落里的缸里，经常总养着十来只。到了七夕、七月半、中秋、重阳等节候上，缸里的蟹就满了，那时我们都有得吃，而且每人得吃一大只，或一只半。尤其是中秋一夜，兴致更浓，在深黄昏，移桌子到隔壁的白场上的月光下面去吃。更深人静，明月底下只有我们一家的人，恰好围成一桌，此外只有一个供差使的红英坐在旁边。大家谈笑，看月亮，他们——父亲和诸姐——直到月落时光，我则半途睡去，与父亲和诸姐不分而散。

……

第三件不能忘却的事，是与隔壁豆腐店里的王囡囡的交游，而这交游的中心，在于钓鱼。

那是我十二三岁时的事，隔壁豆腐店里的王囡囡是当时我的小伴侣中的大阿哥。他是独子，他的母亲、祖母和大伯，都很疼爱他，给他许多的钱和玩具，而且每天放任他在外游玩。他家与我家贴邻而居。我家的人们每天赴市，必须经过他家的豆腐店的门口，两家的人们朝夕相见，互相来往。小孩子们也朝夕相见，互相来往。此外他家对于我家似乎还有一种邻人以上的深切的交谊，故他家的人对于我特别要好，他的祖母常常拿自产的豆腐干、豆腐衣等来送给我父亲下酒。同时在小侣伴中，王囡囡也特别和我要好。他的年纪比我大，气力比我好，生活比我丰富，我们一道游玩的时候，他时时引导我，照顾我，犹似长兄对于幼弟。我们有时就在我家的染坊店里的榻上玩耍，有时相偕出游。他的祖母每次看见我俩一同玩耍，必叮嘱囡囡好好看待我，勿要相骂，我听人说，他家似乎曾经患难，而我父亲曾经帮他们忙，所以他家大人们吩咐王囡囡照应我。

我起初不会钓鱼，是王囡囡教我的。他叫他大伯买两副钓竿，一副送我，一副他自己用。他到米桶里去捉许多米虫，浸在盛水的罐头里，领了我到木场桥头去钓鱼。他教给我看，先捉起一个米虫来，把钓钩从虫尾穿进，直穿到头部。然后放下水去。他又说："浮珠动一动，你要立刻拉，那么钩子钩住鱼的颚，鱼就逃不脱。"我照他所教的试验，果然第一天钓了十几头白条，然而都是他帮我拉钓竿的。

第二天，他手里拿了半罐头扑杀的苍蝇，又来约我去钓鱼。途中他对我说："不一定是米虫，用苍蝇钓鱼更好。鱼喜欢吃苍蝇！"这一天我们钓了一小桶各种的鱼。回家的时候，他把鱼桶送到我家里，说他不要。我母亲就叫红英去煎一煎，给我下晚饭。

自此以后，我只管喜欢钓鱼。不一定要王囡囡陪去，自己一人也去钓,又学得了掘蚯蚓来钓鱼的方法。而且钓来的鱼,不仅够自己下晚饭,还可送给店里的人吃,或给猫吃,我记得这时候我的热心钓鱼,不仅出于游戏欲,又有几分功利的兴味在内。有三四个夏季,我热心于钓鱼,给母亲省了不少的菜蔬钱。

……

除此之外,丰子恺的画,也表达了他多年后终于明白,小时候真好。

作 者 的 话

  丰子恺创作的艺术作品里贯穿着童心,告诉人们在生活中,成人需要带着一点童心去看待世界,幼童的眼睛所看的就是我们心中想要的,因为幼童没有烦恼,十分纯真,有的是快意,而成人所要学的就是以这样的心态去面对世界,这样才能去感受到人生的崇高,去发现生命和生活的价值。

  在丰子恺的漫画和散文中,幼童是最富于同情的,且其同情不但及于人类,又自然地及于猫犬、花草、鸟蝶、鱼虫、玩具等一切事物,他们认真地对猫犬说话,认真地和花亲吻,认真地和人像玩耍,其心比艺术家的心真切而自然得多。

  丰子恺的漫画和散文自然地让人回忆起自己的童年,也会让人对幼童有更为深切的理解。

毕加索与幼童

巴勃罗·毕加索出生在西班牙马拉加,是二十世纪在视觉艺术方面最具独创性、全面性的人物,被誉为"现代艺术魔术师",一生创作了许多富有影响力的巨作。

毕加索的父亲是一位美术教师。儿时的毕加索喜欢在纸上画一些纠缠在一起的螺旋形,父亲看到他对绘画有兴趣,就对他进行绘画训练。6岁时,毕加索被父亲送到学校读书,但他对普通教育不感兴趣。后来,他进入了一所工艺学校,学习人物绘画,开始接触正规的美术教育,以后他还在巴塞罗那的美术学院、马德里的圣费尔纳多皇家学院学习。

早年,毕加索的画风受到了象征主义的影响,在风景画作品中,配上不自然的紫、绿色调,是毕加索现实主义时期的特色。

在一段时期,他的画作以蓝与蓝绿的色调为主,极少使用温暖的颜色,显现出阴郁的感觉,多以描绘骨瘦如柴的母亲与孩童为主题。

也有一段时期,他大量使用鲜明、乐观的橘、粉红色系,多描绘马戏团的杂技表演者与丑角。

后来,他看到原始的雕刻,受到大胆、强烈的造型的刺激,创造了立体主义风格——不是纯美学的,而是走向了理性和抽象,将物体重新构成和组合。

在他人生的晚期,主要居住在巴黎。

毕加索的独特之处在于:他以惊人的坦诚之心,以天真无邪的创造力,以完全彻底的自由,任意地重新塑造着世界,随心所欲地在艺术领域里驰骋。他不在意任何规定,他不管旁人偏见,他似乎什么都不要,却又什么都想要,以这种精神和心态去创造他自己的艺术。他在艺术历程上没有规律可循,从自然主义到表现主义,从古典主义到浪漫主义,然后又回到现实主义;他从具象到抽象,从抽象到具象,来来去去,反反复复;他反对一切束缚和宇宙间的神圣看法,只有绝对自由才适合他。

正是这种精神境界和处世心态,似乎让毕加索与幼童走得特别近,因为在人世间,只有幼童才是这样的。

毕加索说过,每次见到幼童在街上、在沥青路面或在墙上乱涂乱画,他都会停住脚步……,幼童笔下的东西往往令人感到意外……,总可以让他学到一些东西……。

毕加索说过,当自己还是一个幼童时,他可以像拉斐尔那样作画,后来他花费了很多年来学习如何像一个幼童那样画画。他毕生努力追求的,就是把他的作品画成幼童画般的纯真。

毕加索说过,他可以很容易就画得像一个大师,但却要用一生来画得像一个幼童。

毕加索说过,绘画的技巧成分越少,艺术成分就越高。

毕加索还说过,如果我们能把脑子扔了,只用眼睛就好了。

毕加索的画:《哭泣的女人》

毕加索以他的红颜知己朵拉·玛尔为原型,创作了《哭泣的女人》,朵拉·玛尔曾是一位美丽的摄影师。

毕加索的这幅画,看似是一张杂乱无章的面孔,眼睛、鼻子、嘴唇完全错位摆放,面部轮廓结构也全被扭曲、被切割得支离破碎。该作品表现了底层社会人们肝肠寸断、痛苦无助的景象。该作品是毕加索融合了立体主义与超现实主义的代表作。

解读、赋予意义

杨景芝先生曾经描述过这样一件事:有一次,电视台播放了西班牙绘画大师毕加索的作品《哭泣的女人》,一位曾到过国外留学的研究生,看了电视中的这幅画后认为看不懂,也不好看,而一个女童却认为这幅画挺好看的,并说:"你看她咬着手绢哭得多伤心呀!"

不少幼童都喜爱欣赏立

▲ 毕加索的画：《哭泣的女人》(1937)

体主义和超现实主义的画作，似乎毕加索与幼童之间是有相通之处的。

毕加索的画：《画家和模特儿》

毕加索的这幅画描写了画家在画女模特时的情景。右侧的女模特坐在地上，画家坐在椅子上聚精会神地作画。背景简略，人物填满画面。画家完全以自我的立体主义的面貌来表现对象，他将人体拉长、压扁、扭曲、调位，让人感受艺术。

毕加索是典型的浪漫加天才的艺术家，但真正影响他作品风格者，仅有三至五位，是他灵感的泉源、创作的动力。《画家和模特儿》中的女性，表现的是毕加索与模特的关系。

解读、赋予意义

《画家和模特儿》是毕加索的十大名画之一，是在他晚年画的一幅画。画的结构清晰，具有实在感和厚重感，通过立体主义的面貌来表现出画中的人物，有一种令人惊叹的艺术效果。

在这幅画中，毕加索以全新的绘画视角，使他得以用自己的感觉去描绘这里的人与物，虽然形象怪诞不可理解，但却符合立体主义的原则，展示了画家的热情、智慧和创造力。

▲ 毕加索的画：《画家和模特儿》(1963)

作者的话

　　如果将毕加索的画作给成人观赏，很多成人会表示看不懂，而将他的有些画作给幼童看，幼童似乎有点感觉，还可能很喜爱观赏。这也许就是毕加索所言，"每个孩子都是艺术家，问题在于你长大成人之后是否能够继续保持艺术家的灵性"。换言之，每个幼童与生俱来的灵性和表现方式是毕加索毕生追求的艺术精髓，不只是体现在形式上，更重要的是体现在精神上：自由、随意、独来独往、不受时空的束缚、不受清规戒律的制约；到了成年以后，这些精神可能会逐渐被现实消磨殆尽了。

米罗与幼童

胡安·米罗是西班牙画家、雕塑家、陶艺家、版画家，超现实主义的代表人物，是与毕加索、达利齐名的20世纪超现实主义绘画大师之一。

米罗在巴塞罗那长大，后来怀着对现代艺术的向往，他来到巴黎。那时，他生活窘迫，几乎天天挨饿，并因饥饿而产生幻觉，他画中奇形怪状的形象，就来自他的幻觉。米罗以他独有的姿态，去对抗这个世界的不完美，用自己无限的童趣和探索欲，去弥补这个世界的不完整。

米罗在艺术的道路上不断摸索，最终在混乱的年代里选择了充满怪诞梦境的超现实主义方式来表达自己的情愫。在超现实主义的狂流下，米罗的艺术不再是对事物的再加工，而是主观的臆想；亦不再是虚构，而是追随自然的生长，充斥着对童真的向往、对未知的想象和思索以及对美好的渴望。

在米罗的画作里，可以看到的几乎都是抽象的符号、隐喻的象征，以及无主题的"演奏"。米罗说自己"从未有意识地制造象征符号"，他的话被人们认为"正是没有明确意义的符号激进了神秘的感觉"，那就是每个人都能走进他那恍如梦境的世界中，从中找到自己想要的东西。

艺术是主观的，米罗的画作不仅呈现了可见的东西，还把不可见的东西也创造了出来，而这所谓的"不可见"，是创作者对这个世界独特的见解和这些画作的精华。凭借着对这"不可见"的执着，米罗以他敏锐的感觉、大胆不羁的创作和独特的绘画语言，形成了自己的绘画风格，他也因其近似幼童般稚拙的画风，被后人评价为"返老还童的天才"，认为其是"把儿童艺术、原始艺术和民间艺术融为一体的大师"。

比较幼童画的符号，米罗运用的抽象符号不仅形似，更是神似，都与原始的人性相通。米罗始终像个幼童一样画画，不讲究任何手法，绘画过程自由、洒脱，信手拈来，内心对世界充满着好奇，对生命保持着敬畏，并纯真地爱着这个世界。

米罗的画：《犬吠月》

在米罗的《犬吠月》中，一把长梯凭空而立、连接天地，小狗痴痴地仰望着那朵刚刚还在纠缠明月的流云，也许它是被自己的吠叫赶跑的。此刻天地间已是悄然无声，寂静中，小狗是否还会再次吠叫？一切都是未知，一切皆有可能。长梯凭空立着，一头搭在天上，一头立在地上，像被施了魔法，却完全不会使人觉得突兀。

▲ 米罗的画：《犬吠月》（1926）

解读、赋予意义

米罗的画能让人不由自主走进他构建的奇幻世界中，相似的色块和谐地分布在画面所有元素中，巧妙的布局使整个画面呈现出一种童稚的天真与祥和，令人不禁想带着小狗爬上长梯，坐上云朵飞毯去捧月亮明媚的脸庞。

米罗把夜处理为一种供人观赏的自然现象，而不是包围着我们的环境空间。在米罗的画中，梯子深深地插入孤寂的夜，象征了逃亡，这在他后来的作品中经常出现。

米罗的画：《哈里昆的狂欢》

《哈里昆的狂欢》是米罗早期的超现实主义的作品，充满奇特的空间逆转感：小丑和动物们在房间里狂欢，小丑的脖子被拉成不可思议的弧度，与形似吉他的身体连接。另外，画面上呈现了有蓝色翅膀、从蛋里飞出来的鸟；一对玩毛线球的猫；从

解读、赋予意义

这幅画中的每一根线条、每一抹色彩仿佛都在梦境中游走。米罗描绘了脑海中的形象，摒弃了色彩和轮廓的限制，使画面透出无限的遐想。

小方块里飞出来,有翅膀的小虫子;还有桌子上会飞的鱼……。画面右上角,有一扇窗户,窗外天色已晚。黑色的三角形象征了埃菲尔铁塔。窗户下方的圆形代表了地球仪。画面左边有米罗常用的象征逃离的符号——梯子。

夜晚的巴黎,人和动物们在室内举行着狂热的集会,只有人是悲哀的。围绕着人的各种各样的事物都十分快活。这虽非真实的,是他营造出的幻境,但却是他当时状态的真实呈现。

米罗的很多作品都从幼童的绘画中汲取了大量创作灵感。物体没有本身所具有的真实性,而是充分描绘了一种辉煌的梦幻形象。

▲ 米罗的画:《哈里昆的狂欢》(1924—1925)

米罗的画:《蜗牛留下的磷光指引着黑夜中的人》

如果想在米罗的画作中找到一个占支配地位的主题,应该选择"夜晚",它可被当作米罗的象征。夜晚是米罗最喜欢用来表达自己想法的标志,可以通过它来体会米罗艺术魅力的主要特征。

早年,米罗已通过夜间现象,从梦中找到了丰富的灵感源泉,并且把激起潜意识活动的无数因素引入清醒时刻的意识领域中。米罗在力图证明我们生存并意识到的世界与不可知的却包围和影响着我们的潜意

解读、赋予意义

白昼的光线向人们证实了世界存在的同一性,而夜晚则充满了模糊混沌的事物,搅乱人们的身心。人们能在和平宁静的夜晚得到安慰:接受爱的温暖,安然入睡。

交织相间着的点、线、面,像爆炸四溅的宇宙流

识领域之间的牢固联系,试图把光明的白昼世界与幽暗的夜的王国连接在一起。

▲ 米罗的画:《蜗牛留下的磷光指引着黑夜中的人》(1940)

星,带着浓烈的浪漫和自由。这是米罗的梦境,也是他在嘈杂的世界里所保持的赤子之心。作为超现实主义的代表人物,米罗始终只向幼童看齐,他以这种独有的姿态,去对抗这个世界的不完美,用自己无限的童趣和探索欲,去弥补这个世界的不完整。

作者的话

　　米罗的艺术是自由而抒情的。在米罗的画中,往往没有什么明确具体的形,有的只是一些线条、一些形的胚胎、一些类似幼童涂鸦期的偶得形状。米罗的画设色纯净,红、黄、绿、蓝、黑、白,在画面上被平涂成一个个的色块。米罗的画自由、轻快、无拘无束,看起来漫不经心,但实际上是艺术家自由幻想和深思熟虑相结合的结果。正如米罗自己所述:"当我画时,画在我的笔下会开始自述,或者暗示我。在我工作时,第一个阶段是自由的、潜意识的。""第二阶段则是小心盘算。"因此,尽管米罗的画天真单纯,仿佛出自幼童之手,但它们却没有幼童画的稚拙感,体现的是缜密思考后的流畅活泼。

　　米罗画中的人物、景物、动物很抽象,画面洋溢着自由天真的气息,幼童般的笔触看着简单至极,而这种天真无邪、贪玩的风格令人愉快,同时充满神秘幻想,充满隐喻。

米罗认为"儿童时期的天赋"最为重要，是一个人具有高创造力的时期，一旦幼童长大，这种创造力或许就会消失。这句话也许意味着只有幼童，才能把握住上天赋予的"神来之笔"，无拘无束地以特有的符号系统表现自己；也意味着米罗自己的一生都在努力地感悟、领会和体验这种天赋所带来的能力，并如同幼童一般尽心尽情地表现自我。

克利与幼童

保罗·克利是出生于瑞士的德国艺术家。他曾说:"画家不是要画可见的东西,而是要把不可见的东西画出来。"克利渴望自己"像刚出生的人,一无所知"那样去画,因此,在他的画中看不到任何绘画流派对他的影响,或是形成了某种风格的固定样式,而是只能看到画中的形象在不停地变化,仿佛幼童的画那样简单、天真。

克利非常欣赏幼童的绘画。在克利看来,幼童的画看上去完全不受既有模式与范例的影响,这与他毕生都在追求的这种洗除匠气的艺术是一致的。克利曾被人指责他的画就像幼童所画,这使他高兴,也许他认为这对他而言是一种赞美。

克利说:"就像孩子们在游戏时模仿我们一样,画家在模仿着创造着世界的那种力量……在自然的发源地里,在创作的源泉中,在那里完好地保管着打开所有困难和疑惑的机密钥匙。"这把机密钥匙是作为艺术家的克利在寻找和运用的,也许就是他在绘画中运用的各种符号,它们标志着克利已将精神内容和潜意识嵌入了抽象艺术中。可以说,在精神和潜意识方面,克利与幼童是有相通之处的。

克利的画:《喜歌剧"航海者"中的战斗场面》

克利在这幅画中描绘了站在小船上的人物与三个鱼怪搏斗的场景。在画中,头戴羽毛头盔、身着短衣短裤、脚穿红色袜子的男子被描绘得稚拙可笑,他的四肢如棍子般生硬,且被夸张地拉长,手

解读、赋予意义

克利是一位追求稚拙、纯朴风格的艺术家,幼童的纯真画风使他达到了艺术的顶峰。

对于自己的创作,克利

执长矛的模样让人想起木偶,而三个鱼怪大张着嘴巴,看上去更为滑稽。

克利在人物、小船、鱼怪这些形体的轮廓内进行了分割,形成各种富有装饰意味的几何形状。这幅画的形象十分天真,如同出自稚童之手,但颜色却不同凡响,十分老练,各种颜色巧妙地结合在一起,优雅而和谐。方格状的舞台作为背景又被分割成两个色域,产生出某种奇妙的空间振荡和韵律,一如高音与低音的音域对比及它们的奇妙振响。

从这幅画中,还可以看出克利作品的一个重要特点:孩提般幼稚的线描与老练优雅的光色空间的结合。它们是一对矛盾体,在画面上碰撞、冲突,产生某种神秘和新异;它们又被结合得如此巧妙,给人以整体和谐的视觉体验。

认为:"我的创作必须从那些最微小的东西开始,应该像一个刚出生的婴儿,对欧洲一无所知,什么也不懂。"他经常看他儿子画画,把其中奇妙的形象、符号记在脑海里,与自己的思想进行结合重组,使之成为他画中的符号。克利儿时随手画在书本上的画是其创作的灵感来源之一,《喜歌剧"航海者"中的战斗场面》中鱼和水草的造型有很多来自克利儿时数学和几何本子上的稚拙图画。克利的创作并不是将这些形象照搬,而是以此为灵感,任画笔牵引自己在画纸上反复涂抹,直到形象出现为止。这种"游戏"式的创作自1923年开始,一直持续到克利的晚年。

▲ 克利的画:《喜歌剧"航海者"中的战斗场面》(1923)

克利的画:《红色背心》

在这幅画中,克利运用简洁的、变形的五线谱符号,通过夸张的漫画表现手段,把一位绅士活灵活现地展现在画面上:鲜亮色调的运用,给人以生

解读、赋予意义

克利那变化多端的艺术语言令人眼花缭乱,因为他的思想总是在现实与幻想、

动的感受，令人不由产生发自内心的微笑，给人以愉悦的视觉享受，展现了克利本人自由纯真的内心世界。

听觉与视觉、具象与抽象之间自由往来。在他的笔下，形体、线条和色块的组合，时而为某种观念的符号，时而为童稚的天真想象，时而为客观形态本身的节奏，时而从化为乐曲的声音世界里跳跃出来，他总能敏锐地把握着奇妙的图画。

▲ 克利的画：《红色背心》（1938）

作者的话

幼童能自由表达自己，不受外界影响，因而能够创作出更具创意和独特性的作品。从他这些简单的小型手稿中就可以看出克利对幼童艺术的赞赏，而克利对这种风格的"心领神会"是显而易见的。

克利以简洁的简笔画，如悬浮的鱼、月亮脸、眼睛、箭头等元素而闻名，并将它们组合成奇幻且富有情趣，也让人深思的画作。在他的作品中，人们几乎看到了真正属于幼童的灵性，但总还是带有不可否认的艺术技巧。

主要参考文献

一、中文部分

朱家雄. 幼儿园课程(第三版)[M]. 上海：华东师范大学出版社，2021.

[美] 加雷斯·B·马修斯. 哲学与幼童[M]. 陈国容，译. 北京：生活·读书·新知三联书店，2015.

[美] 加雷斯·B·马修斯. 童年哲学[M]. 刘晓东，译. 北京：生活·读书·新知三联书店，2015.

[美] 约瑟夫·托宾，薛烨，[日] 唐泽真弓. 重访三种文化中的幼儿园[M]. 朱家雄，薛烨，译. 上海：华东师范大学出版社，2014.

朱家雄. 建构主义视野下的学前教育[M]. 上海：华东师范大学出版社，2009.

朱家雄，张婕，邵乃济，何敬红. 纪录，让儿童的学习看得见[M]. 福州：福建人民出版社，2008.

薛烨，朱家雄，等. 生态学视野下的学前教育[M]. 上海：华东师范大学出版社，2007.

邵乃济. 解读童心[M]. 上海：百家出版社，2004.

陆明凤. 透视童真[M]. 上海：东华大学出版社，2002.

华培，徐慧. 走进方案教学[M]. 上海：百家出版社，2004.

郑惠萍. 奇迹，其实它很平凡[M]. 上海：百家出版社，2001.

韩梦凤. 在城市化中的农村孩子[M]. 上海：百家出版社，2004.

[意] Loris Malaguzzi，等. 孩子的一百种语言[M]. 张军红，陈秦月，叶秀香，译. 台北：光佑文化事业股份有限公司，1998.

[美] H·加登纳. 艺术涂抹——论儿童绘画的意义[M]. 兰金仁，高金利，译. 北京：中国商业出版社，1994.

［法］列维布-留尔. 原始思维[M]. 丁由，译. 商务印书馆，1994.

［日］霜田静志. 儿童画的心理与教育[M]. 蔡金柱，等译. 台北：世界文物出版社，1993.

［英］赫伯·里德. 通过艺术的教育[M]. 吕廷和，译. 长沙：湖南美术出版社，1993.

［美］罗恩菲德. 创造与心智的成长[M]. 王德育，译. 长沙：湖南美术出版社，1993.

苗启明. 原始思维[M]. 上海：上海人民出版社，1993.

［美］伊莱恩·皮尔·科汉，鲁斯·斯特劳斯·盖纳. 美术，另一种学习的语言[M]. 尹少淳，译. 长沙：湖南美术出版社，1992.

［瑞士］皮亚杰. 皮亚杰发生认识论文选[M]. 左任侠，李其维，译. 上海：华东师范大学出版社，1991.

［德］赫尔曼·布克哈特. 德国现代儿童美术教学[M]. 海月山，译. 上海：上海人民美术出版社，1991.

［美］维克多·罗恩菲尔德. 儿童美术与成长[M]. 李叡明，译. 台北：世界文物出版社，1991.

朱家雄. 儿童绘画心理与绘画指导[M]. 上海：上海教育出版社，1991.

［美］W·L·布雷顿. 儿童美术心理与教育[M]. 哈咏梅，程昌柱，译. 南京：江苏美术出版社，1990.

［美］艾斯纳. 儿童知觉的发展与美术教育[M]. 陈武镇，译. 台北：世界文物出版社，1990.

陈帼眉. 学前心理学[M]. 北京：人民教育出版社，1989.

［瑞士］皮亚杰. 皮亚杰教育论著选[M]. 卢濬，选译. 北京：人民教育出版社，1990.

杨景芝. 儿童绘画与智力启蒙[M]. 北京：北京师范学院出版社，1989.

［美］弗朗兹·博厄斯. 原始艺术[M]. 金辉，译. 上海：上海文艺出版社，1989.

［美］H.加登纳. 艺术与人的发展[M]. 兰金仁，译. 北京：光明日报出版社，1988.

［美］鲁道夫·阿恩海姆. 视觉思维[M]. 滕守尧，译. 北京：光明日报出版

社，1987.

［美］鲁道夫·阿恩海姆. 艺术与视知觉［M］. 滕守尧，朱疆源，译. 北京：中国社会科学出版社，1984.

［德］莱布尼茨. 人类理智新论［M］. 陈修斋，译. 上海：商务印书馆，1982.

二、外文部分

Project Zero and Reggio Children. Making learning visible: children as individual and group learners［M］. Cambridge: Project Zero, 2001.

Roopnarine J L, Johnson J E. Approaches to early childhood education (3rd)［M］. Upper Saddle River: Merrill, 2000.

Forman G, Landry C. The constructivist perspective on early education: applications to children's museums［M］//Roopnarine J L, Johnson J E. Approaches to early childhood education. Upper Saddle River: Merrill, 2000.

Edwards C, Gandini L, Forman G. The hundred languages of children: the Reggio Emilia Approach advanced reflections［M］. Boston: Greenwood Publishing Group, 1998.

Golomb C. The child's creation of a pictorial world［M］. Hove: Psychology Press, 1992.

Szekely G. From play to art［M］. Port smouth: Heinemann Educational Books, 1991.

Brittain W L. Creativity, art and the young child［M］. New York: Macmillan, 1979.

Chapman L H. Approaches to art in education［M］. New York: Harcourt Brace Jovanovich, 1978.

Kamii C, DeVries R. Physical knowledeg in preschool education［M］. Upper Saddle River: Prentice-Hall, 1978.

Goodnow J. Children drawing［M］. Cambridge: Harvard University Press, 1977.

Kellogg R. Analyzing children's art［M］. Geogia: Mayfield Publishing, 1970.